福井県の教員採用試験過去問シリーズ ⑥

2025年度版

福井県の
数学科

過 去 問

協同教育研究会 編

協同出版

本書には，福井県の教員採用試験の過去問題を
収録しています。各問題ごとに，以下のように5段
階表記で，難易度，頻出度を示しています。

難　易　度

非常に難しい　☆☆☆☆☆
やや難しい　　☆☆☆☆
普通の難易度　☆☆☆
やや易しい　　☆☆
非常に易しい　☆

頻　出　度

◎　　　　ほとんど出題されない
◎◎　　　あまり出題されない
◎◎◎　　普通の頻出度
◎◎◎◎　よく出題される
◎◎◎◎◎　非常によく出題される

※本書の過去問題における資料，法令文等の取り扱いについて
　本書の過去問題で使用されている資料や法令文の表記や基準は，出題さ
れた当時の内容に準拠しているため，解答・解説も当時のものを使用して
います。ご了承ください。

はじめに〜「過去問」シリーズ利用に際して〜

　教育を取り巻く環境は変化しつつあり，日本の公教育そのものも，教員免許更新制の廃止やGIGAスクール構想の実現などの改革が進められています。また，現行の学習指導要領では「主体的・対話的で深い学び」を実現するため，指導方法や指導体制の工夫改善により，「個に応じた指導」の充実を図るとともに，コンピュータや情報通信ネットワーク等の情報手段を活用するために必要な環境を整えることが示されています。

　一方で，いじめや体罰，不登校，暴力行為など，教育現場の問題もあいかわらず取り沙汰されており，教員に求められるスキルは，今後さらに高いものになっていくことが予想されます。

　本書の基本構成としては，出題傾向と対策，過去5年間の出題傾向分析表，過去問題，解答および解説を掲載しています。各自治体や教科によって掲載年数をはじめ，「チェックテスト」や「問題演習」を掲載するなど，内容が異なります。

　また原則的には一般受験を対象としております。特別選考等については対応していない場合があります。なお，実際に配布された問題の順番や構成を，編集の都合上，変更している場合があります。あらかじめご了承ください。

　最後に，この「過去問」シリーズは，「参考書」シリーズとの併用を前提に編集されております。参考書で要点整理を行い，過去問で実力試しを行う，セットでの活用をおすすめいたします。

　みなさまが，この書籍を徹底的に活用し，教員採用試験の合格を勝ち取って，教壇に立っていただければ，それはわたくしたちにとって最上の喜びです。

協同教育研究会

CONTENTS

第1部

福井県の
数学科
出題傾向分析

福井県の数学科　傾向と対策

1　出題傾向

　中学校数学と高等学校数学はすべて共通問題，試験時間は90分。大問数はこれまで5題であったが，2024年度は6題となった。出題形式は基本的には記述式だが，2024年度は数値のみを答える問題や選択問題が増えている。記述式の大問1題を数値や選択の大問2題に変更した試みと見られるが，この傾向が続くかどうかはまだ分からない。

　難易度は数値のみを答える問題がセンター試験レベル，記述式問題は私大入試レベルである。記述式に関しては正攻法で解いた場合，かなりの量を書かされることになる。

　特徴的なこととして，授業と関連する問題が出題されている。例えば学習指導要領の内容を問うものや，生徒の誤りをどのように説明するか等である。

　第1問は数値のみを答える小問2題(対数を用いた地震のエネルギーとマグニチュードの関係，3枚の硬貨を同時に投げる確率)，第2問は平面幾何とベクトル(三角形の辺を内分する点，面積比，最大になる面積)，第3問は授業と関連する問題(平面幾何を題材にした平行四辺形になるための条件の説明)，第4問も授業と関連する問題(データの分析を題材にした四分位範囲と箱ひげ図の正誤問題，学習指導要領を踏まえた穴埋め問題)，第5問は関数とグラフ(導関数を求める，グラフの概形をかく，実数解の個数を求める)，第6問は三角比と平面図形(2直線に内接する円とさらに内接する円の半径の関係，円の面積の第n項までの和)である。

　傾向としては，ベクトル，平面幾何，三角関数，指数・対数，微分・積分，場合の数・確率の出題が高い。学習指導要領に関する問題は今年度の出題形式の変更に伴い，今後も増えていくことが予想される。

2　学習対策

　一般的な学習対策については割愛，ここでは福井県の数学科に的を絞ってお話しする。

4

　まず配点について，200点満点となっている。2024年度は授業と関連する第3問と第4問がそれぞれ20点で，他の大問はそれぞれ40点であった。授業と関連する問題は全体の5分の1を占めるが，さらにここだけ別に得点率を集計している可能性もある。教職員としての指導目的と，学習塾等の指導目的は明らかに異なるため，たとえ他の大問で高得点を取ったとしても採用率は低いだろう。生徒に誤りに気付かせ説明する問題など，いかに子どもたちの考えを理解した上で諭すことができるのか，こちらも現場で働く中で必須となっている。

　対策としては，いくつかの考え方に気付くために引き出す知識量を増やしておきたい。ポイントは様々な基礎事項の正しい把握である。ただ問題を解くのではなく，意味を考えながら解くことで，その知識を他の問題にも応用する気付きが得られやすくなる。

　実はこの対策が記述式解答にも適用できる。記述式の問題は計120点で，記述量が多い問題ほど配点も高い傾向にある。しかし，教育委員会から示された解答以外に別解が存在するものもいくつかあり，そこに気付くことで時間短縮につながることもある。全体的に複雑な計算が見られるため，少しでも工夫できるところは対応したい。

　記述式の対策として，解答の中に根拠を入れることを意識して書き上げる練習を積み重ねたい。ポイントは数式だけで済ませず，正しく数学用語を使用することである。式や説明の流れが第3者にも伝わるよう心がけよう。この部分も授業を行う上で必要となるため，ただの試験対策と考えず，全てが教職員の質を高めるものだと思って研鑽してほしい。

過去5年間の出題傾向分析

●中高数学

分　類	2020年度	2021年度	2022年度	2023年度	2024年度
数と式					
方程式と不等式	●				
数の性質					
ベクトル	●	●	●	●	●
複素数					
関数とグラフ	●				●
平面幾何	●		●	●	●
空間図形		●			
平面座標と図形		●	●		
三角関数	●	●	●		
三角比と平面図形					●
指数・対数	●	●	●	●	●
数列		●	●	●	
行列					
微分・積分	●	●	●	●	●
場合の数・確率	●	●	●	●	●
集合と命題					
学習指導要領			●		●
データの分析				●	●

第 2 部

福井県の
教員採用試験
実施問題

2024年度　実施問題

【中高共通】

【1】次の[　ア　]～[　ク　]にあてはまる数値を答えなさい。ただし，[　エ　]は，小数第一位を四捨五入して整数で答えなさい。

(1) 地震のエネルギーE(ジュール)とマグニチュードMには，$\log_{10}E=4.8+1.5M$の関係がある。マグニチュードmのとき，地震のエネルギーをE_mと表すと，マグニチュード6.8の場合，$E_{6.8}=10^{[　ア　]}$となる。また，$\log_{10}\dfrac{E_8}{E_6}=$[　イ　]となるので，マグニチュード8のエネルギーは，マグニチュード6のエネルギーの[　ウ　]倍であることがわかる。

一般に，$\log_{10}\dfrac{E_{m+1}}{E_m}$を考えることにより，マグニチュードが1増えると，エネルギーは約[　エ　]倍となることがわかる。ただし，$\sqrt{10}=3.16$とする。

(2) 3枚の硬貨を同時に投げるとき，表が出る硬貨の枚数をXとする。$X=k$となる確率を$P(X=k)$と表すと，$P(X=0)=$[　オ　]，$P(X=1)=$[　カ　]である。また，Xの平均と分散をそれぞれ$E(X)$，$V(X)$と表すと，$E(X)=$[　キ　]，$V(X)=$[　ク　]である。

(☆☆◎◎◎◎)

【2】sを正の実数とする。三角形ABCにおいて，辺ABを$s:1$に内分する点をD，辺BCを$s:3$に内分する点をE，線分CDと線分AEの交点をFとする。次の問いに答えなさい。

(1) $\overrightarrow{AF}$を，s，$\overrightarrow{AB}$，$\overrightarrow{AC}$を用いて表しなさい。

(2) △AFB，△AFC，△FBCの面積比をsを用いて表しなさい。

(3) △AFCの面積が最大となるときのsの値を求めなさい。

(☆☆☆☆◎◎◎◎)

【3】四角形ABCDについて，AD＝BC，∠B＝∠Dであるとき，四角形ABCDは必ず平行四辺形であるといえるか。いえる場合は，「いえる」を書き，その証明を書きなさい。いえない場合は，「いえない」を書き，その理由を説明しなさい。

(☆☆☆◎◎)

【4】次の文章は，「中学校学習指導要領(平成29年3月告示)」第2章第3節 数学第2各学年の目標及び内容[第2学年]2内容の抜粋である。

> D　データの活用
> (1)　データの分布について，数学的活動を通して，次の事項を身に付けることができるよう指導する。
> 　ア　次のような知識及び技能を身に付けること。
> 　　(ア)　①四分位範囲や箱ひげ図の必要性と意味を理解すること。
> 　　(イ)　コンピュータなどの情報手段を用いるなどしてデータを整理し箱ひげ図で表すこと。
> 　イ　次のような思考力，判断力，表現力等を身に付けること。
> 　　(ア)　四分位範囲や箱ひげ図を用いてデータの分布の傾向を比較して読み取り，②[　　]に考察し判断すること。

次の問いに答えなさい。
(1)　下線部①について，四分位範囲と箱ひげ図の説明として適切なものを，次のア～オからすべて選んで記号で答えなさい。
　ア　四分位範囲とは，データの最大値と最小値との差であり，データの散らばりの程度を表す値である。
　イ　四分位範囲は，データの値を小さい順に並べたとき，データの中央付近のほぼ50％が含まれる区間の大きさを表している。
　ウ　四分位範囲は，データの中に極端に離れた値(外れ値)がある場合でも，その影響をほとんど受けない。
　エ　箱ひげ図から，個々のデータの値や個数を読み取ることができ

る。

オ　箱ひげ図は，データのおおまかな分布のようすを捉えることができ，複数のデータの分布を視覚的に比較しやすい。

(2)　下線部②について，「中学校学習指導要領(平成29年3月告示)解説数学編」では，「多面的に吟味し，よりよい解決や結論を見出すことである」と説明している。[　　]にあてはまる語句を，次のア〜エから1つ選んで記号で答えなさい。

ア　統合的　　イ　肯定的　　ウ　批判的　　エ　発展的

(☆☆◎◎◎)

【5】$f(x)=(-x^2-2x+2)e^{-x}$について，次の問いに答えなさい。ただし，$\lim_{x \to \infty} \dfrac{x^2}{e^x}=0$とする。

(1)　$f'(x)$を求めなさい。

(2)　関数$y=f(x)$のグラフの概形をかきなさい。ただし，凹凸は調べなくてよい。

(3)　方程式$f(x)=a$の異なる実数解の個数を求めなさい。ただし，aは実数の定数とする。

(☆☆☆☆◎◎◎◎)

【6】次の図のように，平面上の点Oを端点とする半直線ℓ，ℓ'があり，そのなす角θは，$\cos\theta=\dfrac{1}{3}$を満たす。ℓ，ℓ'に接する円をC_1とし，その半径をr_1とする。ℓ，ℓ'，C_1に接する円をC_2とし，その半径をr_2 $(r_2<r_1)$とする。ℓ，ℓ'，C_2に接する円をC_3とし，その半径をr_3 $(r_3<r_2)$とする。以下，同様にして円C_4，C_5，……，C_n，……を作り，それらの半径を順にr_4，r_5，……，r_n，……とする。

以下の問いに答えなさい。

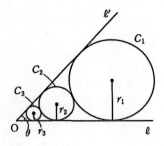

(1) r_2をr_1を用いて表しなさい。

(2) $r_1=1$とするとき，r_nを求めなさい。

(3) 円C_nの面積をS_nとする。(2)のとき，$\displaystyle\sum_{n=1}^{\infty} S_n$を求めなさい。

(☆☆☆☆◎◎◎◎)

解答・解説

【中高共通】

【1】(1) ア 15 イ 3 ウ 1000 エ 32 (2) オ $\dfrac{1}{8}$

カ $\dfrac{3}{8}$ キ $\dfrac{3}{2}$ ク $\dfrac{3}{4}$

〈解説〉(1) $\log_{10} E_m=4.8+1.5m$より，$E_m=10^{4.8+1.5m}$であるから，

マグニチュード6.8のとき，$m=6.8$

$\log_{10}\dfrac{E_8}{E_6}=\log_{10} E_8-\log_{10} E_6=(4.8+1.5\times8)-(4.8+1.5\times6)$より，

$\log_{10}\dfrac{E_8}{E_6}=3$ ∴ $\dfrac{E_8}{E_6}=10^3$

これはマグニチュード8が6の1000倍であることを表す。

$\log_{10}\dfrac{E_{m+1}}{E_m}=\log_{10} E_{m+1}-\log_{10} E_m=\{4.8+1.5\times(m+1)\}-(4.8+1.5\times$

$m)=\dfrac{3}{2}$なので，$\dfrac{E_{m+1}}{E_m}=10^{\frac{3}{2}}=\sqrt{10^3}=10\sqrt{10}=10\times3.16\fallingdotseq32$より，マグニ

11

チュードが1増えるとエネルギーは約32倍になることがわかる。

(2)　3枚の硬貨の裏表についての樹形図は下の図のようになる。

硬貨1枚目　硬貨2枚目　硬貨3枚目

表
表
　表　$X=3$
　裏　$X=2$
裏
　表　$X=2$
　裏　$X=1$
裏
表
　表　$X=2$
　裏　$X=1$
裏
　表　$X=1$
　裏　$X=0$

よって，$P(X=0)=\dfrac{1}{8}$，$P(X=1)=\dfrac{3}{8}$

また，$P(X=2)=\dfrac{3}{8}$，$P(X=3)=\dfrac{1}{8}$

Xの平均(期待値)は，$0\times\dfrac{1}{8}+1\times\dfrac{3}{8}+2\times\dfrac{3}{8}+3\times\dfrac{1}{8}=\dfrac{3}{2}$

分散は(各データの2乗の平均値)−(データの平均値の2乗)で求められる。

$\left(0^2\times\dfrac{1}{8}+1^2\times\dfrac{3}{8}+2^2\times\dfrac{3}{8}+3^2\times\dfrac{1}{8}\right)-\left(\dfrac{3}{2}\right)^2=3-\dfrac{9}{4}=\dfrac{3}{4}$

【2】(1)　BE：EC$=s$：3から

$\overrightarrow{\mathrm{AE}}=\dfrac{3}{s+3}\overrightarrow{\mathrm{AB}}+\dfrac{s}{s+3}\overrightarrow{\mathrm{AC}}$

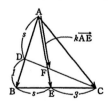

点Fは線分AE上の点であるから，$\overrightarrow{\mathrm{AF}}=k\overrightarrow{\mathrm{AE}}$となる実数$k$が存在する。

また，AD：DB$=s$：1より，$\overrightarrow{\mathrm{AB}}=\dfrac{s+1}{s}\overrightarrow{\mathrm{AD}}$であるから

$$\overrightarrow{AF} = k\,\overrightarrow{AE} = k\Big(\frac{3}{s+3}\cdot\frac{s+1}{s}\,\overrightarrow{AD} + \frac{s}{s+3}\,\overrightarrow{AC}\Big)$$

$$= \frac{3k(s+1)}{s(s+3)}\,\overrightarrow{AD} + \frac{ks}{s+3}\,\overrightarrow{AC}$$

点Fは線分DC上の点であるから $\quad \dfrac{3k(s+1)}{s(s+3)} + \dfrac{ks}{s+3} = 1$

よって $\quad k = \dfrac{s(s+3)}{s^2+3s+3}$

ゆえに $\quad \overrightarrow{AF} = \dfrac{s(s+3)}{s^2+3s+3}\,\overrightarrow{AE}$

$$= \frac{s(s+3)}{s^2+3s+3}\cdot\frac{3}{s+3}\,\overrightarrow{AB} + \frac{s(s+3)}{s^2+3s+3}\cdot\frac{s}{s+3}\,\overrightarrow{AC}$$

$$= \frac{3s}{s^2+3s+3}\,\overrightarrow{AB} + \frac{s^2}{s^2+3s+3}\,\overrightarrow{AC}$$

(2)　(1)の k を用いると，

$$\triangle AFB = k\triangle AEB = k\cdot\frac{s}{s+3}\triangle ABC$$

$$= \frac{s(s+3)}{s^2+3s+3}\cdot\frac{s}{s+3}\triangle ABC = \frac{s^2}{s^2+3s+3}\triangle ABC$$

$$\triangle AFC = k\triangle AEC = k\cdot\frac{s}{s+3}\triangle ABC$$

$$= \frac{s(s+3)}{s^2+3s+3}\cdot\frac{3}{s+3}\triangle ABC = \frac{3s}{s^2+3s+3}\triangle ABC$$

$$\triangle FBC = (1-k)\triangle ABC = \Big\{1 - \frac{s(s+3)}{s^2+3s+3}\Big\}\triangle ABC = \frac{3}{s^2+3s+3}\triangle ABC$$

よって，$\triangle AFB : \triangle AFC : \triangle FBC = s^2 : 3s : 3$

(3)　$s > 0$ であるから $\quad \dfrac{3s}{s^2+3s+3} = \dfrac{3}{s+\dfrac{3}{s}+3}$

分母について，$s > 0$，$\dfrac{3}{s} > 0$ であるから，相加平均と相乗平均の大小

関係より $s + \dfrac{3}{s} + 3 \geqq 2\sqrt{s\cdot\dfrac{3}{s}} + 3 = 2\sqrt{3} + 3$

等号は $s > 0$ かつ $s = \dfrac{3}{s}$，すなわち $s = \sqrt{3}$ のとき成り立つ。

$s = \sqrt{3}$ のとき，$s + \dfrac{3}{s} + 3$ が最小となり，$\dfrac{3}{s+\dfrac{3}{s}+3}$　すなわち

$\dfrac{3s}{s^2+3s+3}$ が最大となる。

したがって，求めるsの値は　$s=\sqrt{3}$

〈解説〉(1)　(別解)　実数kは，△ABEでメネラウスの定理からでも求められる。

$\dfrac{AD}{DB}\cdot\dfrac{BC}{CE}\cdot\dfrac{EF}{FA}=\dfrac{s}{1}\cdot\dfrac{s+3}{3}\cdot\dfrac{EF}{FA}=1$より，AF：FE$=s(s+3)$：3

AF：AE$=$AF：(AF$+$FE)$=s(s+3)$：$s(s+3)+3=s(s+3)$：s^2+3s+3より，$k=\dfrac{s(s+3)}{s^2+3s+3}$

(2)　(別解)　底辺が共通な三角形の場合，面積比$=$高さの比でも求められる。

△AFBと△AFCの場合，底辺AFが共通であるため，高さの比を調べるとs：3

(BEとCEは△AFBと△AFCの高さではないが，高さの線分と底辺から相似な直角三角形ができるため，BE：CEが高さの比である)

よって，△AFB：△AFC$=s$：3　…①

同様に，△AFC：△FBC$=s$：1　…②(底辺FCが共通であるAD：DBが高さの比である)

△AFCの値をそろえるために，①をs倍し，②を3倍すると，△AFB：△AFC：△FBC$=s^2$：$3s$：3

(3)　解答の1行目は$\dfrac{\triangle AFC}{\triangle AFB+\triangle AFC+\triangle FBC}=\dfrac{\triangle AFC}{\triangle ABC}=\dfrac{3s}{s^2+3s+3}=\dfrac{3}{s+\dfrac{3}{s}+3}$を表している。

(別解)　分母$s+\dfrac{3}{s}+3$が最小になれば(全体△ABCのうちの)△AFCの面積が最大となるため，分母を$f(x)=s+\dfrac{3}{s}+3$としsで微分し，増減を調べると，$f'(x)=1-\dfrac{3}{s^2}+0$となり，極値となるsの値は$s>0$より，$s=\sqrt{3}$

【3】「いえない」

説明…図のように，AD＝BC，∠B＝∠Dを満たす四角形ABCDでも平行四辺形にならない場合があるため。

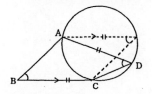

〈解説〉原則，正しいといえる場合は証明を書き，正しいといえない場合は反例を1つ挙げる(図をかく)。正しい場合は，平行四辺形の定義である「AD//BC，AB//DC」を導く必要があるが，AD＝BC，∠B＝∠Dだけでは不可能である。

(参考)　「同位角または錯角が等しい」ことを示すために下図のように補助線ACを引き，△ABC≡△CDAを証明しようとしても，合同条件を満たさない。

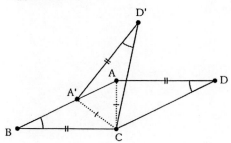

【4】(1)　イ，ウ，オ　　(2)　ウ

〈解説〉(1)　ア　四分位範囲とは，第1四分位数(25％点)から第3四分位数(75％点)までの範囲であり，データの偏りや散らばりの程度を表す値である。　エ　箱ひげ図は，データの最小値と第1四分位数(25％点)と中央値(50％点)と第3四分位数(75％点)と最大値を可視化したものであり，個々のデータの値や個数を読み取ることはできない。　　(2)　学習指導要領においての「批判的に考察する」は，批判的思考(クリティカ

ルシンキング)を示している。批判的思考とは問題や意見を多面的・客観的に捉えて，自身の考えが正しいかどうか吟味を行い，よりよい結果や解決につなげることである。

【５】(1)　$f'(x)=(-2x-2)e^{-x}-(-x^2-2x+2)e^{-x}=(x+2)(x-2)e^{-x}$

(2)　$f'(x)=0$とすると　$e^{-x}>0$　より　$x=\pm 2$

よって，$f(x)$の増減表は次のようになる。

x	$\cdots$	-2	$\cdots$	2	$\cdots$
$f'(x)$	$+$	0	$-$	0	$+$
$f(x)$	$\nearrow$	$2e^2$	$\searrow$	$-\dfrac{6}{e^2}$	$\nearrow$

また，

$$\lim_{x\to\infty}f(x)=\lim_{x\to\infty}\frac{x^2}{e^x}\left(-1-\frac{2}{x}+\frac{2}{x^2}\right)=0$$

$x=-t$とおくことにより

$$\lim_{x\to-\infty}f(x)=\lim_{t\to\infty}(-t^2+2t+2)e^t=\lim_{t\to\infty}t^2e^t\left(-1+\frac{2}{t}+\frac{2}{t^2}\right)=-\infty$$

よって，$y=f(x)$のグラフは次の図のようになる。

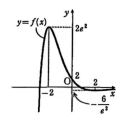

(3)　方程式$f(x)=a$の実数解の個数は，$y=f(x)$のグラフと直線$y=a$との共有点の個数と一致するので，

$a>2e^2$のとき　0個

$a=2e^2$，$a<-\dfrac{6}{e^2}$のとき　1個

$a=-\dfrac{6}{e^2}$，$0\le a<2e^2$のとき　2個

$-\dfrac{6}{e^2}<a<0$のとき　3個

〈解説〉(1)　$(f(x)g(x))'=f'(x)g(x)+f(x)g'(x)$を利用して微分している。解答は$(x^2-4)\,e^{-x}$でも問題ないが，(2)の増減表につなげるために因数分解を行っている。　(2)　$\lim_{x\to\infty}f(x)=0$より，このグラフでは$x\to\infty$のときx軸が漸近線となる。　(3)　解答参照。

【6】(1)　円C_1の中心をQ_1とする。

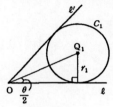

$r_1=OQ_1\sin\dfrac{\theta}{2}$

ここで　$\sin^2\dfrac{\theta}{2}=\dfrac{1-\cos\theta}{2}=\dfrac{1}{3}$

$\sin\dfrac{\theta}{2}>0$であるから　$\sin\dfrac{\theta}{2}=\dfrac{1}{\sqrt{3}}$

よって　$OQ_1=\sqrt{3}\,r_1$

円C_2の中心をQ_2とし，2点Q_1，Q_2から直線ℓに下ろした垂線と直線ℓの交点をそれぞれR_1，R_2とする。

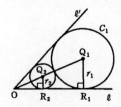

$\triangle OQ_2R_2 \backsim \triangle OQ_1R_1$であるから　$OQ_2=\sqrt{3}\,r_2$

ゆえに　$Q_1Q_2=OQ_1-OQ_2=\sqrt{3}\,r_1-\sqrt{3}\,r_2$

また，$Q_1Q_2=r_1+r_2$であるから

$\sqrt{3}\,r_1-\sqrt{3}\,r_2=r_1+r_2$

よって　$r_2=\dfrac{\sqrt{3}-1}{\sqrt{3}+1}r_1=(2-\sqrt{3}\,)r_1$

(2)　(1)と同様にして　$r_{n+1}=(2-\sqrt{3})r_n$

$r_1=1$ より　$r_n=1\cdot(2-\sqrt{3})^{n-1}=(2-\sqrt{3})^{n-1}$

(3)　$S_n=\pi(2-\sqrt{3})^{2(n-1)}=\pi(7-4\sqrt{3})^{n-1}$

$\displaystyle\sum_{n=1}^{\infty}S_n$ は初項 π，公比 $7-4\sqrt{3}$ の無限等比級数である。

公比について，$|7-4\sqrt{3}|<1$ であるから，この無限等比級数は収束し

て　$\displaystyle\sum_{n=1}^{\infty}S_n=\frac{\pi}{1-(7-4\sqrt{3})}=\frac{\pi}{4\sqrt{3}-6}=\frac{3+2\sqrt{3}}{6}\pi$

〈解説〉(1)　（別解）　Q_2 から線分 Q_1R_1 に下ろした垂線との交点を H とする

と，$\triangle Q_1Q_2H$ は $Q_1Q_2=r_1+r_2$，$Q_1H=r_1-r_2$

$\angle Q_1Q_2H=\dfrac{\theta}{2}$ の直角三角形である。

$\sin\dfrac{\theta}{2}=\dfrac{1}{\sqrt{3}}$ より，$\dfrac{r_1+r_2}{r_1-r_2}=\dfrac{1}{\sqrt{3}}$ となり，

$r_2=\dfrac{\sqrt{3}-1}{\sqrt{3}+1}r_1=(2-\sqrt{3})r_1$ である。

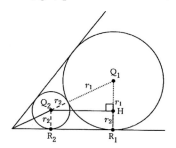

(2)　解答参照。　(3)　解答参照。

2023年度　実施問題

【中高共通】

【1】3人でじゃんけんをする。次の問いに答えなさい。

(1)　じゃんけんを1回するとき，あいこになる確率を求めなさい。

(2)　じゃんけんを100回繰り返し，ちょうどk回あいこになる確率をP_kとする。$0 \leqq k \leqq 99$のとき，$\dfrac{P_{k+1}}{P_k}$をkを用いて表しなさい。

(3)　(2)のP_kが最大となるkの値を求めなさい。

(☆☆☆◎◎◎)

【2】一定期間の終わりごとに，その元利合計を次の期間の元金とする利息の計算を「複利計算」という。次の問いに答えなさい。

(1)　年利率1％，1年ごとの複利で100万円を貯金したとき，n年後の元利合計S_n〔万円〕を求めなさい。

(2)　(1)の元利合計S_n〔万円〕が初めて110万円を超えるようなnの値を求めなさい。ただし，$\log_{10} 1.01 = 0.0043$，$\log_{10} 1.1 = 0.0414$とする。

(3)　年利率1％，1年ごとの複利で，毎年初めに10万円ずつ積み立てるとき，n年後の元利合計T_n〔万円〕を求めなさい。

(☆☆☆◎◎◎)

【3】次の問いに答えなさい。

(1)　次の図は，ある中学校の第2学年の1組と2組の身長のデータの箱ひげ図である。1組と2組の生徒の人数はそれぞれ40人であり，1組の第3四分位数は165cm，2組の第1四分位数は155cmである。この箱ひげ図を見て，生徒A～Dが以下のような発言をした。この中から誤った発言をしている生徒を一人選びなさい。また，先生の立場として，その生徒になぜそれが誤りなのかを説明しなさい。

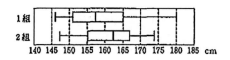

(生徒の発言)

生徒A：範囲も四分位範囲も1組の方が大きいよね。

生徒B：1組も2組も155cmの生徒がいるとは限らないね。

生徒C：1組の165cm以上の生徒はちょうど10人いるね。

生徒D：160cm以上の生徒が，2組では半数以上いるが，1組では半数以下だね。

(2)　次の図のように，点Oを中心とする円の周上に3点A，B，Pがある。

$$\angle APB = \frac{1}{2}\angle AOB$$

が成り立つことを証明しなさい。

(☆☆☆◎◎◎)

【4】直方体OADB－CEFGについて，辺ADを2：1に内分する点をP，辺OA上を動く点をQとし，$\overrightarrow{OA} = \overrightarrow{a}$，$\overrightarrow{OB} = \overrightarrow{b}$，$\overrightarrow{OC} = \overrightarrow{c}$ とおく。次の問いに答えなさい。

(1)　$\overrightarrow{OF}$，$\overrightarrow{OP}$ をそれぞれ $\overrightarrow{a}$，$\overrightarrow{b}$，$\overrightarrow{c}$ を用いて表しなさい。

(2)　点Qが平面CFP上にあるとき，$\overrightarrow{OQ}$ を $\overrightarrow{a}$ を用いて表しなさい。

(3)　直方体OADB－CEFGが座標空間内にあり，O(0, 0, 0)，A(3, 0, 0)，B(0, 9, 0)，C(0, 0, 6)とする。直方体OADB－CEFGの平面CFPによる切り口の面積を求めなさい。

(☆☆☆◎◎◎)

20

【5】 aを実数の定数とする。$y=e^x$で表される曲線をC，$y=ax$で表される直線をℓとする。次の問いに答えなさい。

(1) 曲線Cと直線ℓが$x>0$で接するとき，接点のx座標とaの値を求めなさい。

(2) $0\leqq x\leqq 1$とする。曲線Cと直線ℓが$0<x<1$で交点Pをもつとき，曲線C，直線ℓ，y軸で囲まれる図形の面積をS_1，曲線C，直線ℓ，直線$x=1$で囲まれる図形の面積をS_2，交点Pのx座標をαとする。このとき，S_1+S_2をαを用いて表しなさい。

(3) (2)のS_1+S_2の最小値を求めなさい。

(☆☆☆◎◎◎)

解答・解説

【中高共通】

【1】 (1) 3人がじゃんけんを1回して，あいこになるのは，次の[1]，[2]のどちらかである。

[1] 3人とも異なる手を出す

この場合の数は　3！＝6　よって6通り

[2] 3人が同じ手を出す

この場合の数は　3通り

[1]，[2]より，3人がじゃんけんを1回してあいこになる確率は

$$\frac{6}{3^3}+\frac{3}{3^3}=\frac{1}{3}$$

(2) $P_k={}_{100}\mathrm{C}_k\left(\frac{1}{3}\right)^k\left(\frac{2}{3}\right)^{100-k}$

ゆえに　$P_{k+1}={}_{100}\mathrm{C}_{k+1}\left(\frac{1}{3}\right)^{k+1}\left(\frac{2}{3}\right)^{99-k}$

よって　$\dfrac{P_{k+1}}{P_k}=\dfrac{{}_{100}C_{k+1}\left(\dfrac{1}{3}\right)^{k+1}\left(\dfrac{2}{3}\right)^{99-k}}{{}_{100}C_k\left(\dfrac{1}{3}\right)^{k}\left(\dfrac{2}{3}\right)^{100-k}}$

$\qquad\qquad\quad=\dfrac{100\,!}{(k+1)\,!\,(99-k)\,!}\cdot\dfrac{k\,!\,(100-k)\,!}{100\,!}\cdot\dfrac{1}{2}$

$\qquad\qquad\quad=\dfrac{100-k}{2(k+1)}$

(3)　[1]　$\dfrac{P_{k+1}}{P_k}<1$とすると　$\dfrac{100-k}{2(k+1)}<1$

両辺に$2(k+1)\,(>0)$を掛けて　$100-k<2(k+1)$

ゆえに　$k>\dfrac{98}{3}=32.6\cdots$

よって，$33\leqq k\leqq99$のとき　$P_k>P_{k+1}$

[2]　$\dfrac{P_{k+1}}{P_k}>1$とすると　$100-k>2(k+1)$

ゆえに　$k<\dfrac{98}{3}=32.6\cdots$

よって，$0\leqq k\leqq32$のとき　$P_k<P_{k+1}$

[1]，[2]より，$P_0<P_1<P_2<\cdots\cdots<P_{32}<P_{33}>P_{34}>\cdots\cdots>P_{100}$

したがって，P_kが最大となるkの値は　$k=33$

〈解説〉(1)　じゃんけんの手の出し方は「グー」，「チョキ」，「パー」の3通りであり，じゃんけんをn人で行った場合の手の出し方の総数は$3n$通りである。　(2)(3)　解答参照。

【２】(1)　$S_n=100\times1.01^n$〔万円〕

(2)　元利合計S_nが110万円を超えるとすると　$100\times1.01^n>110$

すなわち　$1.01^n>1.1$

両辺の常用対数をとると　$\log_{10}1.01^n>\log_{10}1.1$

すなわち　$n\log_{10}1.01>\log_{10}1.1$

$\log_{10}1.01=0.0043$，$\log_{10}1.1=0.0414$であるから　$0.0043n>0.0414$

よって　$n>\dfrac{0.0414}{0.0043}=9.6\cdots$

この不等式を満たす最小の自然数nは $n=10$

(3) n年後には，1年目初めの10万円は 10×1.01^n万円

2年目初めの10万円は $10 \times 1.01^{n-1}$万円

…

n年目初めの10万円は 10×1.01万円

したがって，求める元利合計T_nは，

$$T_n = 10 \times 1.01 + 10 \times 1.01^2 + \cdots\cdots + 10 \times 1.01^n = \frac{10 \times 1.01(1.01^n - 1)}{1.01 - 1}$$

$$= 1010(1.01^n - 1) \text{〔万円〕}$$

〈解説〉(1) 1年目の元利合計は100×1.01〔万円〕，2年目の元利合計は 100×1.01^2〔万円〕…となるので，n年後の元利合計は$S_n = 100 \times 1.01^n$ 〔万円〕 (2)(3) 解答参照。

【3】(1) ＜誤った発言をしている生徒＞…生徒C

＜その生徒への説明＞…1組の第3四分位数は165cmであるが，上から10番目と11番目の生徒がともに165cmである場合，165cm以上の生徒は11人以上となるため，ちょうど10人とするのは誤りである。

(2) 点Oを中心とする円と直線POの交点のうち，点Pと異なる点をKとする。

OA＝OPより，∠OAP＝∠OPA

∠AOK＝∠OAP＋∠OPA＝2∠OPA＝2∠APK

よって，$\angle APK = \dfrac{1}{2}\angle AOK$

同様にして，$\angle BPK = \dfrac{1}{2}\angle BOK$

よって，$\angle APB = \angle APK + \angle BPK = \dfrac{1}{2}(\angle AOK + \angle BOK) = \dfrac{1}{2}\angle AOB$

〈解説〉(1) 生徒Aの発言：範囲は最大値と最小値の差なので，1組の方が大きい。また，四分位範囲は第3四分位数と第1四分位数の差なので，1組の方が大きい。 生徒Bの発言：箱ひげ図からは，1組に155cmの生徒がいるかは判断できない。また，2組では下から10番目と11番目の生徒の平均が155cmなので，例えば154cmと156cmの場合もあり得る。

生徒Dの発言：1組では中央値が160cm未満なので，160cm以上の生徒が半数を超えることはない。2組では中央値が160cmを超えているので，160cm以上の生徒は半数以上いる。

(2)　次の図を参照。

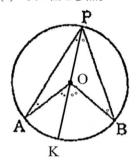

【4】(1)　$\overrightarrow{OF} = \vec{a} + \vec{b} + \vec{c}$，$\overrightarrow{OP} = \vec{a} + \dfrac{2}{3}\vec{b}$

(2)　点Qは平面CEP上にあるから，r, s, tを実数として，

$\overrightarrow{OQ} = r\overrightarrow{OC} + s\overrightarrow{OF} + t\overrightarrow{OP}$ $(r+s+t=1)$ …①

と表せる。

(1)より，$\overrightarrow{OQ} = (s+t)\vec{a} + \left(s+\dfrac{2}{3}t\right)\vec{b} + (r+s)\vec{c}$

また，点Qは辺OA上にあり，$\vec{a}$, $\vec{b}$, $\vec{c}$ は1次独立だから

$$\begin{cases} s+\dfrac{2}{3}t=0 \cdots ② \\ r+s=0 \cdots ③ \end{cases}$$

①，②，③より，$r=\dfrac{2}{3}$, $s=-\dfrac{2}{3}$, $t=1$

よって，$\overrightarrow{OQ} = \dfrac{1}{3}\vec{a}$

(3)　点Qが平面CFP上にあるとき，CF//PQより，切り口は台形CFPQとなる。

このとき，C(0, 0, 6)，F(3, 9, 6)，P(3, 6, 0)，Q(1, 0, 0) となり

$CF = \sqrt{3^2+9^2} = 3\sqrt{10}$，$PQ = \sqrt{2^2+6^2} = 2\sqrt{10}$

Pから直線CFに垂線PHを下ろすと

$\overrightarrow{OH} = (1-u)\overrightarrow{OC} + u\overrightarrow{OF} = (3u,\ 9u,\ 6)$ (uは実数)　と表せ，

$\overrightarrow{PH} = (3u-3,\ 9u-6,\ 6)$

PH⊥CFで，　$\overrightarrow{CF} = (3,\ 9,\ 0)$より　　$\overrightarrow{PH} \cdot \overrightarrow{CF} = 0$

すなわち　$9u-9+81u-54=0$　ゆえに，$u=\dfrac{7}{10}$　となり，

$\overrightarrow{PH} = \left(-\dfrac{9}{10},\ \dfrac{3}{10},\ 6\right)$

よって，$|\overrightarrow{PH}| = \dfrac{3}{10}\sqrt{(-3)^2+1^2+20^2} = \dfrac{3\sqrt{410}}{10}$

したがって，切り口の面積は

$\dfrac{1}{2}(3\sqrt{10}+2\sqrt{10}) \times \dfrac{3\sqrt{410}}{10} = \dfrac{15\sqrt{41}}{2}$

〈解説〉次の図を参照。

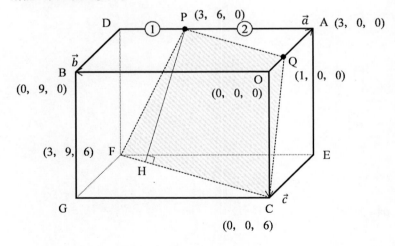

【５】(1)　曲線Cと直線ℓの$x>0$における接点のx座標をtとおく。

$y=e^x$について，$y'=e^x$となり，曲線Cと直線ℓが$x=t$で接することから

$$\begin{cases} e^t=at & \cdots① \\ e^t=a & \cdots② \end{cases}$$

①，②よりaを消去して，整理すると　$(t-1)e^t=0$

$e^t>0$だから，$t=1$

よって，接点のx座標は1

また，②より　$a=e$

(2)　$S_1+S_2=\displaystyle\int_0^\alpha (e^x-ax)dx+\int_\alpha^1 (ax-e^x)dx=\left[e^x-\dfrac{ax^2}{2}\right]_0^\alpha+\left[\dfrac{ax^2}{2}-e^x\right]_\alpha^1$

$=2e^\alpha-a\alpha^2+\dfrac{a}{2}-e-1$

αは曲線Cと直線ℓの交点のx座標だから，

$e^\alpha=a\alpha$　すなわち　$a=\dfrac{e^\alpha}{\alpha}$

よって，$S_1+S_2=2e^\alpha-\alpha e^\alpha+\dfrac{e^\alpha}{2\alpha}-e-1$

$=\left(2-\alpha+\dfrac{1}{2\alpha}\right)e^\alpha-e-1$

(3)　$g(\alpha)=\left(2-\alpha+\dfrac{1}{2\alpha}\right)e^\alpha-e-1$とおくと

$g'(\alpha)=\left(-1-\dfrac{1}{2\alpha^2}\right)e^\alpha+\left(2-\alpha+\dfrac{1}{2\alpha}\right)e^\alpha=\left(1-\alpha+\dfrac{1}{2\alpha}-\dfrac{1}{2\alpha^2}\right)e^\alpha$

$=\dfrac{-(\alpha-1)(\sqrt{2}\alpha-1)(\sqrt{2}\alpha+1)}{2\alpha^2}e^\alpha$

α	0	$\cdots$	$\frac{1}{\sqrt{2}}$	$\cdots$	1
$g'(\alpha)$		$-$	0	$+$	
$g(\alpha)$		↘	極小	↗	

増減表は上のようになるから，

$\alpha = \dfrac{1}{\sqrt{2}}$ のとき，最小値 $2e^{\frac{1}{\sqrt{2}}} - e - 1$

〈解説〉(1)　曲線 C と直線 ℓ が共有点をもつので，$e^x = ax$

接点の x 座標を t とすると，$e^t = at$ $\cdots$①

また，$y = e^x$ より $y' = e^x$ であり，

曲線 C の $x = t$ における接線の傾きが a なので，$e^t = a$ $\cdots$②

①，②より，$e^t = e^t \cdot t$

$(1-t)e^t = 0$

$e^t > 0$ より，$t = 1$

これを②に代入すると，$a = e$

(2)(3)　解答参照。

2022年度　実施問題

【中高共通】

【1】2点(0，1)，$(a_n，0)$ $(n＝1，2，3，\cdots)$を通る直線と直線$y＝(n＋2)x$の交点のx座標をa_{n+1}とする。$a_1＝\dfrac{1}{3}$のとき，次の問いに答えなさい。

(1)　a_2を求めなさい。

(2)　a_{n+1}をa_nを用いて表し，$\{a_n\}$の一般項を求めなさい。

(3)　$\displaystyle\sum_{n=1}^{\infty}(n＋2)a_n a_{n+1}$を求めなさい。

(☆☆☆◎◎◎)

【2】次の問いに答えなさい。

(1)　∠AOB＝36°，OA＝OB，AB＝1である二等辺三角形OABにおいて，∠Aの二等分線とOBの交点をCとする。このとき，BCの長さを求めなさい。

(2)　正五角形OABCDにおいて，$\overrightarrow{OA}＝\vec{a}$，$\overrightarrow{OD}＝\vec{d}$とするとき，$\overrightarrow{OC}$を$\vec{a}$，$\vec{d}$を用いて表しなさい。

(☆☆☆◎◎◎)

【3】次の問いに答えなさい。

(1)　次の(問題)と(ある高校生の解答)について，ア，イの問いに答えなさい。

(問題)

次のxについての不等式を解きなさい。

ただし，a，bは実数とする。

①　$-3x＋1＜7$　　②　$ax＋b＜3$

(ある高校生の解答)

①　$-3x+1<7$　　　　②　$ax+b<3$
　　$-3x<6$　　　　　　　$ax<3-b$
　　$x>-2$　　　　　　　$x<\dfrac{3-b}{a}$

　ア　この高校生は何についてつまずいていると考えられるかを説明しなさい。

　イ　②の正しい解答を記述しなさい。

(2)　n個のデータ$x_1,\ x_2,\ x_3,\ \cdots,\ x_n\ (x_1\leqq x_2\leqq x_3\leqq\cdots\leqq x_n)$における中央値が$x_{\frac{n}{2}}$となるためには，どのような条件が必要であるか，その条件を答えなさい。

(3)　次の文は「中学校学習指導要領(平成29年告示)」の第2章第3節の第1目標からの抜粋である。

数学的な見方・考え方を働かせ，数学的活動を通して，数学的に考える資質・能力を次のとおり育成することを目指す。

文中の「数学的活動を通して」について，「中学校学習指導要領(平成29年告示)解説」において，次のように説明している。文中の空欄ア，イにあてはまる語句を答えなさい。

数学的活動とは，事象を数理的に捉え，数学の問題を見いだし，問題を(ア)的，(イ)的に解決する過程を遂行することである。

(4)　中学校学習指導要領(平成29年告示)第2章第3節数学および高等学校学習指導要領(平成30年告示)第2章第4節数学において，次の内容を学習するのは中学校の第何学年か，または高等学校のどの科目か，あてはまるものを以下の①〜⑨の中から一つ選んで番号で答えなさい。

　ア　四分位範囲や箱ひげ図

　イ　平面上のベクトル

ウ　二次方程式の解の公式

エ　自然数を素数の積で表す

① 中学校第1学年　　② 中学校第2学年

③ 中学校第3学年　　④ 高等学校数学Ⅰ

⑤ 高等学校数学Ⅱ　　⑥ 高等学校数学Ⅲ

⑦ 高等学校数学A　　⑧ 高等学校数学B

⑨ 高等学校数学C

(☆☆☆◎◎◎)

【４】次のように$\log_2 1$から$\log_2 20$の数が書かれた20枚のカードがある。

$\boxed{\log_2 1}$, $\boxed{\log_2 2}$, $\boxed{\log_2 3}$, $\boxed{\log_2 4}$, $\boxed{\log_2 5}$, …, $\boxed{\log_2 20}$

次の問いに答えなさい。

(1)　この20枚のカードの中から同時に2枚のカードを選ぶとき，2枚のカードに書かれた数の和が整数となる確率を求めなさい。

(2)　この20枚のカードの中から同時に2枚のカードを選ぶとき，2枚のカードに書かれた数の差が整数となる確率を求めなさい。

(3)　この20枚のカードの中から同時に3枚のカードを選ぶとき，選んだ3枚のどの2枚のカードに書かれた数の和も整数とならない確率を求めなさい。

(☆☆☆◎◎◎)

【５】媒介変数θを用いて

$$\begin{cases} x = 2\cos^3\theta \\ y = 2\sin^3\theta \end{cases} \quad \left(0 \leqq \theta \leqq \dfrac{\pi}{2}\right)$$

と表される曲線をCとする。

$\theta = t$における曲線Cの接線をℓとするとき，次の問いに答えなさい。ただし，$0 < t < \dfrac{\pi}{2}$とする。

(1)　$\dfrac{dy}{dx}$をθを用いて表しなさい。ただし，$0 < \theta < \dfrac{\pi}{2}$とする。

(2)　直線ℓの方程式を求めなさい。

(3) 曲線C, 直線ℓ, x軸で囲まれる領域をS_1とし，曲線C, 直線ℓ, y軸で囲まれる領域をS_2とする。

S_1, S_2をx軸の周りに一回転して得られる立体の体積をそれぞれV_1, V_2とするとき，V_1+V_2の最小値を求めなさい。

(☆☆☆◎◎◎)

解答・解説

【中高共通】

【 1 】 (1) $a_2=\dfrac{1}{6}$

(2) $a_n>0$とすると，$(0,\ 1)$, $(a_n,\ 0)$を通る直線と直線$y=(n+2)x$の交点は第一象限の点であり，$a_{n+1}>0$である。$a_1>0$より，$a_n>0$

2点$(0,\ 1)$, $(a_n,\ 0)$を通る直線の方程式は $y=-\dfrac{1}{a_n}x+1$

$-\dfrac{1}{a_n}x+1=(n+2)x$とすると

$\{(n+2)a_n+1\}x=a_n$

$x=\dfrac{a_n}{(n+2)a_n+1}$

したがって $a_{n+1}=\dfrac{a_n}{(n+2)a_n+1}$ …①

①において，両辺逆数をとると $\dfrac{1}{a_{n+1}}=\dfrac{1}{a_n}+(n+2)$

これより$n\geqq2$のとき

$\dfrac{1}{a_n}=\dfrac{1}{a_1}+\displaystyle\sum_{k=1}^{n-1}(k+2)=3+\dfrac{n-1}{2}\{3+(n+1)\}=\dfrac{1}{2}(n+1)(n+2)$

これは$n=1$のときも成り立つので $\dfrac{1}{a_n}=\dfrac{1}{2}(n+1)(n+2)$

したがって $a_n=\dfrac{2}{(n+1)(n+2)}$

(3) $\displaystyle\sum_{n=1}^{\infty}(n+2)a_na_{n+1}=\sum_{n=1}^{\infty}\frac{4}{(n+1)(n+2)(n+3)}$

$\displaystyle=\sum_{n=1}^{\infty}2\left\{\frac{1}{(n+1)(n+2)}-\frac{1}{(n+2)(n+3)}\right\}$

$\displaystyle=\lim_{n\to\infty}2\left\{\frac{1}{6}-\frac{1}{(n+2)(n+3)}\right\}=\frac{1}{3}$

〈解説〉(1)　2点$(0,\ 1)$，$\left(\dfrac{1}{3},\ 0\right)$を通る直線の方程式は

$y=\dfrac{0-1}{\dfrac{1}{3}-0}\left(x-\dfrac{1}{3}\right)=-3x+1$

a_2は$n=1$のときの$y=3x$と$y=-3x+1$の交点のx座標なので，

$3x=-3x+1$の解であり，$x=\dfrac{1}{6}$

よって，$a_2=\dfrac{1}{6}$

(2)　数列の和の公式を利用する。

(3)　$\dfrac{2}{(n+1)(n+2)(n+3)}=\dfrac{1}{(n+1)(n+2)}-\dfrac{1}{(n+2)(n+3)}$と部分分数分

解できる。

【２】(1)　$\angle AOB=36°$，$OA=OB$より，$\angle OAB=\angle OBA=72°$

ACは$\angle OAB$の二等分線なので，$\angle OAC=\angle CAB=36°$

$\angle COA=\angle CAO$より$\triangle COA$は二等辺三角形

$\angle ABC=\angle ACB=72°$より$\triangle ABC$は二等辺三角形

よって，$OC=AC=AB=1$

$\triangle OAB\backsim\triangle ABC$より，$(1+BC):1=1:BC$

整理すると，$BC^2+BC-1=0$

$BC>0$より，$BC=\dfrac{-1+\sqrt{5}}{2}$

(2)　(1)の結果より，3つの内角が36°，72°，72°の二等辺三角形の辺の

比は，

$$1+\frac{-1+\sqrt{5}}{2}:1+\frac{-1+\sqrt{5}}{2}:1=\frac{1+\sqrt{5}}{2}:\frac{1+\sqrt{5}}{2}:1$$

正五角形OABCDにおいて，△COAはこの三角形と相似なので，OA：

$AC=1:\dfrac{1+\sqrt{5}}{2}$

四角形OACDは等脚台形なので，OD//AC

したがって，OD：AC$=1:\dfrac{1+\sqrt{5}}{2}$より$\overrightarrow{AC}=\dfrac{1+\sqrt{5}}{2}\overrightarrow{OD}=\dfrac{1+\sqrt{5}}{2}\vec{d}$

よって，$\overrightarrow{OC}=\overrightarrow{OA}+\overrightarrow{AC}=\vec{a}+\dfrac{1+\sqrt{5}}{2}\vec{d}$

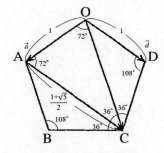

〈解説〉(1)　以下の図を参照。

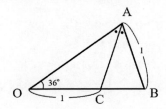

(2)　正五角形の内角は，$\dfrac{180°(5-2)}{5}=108°$となることを利用する。

【3】(1)　ア　＜生徒のつまずき＞

文字定数aに0や負の場合があることを考えられていない。

イ　＜②の正しい解答＞

$a>0$のとき，$x<\dfrac{3-b}{a}$

$a=0$のとき，$b\geqq3$ならば，xを満たす実数はない

　　　　　　$b<3$ならば，xは任意の実数

$a<0$のとき，$x>\dfrac{3-b}{a}$

(2)　条件①…nが偶数である。　条件②…$x_{\frac{n}{2}}=x_{\frac{n}{2}+1}$である。

(3)　ア　自立　イ　協働

(4)　ア　②　イ　⑨　ウ　③　エ　①

〈解説〉(1)　解答参照。

(2)　条件①…それぞれのデータをx_1，x_2，x_3，…，x_nと並べているので，$x_{\frac{n}{2}}$において，$\dfrac{n}{2}$は自然数となるはずである。

したがって，nは偶数である。

条件②…条件①より，nは偶数なので，中央値は　$x_{\frac{n}{2}}$と$x_{\frac{n}{2}+1}$の平均値となるはずである。

よって，$\dfrac{x_{\frac{n}{2}}+x_{\frac{n}{2}+1}}{2}=x_{\frac{n}{2}}$　より　$x_{\frac{n}{2}}=x_{\frac{n}{2}+1}$　である。

(3)(4)　最新の学習指導要領および同解説を精読し，特に改訂点や新設された内容についてしっかりと理解しよう。

【4】(1)　和が整数となる組み合わせは$M>0$，$N>0$とすると$\log_2 M+\log_2 N=\log_2 MN$より，$MN=2^k$となる組み合わせを考える。

整数であるカードは，$\log_2 1$，$\log_2 2$，$\log_2 4$，$\log_2 8$，$\log_2 16$の5枚であり，和が整数となるためには，この5枚の中から2枚選ばなければならない。したがって　$\dfrac{{}_5C_2}{{}_{20}C_2}=\dfrac{5\cdot4}{20\cdot19}=\dfrac{1}{19}$

(2)　差が整数となる組み合わせは$M>N>0$とすると

$\log_2 M-\log_2 N=\log_2\dfrac{M}{N}$より，$\dfrac{M}{N}=2^k$となる組み合わせを考える。

$(M,\ N)=(2,\ 1)$，$(4,\ 1)$，$(8,\ 1)$，$(16,\ 1)$，$(4,\ 2)$，$(8,\ 2)$，$(16,\ 2)$，

　　　　　$(6,\ 3)$，$(12,\ 3)$，$(8,\ 4)$，$(16,\ 4)$，$(10,\ 5)$，$(20,\ 5)$，

　　　　　$(12,\ 6)$，$(14,\ 7)$，$(16,\ 8)$，$(18,\ 9)$，$(20,\ 10)$

の18通りある。

$$\frac{18}{_{20}C_2}=\frac{18\cdot 2}{20\cdot 19}=\frac{9}{95}$$

(3)　(i)　選んだ3枚の中に$\log_2 2^k$ ($k=0$，1，2，3，4)が1枚も含まれないとき

$$\frac{_{15}C_3}{_{20}C_3}=\frac{455}{1140}$$

(ii)　選んだ3枚の中に$\log_2 2^k$ ($k=0$，1，2，3，4)が1枚だけ含まれるとき

$$\frac{_{15}C_2\times _5C_1}{_{20}C_3}=\frac{525}{1140}$$

よって　$\dfrac{455+525}{1140}=\dfrac{980}{1140}=\dfrac{49}{57}$

〈解説〉解答参照。

【5】(1)　$\dfrac{dx}{d\theta}=-6\sin\theta\cos^2\theta$，$\dfrac{dy}{d\theta}=6\sin^2\theta\cos\theta$ より，

$$\frac{dy}{dx}=-\frac{\sin\theta}{\cos\theta}$$

(2)　$\theta=t$における接線ℓは，傾きが$-\dfrac{\sin t}{\cos t}$であり，点$(2\cos^3 t,\ 2\sin^3 t)$を通る。

求める接線ℓの方程式は，$y-2\sin^3 t=-\dfrac{\sin t}{\cos t}(x-2\cos^3 t)$

整理すると，$y=-\dfrac{\sin t}{\cos t}x+2\sin t$

(3)　$0<\theta<\dfrac{\pi}{2}$ より，

$$\frac{d^2y}{dx^2}=\frac{d}{dx}\cdot\frac{dy}{dx}=\frac{d}{d\theta}\left(-\frac{\sin\theta}{\cos\theta}\right)\cdot\frac{d\theta}{dx}$$

$$=-\frac{1}{\cos^2\theta}\cdot\frac{1}{-6\sin\theta\cos^2\theta}=\frac{1}{6\sin\theta\cos^4\theta}>0$$

したがって，曲線Cは下に凸である。

曲線Cとx軸，y軸で囲まれた部分をx軸の周りに回転して得られる立体の体積をV_cとする。

$$V_c = \int_0^2 \pi y^2 dx = \pi \int_{\frac{\pi}{2}}^0 4\sin^6 \theta \cdot (-6\sin\theta\cos^2\theta)d\theta$$

$$= 24\pi \int_0^{\frac{\pi}{2}} \sin^7\theta \cos^2\theta d\theta$$

ここで，　$\displaystyle\int_0^{\frac{\pi}{2}} \sin^7\theta\cos^2\theta\, d\theta = \int_0^{\frac{\pi}{2}} (1-\cos^2\theta)^3\cos^2\theta\sin\theta\, d\theta$

$\cos\theta = X$ とおくと，$\dfrac{dX}{d\theta} = -\sin\theta$，

θ	$0 \to \frac{\pi}{2}$
X	$1 \to 0$

であり，

$$\int_0^{\frac{\pi}{2}} \sin^7\theta\cos^2\theta\, d\theta = \int_1^0 (1-X^2)^3 X^2(-dX)$$

$$= \int_0^1 (-X^8+3X^6-3X^4+X^2)dX = \frac{16}{315}$$

よって，$V_c = 24\pi \cdot \dfrac{16}{315} = \dfrac{128}{105}\pi$

(2)で求めた直線 ℓ と，x 軸，y 軸で囲まれた部分を x 軸の周りに回転して得られる立体の体積を V とする。

$V = \dfrac{1}{3}(2\sin t)^2 \pi \cdot 2\cos t = \dfrac{8}{3}\pi \sin^2 t \cos t = \dfrac{8}{3}\pi(\cos t - \cos^3 t)$

$\cos t = T$ とすると，$0 < t < \dfrac{\pi}{2}$ より $0 < T < 1$ であり，$V = \dfrac{8}{3}\pi(T-T^3)$

$V' = \dfrac{8}{3}\pi(1-3T^2)$

$V' = 0$ とすると，$0 < T < 1$ より，$T = \dfrac{1}{\sqrt{3}}$

V の増減表は次のようになる。

T	0	$\cdots$	$\frac{1}{\sqrt{3}}$	$\cdots$	1
V'		$+$	0	$-$	
V		↗	極大	↘	

よって V の最大値は　$\dfrac{8}{3}\pi\left\{\dfrac{1}{\sqrt{3}} - \left(\dfrac{1}{\sqrt{3}}\right)^3\right\} = \dfrac{16\sqrt{3}}{27}\pi$

V の体積が最大のとき，$V_1 + V_2$ が最小となるので最小値は

$$\dfrac{128}{105}\pi - \dfrac{16\sqrt{3}}{27}\pi = \left(\dfrac{128}{105} - \dfrac{16\sqrt{3}}{27}\right)\pi$$

〈解説〉(1)　$\dfrac{dy}{dx}=\dfrac{dy}{d\theta}\cdot\dfrac{d\theta}{dx}$ となる。

(2)　$\sin^2 t+\cos^2 t=1$ となる。

(3)　$0\leqq\theta\leqq\dfrac{\pi}{2}$ より，曲線Cのx，yの範囲は，

$0\leqq\cos\theta\leqq1$　　　　　　$0\leqq\sin\theta\leqq1$

$0\leqq2\cos^3\theta\leqq2$　　　　　$0\leqq2\sin^3\theta\leqq2$

$0\leqq x\leqq2$　　　　　　　　　$0\leqq y\leqq2$

接線ℓの方程式は，$y=-\dfrac{\sin t}{\cos t}x+2\sin t$ より，2点$(0,\ 2\sin t)$，$(2\cos t,\ 0)$ を通る。

したがって，以下のグラフのようになる。

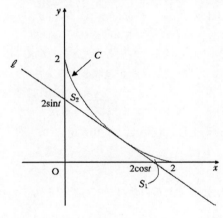

37

2021年度　実施問題

【中高共通】

【1】数列 $\{a_n\}$ が $a_1=6$, $a_{n+1}=\dfrac{5a_n-12}{a_n-2}$ （$n=1$, 2, 3, ……）を満たす。

(1) すべての自然数 n に対し，$a_n>4$ であることを示しなさい。

(2) 自然数 n に対し，$b_n=\dfrac{1}{a_n-4}$ とおく。b_{n+1} と b_n との関係を求めなさい。

(3) 数列 $\{a_n\}$ の一般項を求めなさい。

(☆☆☆◎◎◎)

【2】O を原点とする座標平面上に点 $P(\cos\theta,\ \sin\theta)$, $Q\left(2\cos\left(\theta+\dfrac{\pi}{3}\right),\ 2\sin\left(\theta+\dfrac{\pi}{3}\right)\right)$ がある。ただし，$\dfrac{\pi}{6}<\theta<\dfrac{\pi}{2}$ とする。点 Q から y 軸に垂線 QR を下ろし，三角形 PQR の面積を S とするとき，S を θ を用いて表しなさい。また，S の最大値と，そのときの θ の値を求めなさい。

(☆☆☆◎◎◎)

【3】座標空間内の球面 $x^2+y^2+z^2=4$ 上に，3点 $A(2,\ 0,\ 0)$, $B(1,\ 0,\ \sqrt{3})$, $C(0,\ -2,\ 0)$ をとる。

(1) △ABC の面積を求めなさい。

(2) 3点 A，B，C を通る平面に，原点 O から垂線を下ろし，その足を H とする。点 H の座標を求めなさい。

(3) 球面上を動く点 P を頂点とする四面体 PABC の体積を V とする。V の最大値を求めなさい。

(☆☆☆◎◎◎)

【4】 次の問いに答えなさい。

(1) 次は，確率の問題とその問題に対してのある生徒の解答である。

> (問題)
>
> 　3つのサイコロを同時に投げるとき，目の和が9になる確率と，目の和が10になる確率の大小を比較しなさい。

> (ある生徒の解答)
>
> 目の和が9になる組合せは，
>
> $\{1, 2, 6\}$, $\{1, 3, 5\}$, $\{1, 4, 4\}$, $\{2, 2, 5\}$, $\{2, 3, 4\}$, $\{3, 3, 3\}$の6通りである。
>
> 一方，目の和が10になる組合せは，
>
> $\{1, 3, 6\}$, $\{1, 4, 5\}$, $\{2, 2, 6\}$, $\{2, 3, 5\}$, $\{2, 4, 4\}$, $\{3, 3, 4\}$の6通りである。
>
> よって，どちらも6通りだから，それらの確率は等しい。

あなたは先生の立場で，この生徒の解答が正しくないことをどのように説明しますか。また，この問題の正しい解答を記述しなさい。

(2) 二次方程式$ax^2+bx+c=0$の解の公式を導きなさい。

(☆☆☆◎◎◎)

【5】 2つの関数$f(x)=\log ax^2-1$と$g(x)=x^2$がある。ただし，aは定数とする。

(1) $x=1$における曲線$y=f(x)$の接線の方程式を求めなさい。

(2) 曲線$y=f(x)$と曲線$y=g(x)$が接するような定数aの値を求めなさい。

(3) (2)のとき，$y=f(x)$, $y=g(x)$, およびx軸によって囲まれる部分の面積を求めなさい。

(☆☆☆◎◎◎)

解答・解説

【中高共通】

【1】(1)　数学的帰納法により証明する。

[1]　$n=1$のとき　$a_1=6>4$

よって，成り立つ。

[2]　$n=k$(kは自然数)のとき，成り立つと仮定すると　$a_k>4$

$n=k+1$のとき　　$a_{k+1}-4=\dfrac{5a_k-12}{a_k-2}-4=\dfrac{a_k-4}{a_k-2}>0$

ゆえに　$a_{k+1}>4$

よって，$n=k+1$のときにも成り立つ。

[1]，[2]から，すべての自然数nについて成り立つ。

(2)　$a_{n+1}-4=\dfrac{5a_n-12}{a_n-2}-4$から　$a_{n+1}-4=\dfrac{a_n-4}{a_n-2}$

(1)より，$a_n-4\neq0$であるから，両辺の逆数をとると

$\dfrac{1}{a_{n+1}-4}=\dfrac{a_n-2}{a_n-4}$

よって　$\dfrac{1}{a_{n+1}-4}=1+\dfrac{2}{a_n-4}$

ゆえに　$b_{n+1}=2b_n+1$

(3)　$b_{n+1}+1=2(b_n+1)$

ゆえに，数列$\{b_n+1\}$は，初項$b_1+1=\dfrac{1}{a_1-4}+1=\dfrac{1}{2}+1=\dfrac{3}{2}$，公比2の

等比数列であるから

$b_n+1=\dfrac{3}{2}\cdot2^{n-1}$

$\qquad\quad=3\cdot2^{n-2}$

よって　$b_n=3\cdot2^{n-2}-1$

したがって　$a_n=\dfrac{1}{b_n}+4$より

$$a_n = \frac{1}{3 \cdot 2^{n-2} - 1} + 4$$

〈解説〉解答参照。

【2】 点Qが第2象限にあるので,

$$RQ = -2\cos\left(\theta + \frac{\pi}{3}\right)$$

$$= -2\left(\cos\theta\cos\frac{\pi}{3} - \sin\theta\sin\frac{\pi}{3}\right)$$

$$= -2\left(\frac{1}{2}\cos\theta - \frac{\sqrt{3}}{2}\sin\theta\right)$$

$$= \sqrt{3}\sin\theta - \cos\theta$$

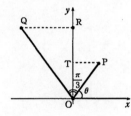

点Pからy軸に下した垂線の足をTとすると,$\frac{\pi}{6} < \theta < \frac{\pi}{2}$においては,Qの$y$座標＞Pの$y$座標より,

$$RT = 2\sin\left(\theta + \frac{\pi}{3}\right) - \sin\theta$$

$$= 2\left(\sin\theta\cos\frac{\pi}{3} + \cos\theta\sin\frac{\pi}{3}\right) - \sin\theta$$

$$= 2\left(\frac{1}{2}\sin\theta + \frac{\sqrt{3}}{2}\cos\theta\right) - \sin\theta$$

$$= \sqrt{3}\cos\theta$$

よって,面積Sは

$$S = \frac{1}{2}(\sqrt{3}\sin\theta - \cos\theta)\sqrt{3}\cos\theta$$

$$= \frac{\sqrt{3}}{2} \left(\sqrt{3} \sin\theta \cos\theta - \cos^2\theta \right)$$

$$= \frac{\sqrt{3}}{2} \left(\frac{\sqrt{3}}{2} \sin 2\theta - \frac{1+\cos 2\theta}{2} \right)$$

$$= \frac{\sqrt{3}}{4} (\sqrt{3} \sin 2\theta - \cos 2\theta - 1)$$

$$= \frac{\sqrt{3}}{4} \left\{ 2\sin\left(2\theta - \frac{\pi}{6}\right) - 1 \right\}$$

$\dfrac{\pi}{6} < \theta < \dfrac{\pi}{2}$ であるから　$\dfrac{\pi}{6} < 2\theta - \dfrac{\pi}{6} < \dfrac{5}{6}\pi$

$\dfrac{1}{2} < \sin\left(2\theta - \dfrac{\pi}{6}\right) \leqq 1$

よって　S が最大となるのは　$2\theta - \dfrac{\pi}{6} = \dfrac{\pi}{2}$

つまり　$\theta = \dfrac{\pi}{3}$ のとき　最大値 $\dfrac{\sqrt{3}}{4}$

〈解説〉解答参照。

【３】(1)　$\overrightarrow{AB} = (-1,\ 0,\ \sqrt{3})$,　$\overrightarrow{AC} = (-2,\ -2,\ 0)$ であるから

$|\overrightarrow{AB}|^2 = (-1)^2 + 0^2 + (\sqrt{3})^2 = 4$,　$|\overrightarrow{AC}|^2 = (-2)^2 + (-2)^2 + 0^2 = 8$,

$\overrightarrow{AB} \cdot \overrightarrow{AC} = (-1) \times (-2) + 0 \times (-2) + \sqrt{3} \times 0 = 2$

よって　$\triangle ABC = \dfrac{1}{2} \sqrt{|\overrightarrow{AB}|^2 |\overrightarrow{AC}|^2 - (\overrightarrow{AB} \cdot \overrightarrow{AC})^2}$

$$= \frac{1}{2} \sqrt{4 \times 8 - 4} = \frac{1}{2} \sqrt{28} = \sqrt{7}$$

(2)　H は平面 ABC 上にあるから，$\overrightarrow{AH} = s\overrightarrow{AB} + t\overrightarrow{AC}$ となる実数 s, t がある。

よって　$\overrightarrow{OH} = \overrightarrow{OA} + s\overrightarrow{AB} + t\overrightarrow{AC}$　……①

OH⊥(平面ABC)であるから　$\overrightarrow{OH} \perp \overrightarrow{AB}$,　$\overrightarrow{OH} \perp \overrightarrow{AC}$

ゆえに　$\overrightarrow{OH} \cdot \overrightarrow{AB} = 0$,　$\overrightarrow{OH} \cdot \overrightarrow{AC} = 0$

$\overrightarrow{OH} \cdot \overrightarrow{AB} = 0$から　$(\overrightarrow{OA} + s\overrightarrow{AB} + t\overrightarrow{AC}) \cdot \overrightarrow{AB} = 0$

よって　$\overrightarrow{OA} \cdot \overrightarrow{AB} + s|\overrightarrow{AB}|^2 + t\overrightarrow{AB} \cdot \overrightarrow{AC} = 0$

ゆえに　$2s + t = 1$　……②

$\overrightarrow{OH} \cdot \overrightarrow{AC} = 0$から　$(\overrightarrow{OA} + s\overrightarrow{AB} + t\overrightarrow{AC}) \cdot \overrightarrow{AC} = 0$

よって　$\overrightarrow{OA} \cdot \overrightarrow{AC} + s\overrightarrow{AB} \cdot \overrightarrow{AC} + t|\overrightarrow{AC}|^2 = 0$

ゆえに　$s + 4t = 2$　……③

②，③を解いて　$s = \dfrac{2}{7}, \ t = \dfrac{3}{7}$

これを①に代入して

$\overrightarrow{OH} = (2, \ 0, \ 0) + \dfrac{2}{7}(-1, \ 0, \ \sqrt{3}) + \dfrac{3}{7}(-2, \ -2, \ 0) = \left(\dfrac{6}{7}, \ -\dfrac{6}{7}, \right.$

$\left. \dfrac{2}{7}\sqrt{3}\right)$　……④

よって，Hの座標は$\left(\dfrac{6}{7}, \ -\dfrac{6}{7}, \ \dfrac{2}{7}\sqrt{3}\right)$

(3)　Vが最大になるのは，△ABCを底面と考えると，高さが最大にな
るときである。これは3点P，O，Hがこの順に一直線上にあるときで
ある。

④から，$\overrightarrow{OH} = \dfrac{2}{7}(3, \ -3, \ \sqrt{3})$であり

$OH = |\overrightarrow{OH}| = \dfrac{2}{7}\sqrt{3^2 + (-3)^2 + (\sqrt{3})^2} = \dfrac{2\sqrt{21}}{7}$

よって，高さPHの長さは

$PH = PO + OH = 2 + \dfrac{2\sqrt{21}}{7}$

であるから，Vの最大値は，(1)から

$\dfrac{1}{3} \times \sqrt{7} \times \left(2 + \dfrac{2\sqrt{21}}{7}\right) = \dfrac{2}{3}(\sqrt{7} + \sqrt{3})$

〈解説〉解答参照。

【４】(1)　＜説明＞

　　この生徒の解答は，目の和が9になる確率を考える際に，{1，2，6}，{1，3，5}，{2，3，4}が起こることと，{1，4，4}，{2，2，5}が起こることと，{3，3，3}が起こることを同様に確からしいと思ってしまっている(目の数が10になる確率も同様のことがいえる)。各根元事象が同様に確からしいとするためには，3つのサイコロを区別して，例えば{1，4，4}，{4，1，4}，{4，4，1}で表わされる3つの場合を異なる事象と考える必要がある。

＜正しい解答＞

3つのサイコロを同時に投げるとき，起こりうる場合の数は，$6^3＝216$通り

目の和が9になる場合の数は

{1，2，6}，{1，3，5}，{2，3，4}の場合は，それぞれ6通り

{1，4，4}，{2，2，5}の場合は，それぞれ3通り

{3，3，3}の場合は，1通り

よって　$6×3＋3×2＋1＝25$

すなわち25通りあり，どの場合も同様に確からしい。

したがって，目の数の和が9になる確率は　$\dfrac{25}{216}$

同様にして目の数の和が10になる確率を求めると　$\dfrac{27}{216}$になる。

よって，目の数の和が10になる確率の方が，目の数の和が9になる確率よりも大きい。

(2)　$ax^2＋bx＋c＝0$は二次方程式より$a \neq 0$

左辺を平方完成すると，

$$a\left(x^2＋\dfrac{b}{a}x\right)＋c＝0$$

$$a\left\{\left(x+\frac{b}{2a}\right)^2-\frac{b^2}{4a^2}\right\}+c=0$$

$$a\left(x+\frac{b}{2a}\right)^2-\frac{b^2}{4a}+c=0$$

$$a\left(x+\frac{b}{2a}\right)^2=\frac{b^2-4ac}{4a}$$

$$\left(x+\frac{b}{2a}\right)^2=\frac{b^2-4ac}{4a^2}$$

$$x+\frac{b}{2a}=\pm\frac{\sqrt{b^2-4ac}}{2a}$$

$$x=\frac{-b\pm\sqrt{b^2-4ac}}{2a}$$

〈解説〉解答参照。

【5】(1) 真数は正であるから $ax^2>0$

よって $a>0$ かつ $x\neq0$

$f'(x)=\dfrac{2ax}{ax^2}=\dfrac{2}{x}$

$f(1)=\log(a\cdot1^2)-1=\log a-1$

よって，$x=1$における接線の方程式は $y-(\log a-1)=2(x-1)$

すなわち $y=2x+\log a-3$

(2) $y=f(x)$と$y=g(x)$が$x=t(t\neq0)$で接する条件は

$f(t)=g(t)$ かつ $f'(t)=g'(t)$

$f(t)=g(t)$より $\log at^2-1=t^2$ ……①

$g'(x)=2x$であるから，$f'(t)=g'(t)$より $\dfrac{2}{t}=2t$

よって $t^2=1$ ゆえに $t=\pm1$

①より $\log a-1=1$

よって $a=e^2$ （$a>0$を満たす）

(3) (2)のとき $f(x)=\log e^2x^2-1=\log x^2+1$

45

$f(x)$の増減表は次のようになる。

x	$\cdots$	0	$\cdots$
$f'(x)$	$-$	/	$+$
$f(x)$	$\searrow$	/	$\nearrow$

また　$\displaystyle\lim_{x\to+0}f(x)=\lim_{x\to-0}f(x)=-\infty$

$\displaystyle\lim_{x\to+\infty}f(x)=\lim_{x\to-\infty}f(x)=\infty$

$y=f(x)$とx軸の交点のx座標は，$\log x^2+1=0$より　$x^2=e^{-1}$

よって　$x=\pm\dfrac{1}{\sqrt{e}}$

$y=f(x)$，$y=g(x)$およびx軸によって囲まれる部分は，次の図の斜線部分である。

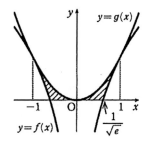

与えられた2つの関数のグラフは，どちらもy軸に関して対称であるから，斜線部分の図形もy軸に関して対称である。

よって，面積は

$2\displaystyle\int_0^1 x^2dx-2\int_{\frac{1}{\sqrt{e}}}^1(\log x^2+1)dx$

$=2\left[\dfrac{x^3}{3}\right]_0^1-2\left[x(\log x^2+1)\right]_{\frac{1}{\sqrt{e}}}^1+2\displaystyle\int_{\frac{1}{\sqrt{e}}}^1 x\cdot\dfrac{2x}{x^2}dx$

$=2\cdot\dfrac{1}{3}-2\left\{1-\dfrac{1}{\sqrt{e}}\left(\log\dfrac{1}{e}+1\right)\right\}+2\left[2x\right]_{\frac{1}{\sqrt{e}}}^1$

$$= \frac{2}{3} - 2 + 4\left(1 - \frac{1}{\sqrt{e}}\right)$$

$$= \frac{8}{3} - \frac{4}{\sqrt{e}}$$

〈解説〉解答参照。

2020年度　実施問題

【中高共通】

【1】方程式 $x^3-3x-1=0$ ……①について，次の問いに答えなさい。

(1) 方程式①は，異なる3つの実数解をもつことを証明しなさい。

(2) 方程式①の実数解はすべて無理数であることを証明しなさい。

(3) 等式 $\cos 3\theta = 4\cos^3\theta - 3\cos\theta$ を証明しなさい。

(4) 方程式①は $x = 2\cos\left(\pm\dfrac{\pi}{9}+\dfrac{2n\pi}{3}\right)$ (ただし，nは整数)を解にもつことを証明しなさい。

(☆☆☆◎◎◎)

【2】nは2以上の整数とする。箱の中に1からnまでの数字が1つずつ書かれた球が各1個ずつ計n個入っている。箱から同時に球を2個取り出すとき，球に書かれた数字の差の絶対値をXとする。例えば，$n=5$のとき，2と書かれた球と5と書かれた球を取り出した場合，$X=3$である。次の問いに答えなさい。

(1) $n=9$のとき，$X=1$となる確率を求めなさい。

(2) Xの期待値$E(X)$を求めなさい。

(3) $\displaystyle\lim_{n\to\infty}\left\{\dfrac{E(X)}{n}\right\}^n$ を求めなさい。

【例】$n=5$の場合の箱とその中身

箱

(☆☆☆◎◎◎)

【3】次の問いに答えなさい。

(1) 中学校3年生の二次方程式の学習において，

「方程式 $3x(x-2)=(x-2)(x+6)$ を解きなさい。」という問題を出題し

たところ，Aさんは，次のように解答した。

> (Aさんの解答)
> $3x(x-2)=(x-2)(x+6)$
> $3x=x+6$
> $2x=6$
> $x=3$　(答)

　どのようにして，クラス全体にこの解答の誤りを気づかせるか。また，この方程式を正しく解かせるために，あなたはクラス全体に対してどのように指導するか。あなたの考えを書きなさい。

(2)　図のように，△ABCの辺AB上に点P，辺AC上に点Qがあるとき，AP：AB＝AQ：AC⟹PQ//BCであることを証明しなさい。

(☆☆◎◎◎)

【4】曲線$y=\log2x$をCとし，原点から曲線Cに引いた接線をℓとする。次の問いに答えなさい。

(1)　曲線Cを図示しなさい。

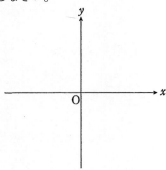

 (2) 接線ℓの方程式を求めなさい。

 (3) 曲線C，接線ℓおよびx軸で囲まれた部分の面積Sを求めなさい。

 (4) 曲線C，接線ℓおよびx軸で囲まれた部分を，x軸のまわりに1回転してできる立体の体積Vを求めなさい。

（☆☆☆◎◎◎）

【5】四面体OABCにおいて，OA＝1，OB＝AB＝2，OC＝3，OA⊥AC，$\angle$BOC＝$\dfrac{\pi}{3}$とする。

 (1) 三角形OABの面積を求めなさい。

 (2) 点Cから平面OABに下ろした垂線をCHとする。線分CHの長さを求めなさい。

 (3) 実数s，t，uが$s\geqq0$，$t\geqq0$，$2s+t\leqq2$，$0\leqq u\leqq1$を満たしながら動くとき，$\overrightarrow{\mathrm{OP}}=s\overrightarrow{\mathrm{OA}}+t\overrightarrow{\mathrm{OB}}+u\overrightarrow{\mathrm{OC}}$で定められた点Pの動く部分の体積を求めなさい。

（☆☆☆☆◎◎◎）

解答・解説

【中高共通】

【1】(1) $f(x)=x^3-3x-1$とおく。$f'(x)=3x^2-3=3(x-1)(x+1)=0$より，$x=\pm1$

 したがって，$x=-1$で極大値1　$x=1$で極小値-3をとる。

x	$\cdots$	-1	$\cdots$	1	$\cdots$
$f'(x)$		+	0	−	0	+
$f(x)$	↗	1	↘	-3	↗

 極大値と極小値が異符号である3次関数なのでx軸と異なる3点を共有する。

したがって，方程式①は，異なる3つの実数解をもつ。

(2) 有理数の解 $x=\dfrac{q}{p}$ をもつと仮定する。

ただし，p，q は互いに素な整数で $p>0$ とする。

①に代入すると，$\left(\dfrac{q}{p}\right)^3-3\left(\dfrac{q}{p}\right)-1=0$　両辺 p 倍して整理すると $\dfrac{q^3}{p^2}=3q+p$

右辺は整数だから，左辺も整数である。p，q は互いに素で，$p>0$ だから，$p=1$

したがって，$q^3=3q+1$　移項して整理すると　$q(q^2-3)=1$

q は整数だから，$(q,\ q^2-3)=(1,\ 1),\ (-1,\ -1)$

$(q,\ q^2-3)=(1,\ 1)$ のとき，$q=1$ かつ $q=\pm2$　よって，不適

$(q,\ q^2-3)=(-1,\ -1)$ のとき，$q=-1$ かつ $q\pm\sqrt{2}$　よって，不適

したがって，矛盾する。

ゆえに，方程式①の解はすべて無理数である。

(3)　左辺 $=\cos3\theta=\cos(2\theta+\theta)=\cos2\theta\cos\theta-\sin2\theta\sin\theta$

$\qquad\quad =(2\cos^2\theta-1)\cos\theta-2\sin^2\theta\cos\theta$

$\qquad\quad =2\cos^3\theta-\cos\theta-2(1-\cos^2\theta)\cos\theta$

$\qquad\quad =4\cos^3\theta-3\cos\theta=$ 右辺　よって示された。

(4)　方程式①の左辺に $x=2\cos\left(\pm\dfrac{\pi}{9}+\dfrac{2n\pi}{3}\right)$ を代入して

左辺 $=x^3-3x-1=\left\{2\cos\left(\pm\dfrac{\pi}{9}+\dfrac{2n\pi}{3}\right)\right\}^3-3\left\{2\cos\left(\pm\dfrac{\pi}{9}+\dfrac{2n\pi}{3}\right)\right\}-1$

$\quad =8\cos^3\left(\pm\dfrac{\pi}{9}+\dfrac{2n\pi}{3}\right)-6\cos\left(\pm\dfrac{\pi}{9}+\dfrac{2n\pi}{3}\right)-1$

$\quad =2\left\{4\cos^3\left(\pm\dfrac{\pi}{9}+\dfrac{2n\pi}{3}\right)-3\cos\left(\pm\dfrac{\pi}{9}+\dfrac{2n\pi}{3}\right)\right\}-1$

$\quad =2\cos\left\{3\left(\pm\dfrac{\pi}{9}+\dfrac{2n\pi}{3}\right)\right\}-1\qquad\because\ \text{(3)より}$

$\quad =2\cos\left(\pm\dfrac{\pi}{3}+2n\pi\right)-1$

$\quad =2\left(\dfrac{1}{2}\right)-1$

　　　＝0＝右辺

ゆえに，示された。

〈解説〉(1)　導関数を求め，関数の増減を調べたとしても，極大値，極小値の符号が違うことに言及しなければ，方程式①が異なる3つの実数解を持つことは示せていないことに注意しなければならない。

(2)　背理法で示す。qが全ての整数を取り得るので，$p > 0$として十分である。　(3)　結論を意識しながら，途中過程で用いる2倍角の公式を選択することが必要となる。　(4)　解答参照。

【2】(1)　すべての球の取り出し方は　${}_9C_2 = 36$通り

取り出した球に書かれた数字の組が(1，2)，(2，3)，(3，4)，(4，5)，(5，6)，(6，7)，(7，8)，(8，9)の場合だから，取り出し方は8通り

したがって，求める確率は　$\dfrac{8}{36} = \dfrac{2}{9}$

(2)　$X = m$である確率を求める。($m = 1$，2，…，$n-1$)

取り出した球に書かれた数字がkと$k+m$　($k = 1$，2，…，$n-m$)の場合だから，取り出し方は　$n-m$通り

したがって，求める確率は　$\dfrac{n-m}{{}_nC_2} = \dfrac{n-m}{\dfrac{n(n-1)}{2}} = \dfrac{2(n-m)}{n(n-1)}$

よって，期待値は$E(X) = \displaystyle\sum_{m=1}^{n-1} m \cdot \dfrac{2(n-m)}{n(n-1)} = \dfrac{2}{n(n-1)} \sum_{m=1}^{n-1}(nm - m^2)$

$\qquad\qquad = \dfrac{2}{n(n-1)}\left\{ n \cdot \dfrac{n(n-1)}{2} - \dfrac{n}{6}(n-1)(2n-1) \right\}$

$\qquad\qquad = \dfrac{n+1}{3}$

(3)　$\left\{ \dfrac{E(X)}{n} \right\}^n = \left(\dfrac{1}{3} \cdot \dfrac{n+1}{n} \right)^n = \left(\dfrac{1}{3} \right)^n \cdot \left(1 + \dfrac{1}{n} \right)^n$

$\left| \dfrac{1}{3} \right| < 1$だから，$\displaystyle\lim_{n \to \infty} \left(\dfrac{1}{3} \right)^n = 0$　また，$\displaystyle\lim_{n \to \infty} \left(1 + \dfrac{1}{n} \right)^n = e$

だから，$\displaystyle\lim_{n \to \infty} \left\{ \dfrac{E(X)}{n} \right\}^n = \lim_{n \to \infty} \left(\dfrac{1}{3} \right)^n \cdot \left(1 + \dfrac{1}{n} \right)^n = 0 \cdot e = 0$

〈解説〉解答参照。

【3】(1)　まず，ペアやグループ等で，他にも解があることを確認させて，誤りに気付かせる。

その後，正解$x=2$，3の計算過程と誤答$x=3$の計算過程を見比べて，両辺を$x-2$で割っていることに原因があることを明確にさせる。

「どんな数でも0で割ることはできない。$x-2$が0になる場台，すなわち$x=2$の場合は両辺を$x-2$で割ることができない。」

ということをグループで話し合わせるなどして，全体で共有する。

グループ活動等において，生徒自ら上記のことが指摘できない場合は，教員から

①　正しい解のうち，この方法で得られなかったのは，$x=2$

②　$x=2$のとき，$x-2$の値はどうなるか

③　つまり，両辺を何で割ったことになるか

と導いていく。

(2)　△APQと△ABCで，

条件より　　AP：AB＝AQ：AC　……①

また　　∠PAQ＝∠BAC　……②

①，②から2組の辺の比とその間の角が，それぞれ等しいので，△APQ∽△ABC

相似な図形では，対応する角は等しいので　∠APQ＝∠ABC

よって，同位角が等しいので　PQ//BC

〈解説〉(1)　$x-2$で割っているということに気付かせた上で，その行為自体の妥当性を検証しなくてはならない。教師の立場に立っていることを想定して，どのように指導すべきかを考える必要がある。解答例の他に，生徒に他の解法で解くように促し(例えば，展開して方程式を解くなど)，複数の解法で出てくる解の違いを比較させることも考えられる。生徒の実態を想定しながら，より細かな指導を考えることも大切であろう。　(2)　解答参照。

53

【４】(1)

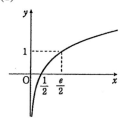

(2) $y'=\dfrac{2}{2x}=\dfrac{1}{x}$ であるから，接点の座標を$(t,\ \log 2t)$とすると，接線ℓ

の方程式は，$y-\log 2t=\dfrac{1}{t}(x-t)$より，$\ell:y=\dfrac{1}{t}x+(\log 2t-1)$である。$\ell$

は原点を通るから，$\log 2t=1$より$t=\dfrac{e}{2}$　よって，接点$\left(\dfrac{e}{2},\ 1\right)$

したがって，$\ell:y=\dfrac{2}{e}x$

(3) $y=\log 2x \Leftrightarrow x=\dfrac{e^{y}}{2}$だから，

$$S=\int_{0}^{1}\dfrac{e^{y}}{2}dy-\dfrac{1}{2}\cdot 1\cdot\dfrac{e}{2}=\left[\dfrac{e^{y}}{2}\right]_{0}^{1}-\dfrac{e}{4}=\dfrac{e-1}{2}-\dfrac{e}{4}=\dfrac{e-2}{4}$$

[別解]

$$S=\dfrac{1}{2}\cdot 1\cdot\dfrac{e}{2}-\int_{\frac{1}{2}}^{\frac{e}{2}}\log 2x\ dx=\dfrac{e}{4}-\int_{\frac{1}{2}}^{\frac{e}{2}}\log 2x\ dx$$

ここで積分定数をCとすると，

$$\int\log 2x\ dx=\int x'\log 2x\ dx=x\log 2x-\int x\cdot\dfrac{2}{2x}dx$$
$$=x\log 2x-x+C=x(\log 2x-1)+C$$

だから，$S=\dfrac{e}{4}-\left[x(\log 2x-1)\right]_{\frac{1}{2}}^{\frac{e}{2}}=\dfrac{e}{4}-\dfrac{1}{2}\cdot\{0-(-1)\}=\dfrac{e-2}{4}$

(4) $V=\dfrac{1}{3}\pi\cdot 1^{2}\cdot\dfrac{e}{2}-\int_{\frac{1}{2}}^{\frac{e}{2}}\pi y^{2}dx=\dfrac{\pi e}{6}-\pi\int_{\frac{1}{2}}^{\frac{e}{2}}(\log 2x)^{2}dx$

ここで積分定数をDとすると，

$$\int(\log 2x)^{2}dx=\int x'(\log 2x)^{2}dx=x(\log 2x)^{2}-\int x\cdot 2(\log 2x)\dfrac{2}{2x}dx$$
$$=x(\log 2x)^{2}-2\int\log 2x\ dx=x(\log 2x)^{2}-2x(\log 2x-1)+D\quad だから，$$

$$V = \frac{\pi e}{6} - \pi \left[x\{(\log 2x)^2 - 2(\log 2x - 1)\} \right]_{\frac{1}{2}}^{\frac{e}{2}} = \frac{\pi e}{6} - \pi \left(\frac{e}{2} - \frac{1}{2} \cdot 2 \right)$$

$$= \frac{e - 3e + 6}{6} \pi$$

$$= \frac{3 - e}{3} \pi$$

〈解説〉(1)　x軸との交点や代表的な座標は必ず記入する。　(2)　解答参照。　(3)　x軸とy軸のどちらで考えるかによって，被積分関数は変化する。　(4)　部分積分法で積分をする際には，計算ミスしないためにも，その部分だけ先に計算するなどの工夫をしてもよい。

【5】(1)　$|\overrightarrow{AB}| = 2$だから，$|\overrightarrow{AB}|^2 = 4$

$|\overrightarrow{OB} - \overrightarrow{OA}|^2 = 4$

$|\overrightarrow{OB}|^2 - 2\overrightarrow{OA} \cdot \overrightarrow{OB} + |\overrightarrow{OA}|^2 = 4$

条件を代入して，$4 - 2\overrightarrow{OA} \cdot \overrightarrow{OB} + 1 = 4$

したがって，$\overrightarrow{OA} \cdot \overrightarrow{OB} = \dfrac{1}{2}$

求める面積をSとおくと，

$$S = \frac{1}{2} \sqrt{|\overrightarrow{OA}|^2 |\overrightarrow{OB}|^2 - (\overrightarrow{OA} \cdot \overrightarrow{OB})^2} = \frac{1}{2} \sqrt{1^2 \times 2^2 - \left(\frac{1}{2}\right)^2} = \frac{\sqrt{15}}{4}$$

(2)　点Hは平面OAB上にあるから，実数x，yを用いて

$\overrightarrow{OH} = x\overrightarrow{OA} + y\overrightarrow{OB}$　とおける。

$\therefore \overrightarrow{CH} = \overrightarrow{OH} - \overrightarrow{OC} = x\overrightarrow{OA} + y\overrightarrow{OB} - \overrightarrow{OC}$

$\overrightarrow{CH} \perp \overrightarrow{OA}$だから　$\overrightarrow{CH} \cdot \overrightarrow{OA} = 0$

$(x\overrightarrow{OA} + y\overrightarrow{OB} - \overrightarrow{OC}) \cdot \overrightarrow{OA} = 0$

$x|\overrightarrow{OA}|^2 + y\overrightarrow{OA} \cdot \overrightarrow{OB} - \overrightarrow{OC} \cdot \overrightarrow{OA} = 0$　…①

ここで，$\overrightarrow{OA} \perp \overrightarrow{AC}$だから　$\overrightarrow{OA} \cdot \overrightarrow{AC} = 0$　　$\overrightarrow{OA} \cdot (\overrightarrow{OC} - \overrightarrow{OA}) = 0$

$\overrightarrow{OC} \cdot \overrightarrow{OA} - |\overrightarrow{OA}|^2 = 0$　　　$|\overrightarrow{OA}| = 1$だから，　$\overrightarrow{OC} \cdot \overrightarrow{OA} - 1^2 = 0$

$\therefore$　$\overrightarrow{OC} \cdot \overrightarrow{OA} = 1$

したがって，①より　$x \cdot 1^2 + y \cdot \left(\dfrac{1}{2}\right) - 1 = 0$　ゆえに，$2x + y = 2$　…①′

$\overrightarrow{CH} \perp \overrightarrow{OB}$だから，　$\overrightarrow{CH} \cdot \overrightarrow{OB} = 0$　　$(x\overrightarrow{OA} + y\overrightarrow{OB} - \overrightarrow{OC}) \cdot \overrightarrow{OB} = 0$

$x\overrightarrow{OA} \cdot \overrightarrow{OB} + y|\overrightarrow{OB}|^2 - \overrightarrow{OB} \cdot \overrightarrow{OC} = 0$　…②

ここで，$\angle BOC = \dfrac{\pi}{3}$だから　$\overrightarrow{OB} \cdot \overrightarrow{OC} = |\overrightarrow{OB}||\overrightarrow{OC}|\cos\dfrac{\pi}{3} = 2 \cdot 3 \cdot \dfrac{1}{2}$

$= 3$

しがって，②より　$x \cdot \left(\dfrac{1}{2}\right) + y \cdot 2^2 - 3 = 0$　ゆえに，$x + 8y = 6$　…②′

①′，②′を解いて　$x = y = \dfrac{2}{3}$　　$\therefore$　$\overrightarrow{CH} = \dfrac{2}{3}\overrightarrow{OA} + \dfrac{2}{3}\overrightarrow{OB} - \overrightarrow{OC}$

$|\overrightarrow{CH}|^2 = \left|\dfrac{2}{3}\overrightarrow{OA} + \dfrac{2}{3}\overrightarrow{OB} - \overrightarrow{OC}\right|^2$

$\quad = \dfrac{4}{9}|\overrightarrow{OA}|^2 + \dfrac{4}{9}|\overrightarrow{OB}|^2 + |\overrightarrow{OC}|^2 + \dfrac{8}{9}\overrightarrow{OA} \cdot \overrightarrow{OB} - \dfrac{4}{3}\overrightarrow{OB} \cdot \overrightarrow{OC} - \dfrac{4}{3}$

$\quad\quad \overrightarrow{OC} \cdot \overrightarrow{OA}$

$\quad = \dfrac{4}{9} \cdot 1^2 + \dfrac{4}{9} \cdot 2^2 + 3^2 + \dfrac{8}{9} \cdot \dfrac{1}{2} - \dfrac{4}{3} \cdot 3 - \dfrac{4}{3} \cdot 1 = \dfrac{19}{3}$

したがって，$CH = \dfrac{\sqrt{57}}{3}$

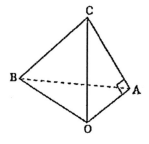

(3)　uの値をu'と固定する。$u'\overrightarrow{OC} = \overrightarrow{OC'}$とおく。

次に，s, t を動かす。

条件から　$s+\dfrac{t}{2}\leqq1$　$\overrightarrow{OP}=s\overrightarrow{OA}+\dfrac{t}{2}(2\overrightarrow{OB})+u'\overrightarrow{OC}$　だから，

$t'=\dfrac{t}{2}$ とおき，　$\overrightarrow{OB'}=2\overrightarrow{OB}$ なる点B'をとると，

$\overrightarrow{C'P}=s\overrightarrow{OA}+t'\overrightarrow{OB'}$

$s\geqq0$, $t'\geqq0$, $s+t'\leqq1$

と表されるから，$\overrightarrow{OA}=\overrightarrow{C'A'}$,　$\overrightarrow{OB'}=\overrightarrow{C'B''}$ を満たす点A'，B''をとると，点Pは三角形C'A'B''の内部および周上を動く。

そこで，$\overrightarrow{OA}+\overrightarrow{OC}=\overrightarrow{OD}$,　$\overrightarrow{OB'}+\overrightarrow{OC}=\overrightarrow{OE}$ を満たす点D，Eをとると

$0\leqq u\leqq1$ だから，

点Pは三角柱OAB'-CDEの内部および周上を動く。

したがって，求める体積はこの三角柱OAB'-CDEの体積であり，この体積をVとおくと

$V=\triangle OAB'\times CH$

$\quad=2S\times CH$

$\quad=\dfrac{\sqrt{15}}{2}\cdot\dfrac{\sqrt{57}}{3}$

$\quad=\dfrac{\sqrt{95}}{2}$

 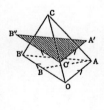 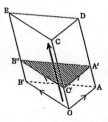

〈解説〉(1), (2)　解答参照。　(3)　初めは，uを固定しsとtについて考えながら，点Pが動きうる平面を求め，その後uを変数とみなして，求める体積Vを考える。

2019年度　実施問題

【中高共通】

【１】数列1，1，2，1，2，4，1，2，4，8，1，2，4，8，16，1，2，4，
…の第n項をa_nとする。

(1) a_{60}を求めなさい。

(2) $\displaystyle\sum_{k=1}^{60} a_k$を求めなさい。

(☆☆☆◎◎◎)

【２】Oを原点とするxy平面上に中心O，半径$\sqrt{2}$の円がある。円上を動く点P$(\sqrt{2}\cos\theta，\sqrt{2}\sin\theta)\left(0<\theta<\dfrac{\pi}{2}\right)$における接線が，$x$軸と交わる点をA，点C$(0，\sqrt{2})$を通り$x$軸に平行な直線と交わる点をBとする。

(1) $\theta=\dfrac{\pi}{3}$のとき，点Pの座標および点Pにおける接線の方程式を求めなさい。

(2) 台形OABCの面積Sをθを用いて表しなさい。

(3) (2)の面積Sの最小値を求めなさい。

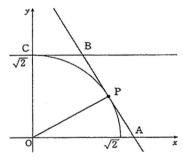

(☆☆☆◎◎◎)

【3】 以下は，確率の問題とその問題に対してのある生徒の解答である。

> (問題)
>
> 3個のさいころを同時に投げるとき，出る目の最小値が1かつ最大値が6である確率を求めなさい。

> (ある生徒の解答)
>
> 求める確率は，1の目と6の目の両方が出る場合である。
> 余事象は，1の目と6の目の両方が出ない場合であるから，
> 余事象の確率は $\left(\dfrac{4}{6}\right)^3 = \dfrac{8}{27}$
> よって，求める確率は $1 - \dfrac{8}{27} = \dfrac{19}{27}$ 　答

(1) あなたは先生の立場で，この生徒の解答が正しくないことをどのように説明しますか。

(2) この確率の問題を解きなさい。

(☆☆☆◎◎◎)

【4】 △ABCにおいて，BC$=a$，CA$=b$，AB$=c$とおく。また，△ABCの外心をO，内心をIとおき，直線AIと直線BCの交点をDとおく。

(1) AI：IDをa，b，cを用いて表しなさい。

(2) $\overrightarrow{OI}$ を $\overrightarrow{OA}$，$\overrightarrow{OB}$，$\overrightarrow{OC}$ を用いて表しなさい。

(3) △ABCの外接円の半径をRとする。$|\overrightarrow{OI}|^2 = R^2 - \dfrac{abc}{a+b+c}$ となることを示しなさい。

(☆☆☆◎◎◎)

【5】 nを自然数とする。

(1) $\displaystyle\int_{\frac{1}{n}}^{\frac{2}{n}} \dfrac{1}{x}dx$ を求めなさい。

(2) $x>0$とする。$x - \dfrac{x^2}{2} < \log(1+x) < x$が成り立つことを示しなさい。

(3) 極限 $\lim_{n \to \infty} \int_{\frac{1}{n}}^{\frac{2}{n}} \frac{1}{2x+\log(1+x)}dx$ を求めなさい。

(☆☆☆◎◎◎)

解答・解説

【中高共通】

【1】 $1\,|\,1,\ 2\,|\,1,\ 2,\ 4\,|\,1,\ 2,\ 4,\ 8\,|\,1,\ 2,\ 4,\ 8,\ 16\,|\,1,\ 2\cdots$
のように区切ると，

第ℓ群には，1，2，2^2，$\cdots$，$2^{\ell-1}$のℓ個の項がある。

(1) 第ℓ群の最後の項は，最初から

$1+2+3+\cdots+\ell=\dfrac{1}{2}\ell(\ell+1)$ 〔番目〕

の項である。

第10，11群の最後の項がそれぞれa_{55}，a_{66}であるから，a_{60}は第11群の第5番目の項である。$a_{60}=16$

(2) 第ℓ群の和をS_ℓとすると，

$S_\ell=1+2+2^2+\cdots+2^{\ell-1}$

$=\dfrac{2^\ell-1}{2-1}=2^\ell-1$

よって，

$\displaystyle\sum_{k=1}^{60} a_k = \sum_{\ell=1}^{10} S_\ell \ +(1+2+4+8+16)$

$\displaystyle= \sum_{\ell=1}^{10} (2^\ell-1)+31$

$=\dfrac{2(2^{10}-1)}{2-1}-10+31$

$=2067$

〈解説〉解答参照。

【2】(1) $P\left(\dfrac{\sqrt{2}}{2},\ \dfrac{\sqrt{6}}{2}\right)$　　接線の方程式は$x+\sqrt{3}\,y=2\sqrt{2}$

(2) 接線の方程式は　$(\sqrt{2}\cos\theta)x+(\sqrt{2}\sin\theta)y=(\sqrt{2})^2$

$x\cos\theta+y\sin\theta=\sqrt{2}$

これから，点Aの座標は$\left(\dfrac{\sqrt{2}}{\cos\theta},\ 0\right)$

点Bの座標は　$\left(\dfrac{\sqrt{2}-\sqrt{2}\sin\theta}{\cos\theta},\ \sqrt{2}\right)$

$S=S(\theta)$とおくと

$$S(\theta)=\frac{1}{2}(OA+BC)\cdot OC$$

$$=\frac{1}{2}\left(\frac{\sqrt{2}}{\cos\theta}+\frac{\sqrt{2}-\sqrt{2}\sin\theta}{\cos\theta}\right)\cdot\sqrt{2}$$

$$=\frac{\sqrt{2}}{2}\left(\frac{2\sqrt{2}-\sqrt{2}\sin\theta}{\cos\theta}\right)=\frac{2-\sin\theta}{\cos\theta}$$

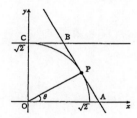

(3)　$S(\theta)=\dfrac{2-\sin\theta}{\cos\theta}$

$$S'(\theta)=\frac{(2-\sin\theta)'\cos\theta-(2-\sin\theta)(\cos\theta)'}{\cos^2\theta}$$

$$=\frac{(-\cos\theta)\cos\theta-(2-\sin\theta)(-\sin\theta)}{\cos^2\theta}$$

$$=\frac{2\sin\theta-\sin^2\theta-\cos^2\theta}{\cos^2\theta}=\frac{2\sin\theta-1}{\cos^2\theta}$$

$0<\theta<\dfrac{\pi}{2}$のとき　$S'(\theta)=0$とすると，$\sin\theta=\dfrac{1}{2}$　　$\theta=\dfrac{\pi}{6}$

$S(\theta)$の増減表は

θ	0	$\cdots$	$\dfrac{\pi}{6}$	$\cdots$	$\dfrac{\pi}{2}$
$S'(\theta)$		$-$	0	$+$	
$S(\theta)$	(2)	$\searrow$	$\sqrt{3}$	$\nearrow$	

増減表より　$S(\theta)$の最小値　$\sqrt{3}$

〈解説〉(1)　$\cos\dfrac{\pi}{3}=\dfrac{1}{2}$，$\sin\dfrac{\pi}{3}=\dfrac{\sqrt{3}}{2}$より，$\mathrm{P}\left(\dfrac{\sqrt{2}}{2}, \dfrac{\sqrt{6}}{2}\right)$

点Pにおける接線の方程式は$(\sqrt{2}\cos\theta)x+(\sqrt{2}\sin\theta)y=(\sqrt{2})^2$

この式に$\theta=\dfrac{\pi}{3}$を代入すると，$x+\sqrt{3}y=2\sqrt{2}$

(接線の方程式の別解)

$x=\sqrt{2}\cos\theta$，$y=\sqrt{2}\sin\theta$より，$\dfrac{dx}{d\theta}=-\sqrt{2}\sin\theta$，$\dfrac{dy}{d\theta}=\sqrt{2}\cos\theta$

よって，点Pにおける接線の傾きは$\dfrac{\dfrac{dy}{d\theta}}{\dfrac{dx}{d\theta}}=\dfrac{\sqrt{2}\cos\theta}{-\sqrt{2}\sin\theta}=-\dfrac{1}{\tan\theta}$

したがって，$\theta=\dfrac{\pi}{3}$のとき，点Pにおける接線の方程式は

$y=-\dfrac{1}{\sqrt{3}}\left(x-\dfrac{\sqrt{2}}{2}\right)+\dfrac{\sqrt{6}}{2}$

$x+\sqrt{3}y=2\sqrt{2}$

(2)，(3)　解答参照。

【3】(1)　「1の目と6の目の両方が出る」の余事象は，「1の目と6の目の両方が出ない」ではなく，「(1の目が出ない)または(6の目が出ない)」である。

　　これを理解してもらうために，ベン図を用いて説明する。

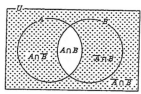

1の目が出る事象をA，6の目が出る事象をBとすると，「1の目と6の目の両方が出る」は$A \cap B$である。その余事象は$\overline{A \cap B}=\overline{A} \cup \overline{B}$で「(1の目が出ない)または(6の目が出ない)」である。

(2) $\begin{aligned} P(A \cap B) &= 1-P(\overline{A \cap B}) \\ &= 1-P(\overline{A} \cup \overline{B}) \\ &= 1-\{P(\overline{A})+P(\overline{B})-P(\overline{A} \cap \overline{B})\} \\ &= 1-\left\{\left(\frac{5}{6}\right)^3+\left(\frac{5}{6}\right)^3-\left(\frac{4}{6}\right)^3\right\} \\ &= 1-\frac{125+125-64}{216} \\ &= 1-\frac{186}{216}=\frac{5}{36} \end{aligned}$

〈解説〉解答参照。

【4】(1) $\angle BAD=\angle CAD$より，$BD：DC=AB：AC=c：b$

よって，$BD=a \cdot \dfrac{c}{b+c}$

また，$\angle ABI=\angle DBI$より，

$AI：ID=BA：BD=c：a \cdot \dfrac{c}{b+c}=(b+c)：a$

よって，$AI：ID=(b+c)：a$

(2) (1)より，$\overrightarrow{OI}=\dfrac{a\overrightarrow{OA}+(b+c)\overrightarrow{OD}}{a+(b+c)}$

ここで，$\overrightarrow{OD}=\dfrac{b\overrightarrow{OB}+c\overrightarrow{OC}}{b+c}$であるから，

$\overrightarrow{OI}=\dfrac{a\overrightarrow{OA}+(b+c)\dfrac{b\overrightarrow{OB}+c\overrightarrow{OC}}{b+c}}{a+b+c}$

$\overrightarrow{OI}=\dfrac{a\overrightarrow{OA}+b\overrightarrow{OB}+c\overrightarrow{OC}}{a+b+c}$

(3) $|\overrightarrow{AB}|=c$より，$|\overrightarrow{AB}|^2=c^2$

$|\overrightarrow{OB}-\overrightarrow{OA}|^2=c^2$

$|\overrightarrow{OA}|=|\overrightarrow{OB}|=R$を用いて計算すると，$\overrightarrow{OA}\cdot\overrightarrow{OB}=\dfrac{2R^2-c^2}{2}$

$\Bigl($ [別解] $\quad\overrightarrow{OA}\cdot\overrightarrow{OB}=|\overrightarrow{OA}||\overrightarrow{OB}|\cos\angle AOB=R\cdot R\cdot\dfrac{R^2+R^2-c^2}{2R\cdot R}$

$=\dfrac{2R^2-c^2}{2}\Bigr)$

同様に，$\overrightarrow{OB}\cdot\overrightarrow{OC}=\dfrac{2R^2-a^2}{2}$, $\overrightarrow{OC}\cdot\overrightarrow{OA}=\dfrac{2R^2-b^2}{2}$

(2)より,

$|\overrightarrow{OI}|^2=\dfrac{|a\overrightarrow{OA}+b\overrightarrow{OB}+c\overrightarrow{OC}|^2}{(a+b+c)^2}$

$=\dfrac{a^2|\overrightarrow{OA}|^2+b^2|\overrightarrow{OB}|^2+c^2|\overrightarrow{OC}|^2+2ab\overrightarrow{OA}\cdot\overrightarrow{OB}+2bc\overrightarrow{OB}\cdot\overrightarrow{OC}+2ca\overrightarrow{OC}\cdot\overrightarrow{OA}}{(a+b+c)^2}$

$=\dfrac{a^2R^2+b^2R^2+c^2R^2+ab(2R^2-c^2)+bc(2R^2-a^2)+ca(2R^2-b^2)}{(a+b+c)^2}$

$=\dfrac{R^2(a^2+b^2+c^2+2ab+2bc+2ca)-abc(a+b+c)}{(a+b+c)^2}$

$=\dfrac{R^2(a+b+c)^2-abc(a+b+c)}{(a+b+c)^2}$

$=R^2-\dfrac{abc}{a+b+c}$

〈解説〉解答参照。

【5】(1) $\displaystyle\int_{\frac{1}{n}}^{\frac{2}{n}}\dfrac{1}{x}dx=\Bigl[\log|x|\Bigr]_{\frac{1}{n}}^{\frac{2}{n}}=\log\dfrac{2}{n}-\log\dfrac{1}{n}=\log 2$

(2) $f(x)=\log(1+x)-\Bigl(x-\dfrac{x^2}{2}\Bigr)$とおくと，$x>0$のとき，

$f'(x)=\dfrac{1}{1+x}-(1-x)=\dfrac{x^2}{1+x}>0$

よって，$f(x)$は$x\geqq 0$で単調増加で，$f(0)=0$なので，$x>0$に対し$f(x)>0$と

なる。

つまり，$x-\dfrac{x^2}{2}<\log(1+x)$　…①

また，$g(x)=x-\log(1+x)$とおくと，$x>0$のとき，

$$g'(x)=1-\frac{1}{1+x}=\frac{x}{1+x}>0$$

よって，$g(x)$は$x\geqq0$で単調増加で，$g(0)=0$なので，$x>0$に対し$g(x)>0$

となる。

つまり，$\log(1+x)<x$ $\cdots$②

①，②より，$x-\dfrac{x^2}{2}<\log(1+x)<x$

(3) (2)の不等式に，$2x$を加えて，

$$3x-\frac{x^2}{2}<2x+\log(1+x)<3x \quad \cdots③$$

また，nは自然数なので，$\dfrac{2}{n}\leqq2$

$0<x\leqq2$に対し，$3x-\dfrac{x^2}{2}=\dfrac{1}{2}x(6-x)>0$となるので，

$\dfrac{1}{n}\leqq x\leqq\dfrac{2}{n}$に対し，③より，

$$\frac{1}{3x}<\frac{1}{2x+\log(1+x)}<\frac{1}{3x-\dfrac{x^2}{2}}$$

したがって，

$$\int_{\frac{1}{n}}^{\frac{2}{n}}\frac{1}{3x}dx\leqq\int_{\frac{1}{n}}^{\frac{2}{n}}\frac{1}{2x+\log(1+x)}dx\leqq\int_{\frac{1}{n}}^{\frac{2}{n}}\frac{1}{3x-\dfrac{x^2}{2}}dx$$

(1)より，$\displaystyle\int_{\frac{1}{n}}^{\frac{2}{n}}\frac{1}{3x}dx=\frac{1}{3}\log2$

また，$\displaystyle\int_{\frac{1}{n}}^{\frac{2}{n}}\frac{1}{3x-\dfrac{x^2}{2}}dx=\int_{\frac{1}{n}}^{\frac{2}{n}}\frac{-2}{x(x-6)}dx$

$$=\frac{1}{3}\int_{\frac{1}{n}}^{\frac{2}{n}}\Big(\frac{1}{x}-\frac{1}{x-6}\Big)dx=\frac{1}{3}\Big[\log|x|-\log|x-6|\Big]_{\frac{1}{n}}^{\frac{2}{n}}$$

$$=\frac{1}{3}\log2-\frac{1}{3}\log\left|\frac{\dfrac{2}{n}-6}{\dfrac{1}{n}-6}\right|$$

$$\lim_{n\to\infty}\int_{\frac{1}{n}}^{\frac{2}{n}}\frac{1}{3x-\dfrac{x^2}{2}}dx=\frac{1}{3}\log2$$

よって，はさみうちの原理から，

$$\lim_{n \to \infty} \int_{\frac{1}{n}}^{\frac{2}{n}} \frac{1}{2x + \log(1+x)} dx = \frac{1}{3}\log 2$$

〈解説〉解答参照。

2018年度　　**実施問題**

【中高共通】

【1】zの共役な複素数を$\overline{z}$と表す。このとき，以下を証明しなさい。

(1)　複素数z_1，z_2に対して，$\overline{z_1+z_2}=\overline{z_1}+\overline{z_2}$である。

(2)　複素数z_1，z_2に対して，$\overline{z_1\cdot z_2}=\overline{z_1}\cdot\overline{z_2}$である。

(3)　mを2以上の整数とするとき，複素数z_1，z_2，$\cdots$，z_mに対して，$\overline{z_1+z_2+\cdots+z_m}=\overline{z_1}+\overline{z_2}+\cdots+\overline{z_m}$である。

(4)　$a_k(k=0,\ 1,\ \cdots,\ n)$を実数とするとき，$x$についての方程式$\sum_{k=0}^{n}a_k x^k=0$に関して，$z$が解ならば$\overline{z}$も解である。

(☆☆◎◎◎)

【2】$f(x)=-3\sin^2 x+2\sqrt{3}\sin x\cos x+3\cos^2 x$とする。このとき，以下の問いに答えなさい。

(1)　$f(x)$を$\sin 2x$，$\cos 2x$を用いて表しなさい。

(2)　$0\leqq x\leqq\dfrac{\pi}{2}$のとき，$f(x)$の最大値と最小値を求めなさい。またそのときの$x$の値を求めなさい。

(3)　$k>0$とする。$0\leqq x\leqq k$のとき，xについての方程式$f(x)=3$の異なる実数解がちょうど3個のとき，定数kの値の範囲を求めなさい。

(☆☆◎◎◎)

【3】関数$f(x)=ax-2x\log x$の最大値が2であるとする。ただし，aは定数とする。このとき，以下の問いに答えなさい。

(1)　aの値を求めなさい。

(2)　曲線$y=f(x)$の接線のうち，傾きが-1であるものをℓとする。ℓの方程式を求めなさい。

(3)　$y=f(x)$ と ℓ との接点の x 座標を b とする。$x \geqq b$ で $y=f(x)$ と x 軸および ℓ によって囲まれる部分の面積を求めなさい。

(☆☆○○○)

【4】箱の中に $\boxed{1}$，$\boxed{2}$，$\boxed{3}$，$\boxed{4}$，$\boxed{5}$ と書かれたカードが1枚ずつ合計5枚入っている。この箱の中からカードを無作為に1枚取り出し，数字を記録して，元に戻す。この操作を n 回行ったとき，記録した n 個の数字の和が3の倍数になる確率を p_n とする。このとき，以下の問いに答えなさい。

(1)　p_2 を求めなさい。

(2)　p_n を求めなさい。

(3)　$\lim_{n \to \infty} p_n$ を求めなさい。

(☆☆☆○○○)

【5】$f(x)=\displaystyle\int_0^1 |x-t|e^t dt$ とおく。このとき，以下の問いに答えなさい。

(1)　不定積分 $F(t)=\displaystyle\int(x-t)e^t dt$ を求めなさい。

(2)　「$f(x)$ を求めなさい。」という問いに対して，ある生徒が，次のように場合を分けて計算しました。

　　[1]　$x \geqq t$ のとき，$f(x)=\displaystyle\int_0^1(x-t)e^t dt$

　　[2]　$x < t$ のとき，$f(x)=-\displaystyle\int_0^1(x-t)e^t dt$

　　しかし，計算結果は正しい解答とは異なるものであったので，先生に質問してきました。

　　あなたは先生の立場で，この生徒の場合の分け方[1]，[2]が正しくないことを，どのように説明しますか。また，正しい場合の分け方をかきなさい。

(3)　$f(x)$ を求めなさい。

(☆☆☆○○○)

解答・解説

【中高共通】

【1】(1) $z_1 = a + bi$, $z_2 = c + di$ とおく。ただし，a, b, c, d は実数とする。

(左辺) $= \overline{(a+bi)+(c+di)}$

$= \overline{(a+c)+(b+d)i}$

$= (a+c)-(b+d)i$

$= (a-bi)+(c-di)$

$= \overline{z_1} + \overline{z_2} =$ (右辺)

(2) (左辺) $= \overline{(a+bi)(c+di)}$

$= \overline{(ac-bd)+(ad+bc)i}$

$= (ac-bd)-(ad+bc)i$

$= (a-bi)(c-di)$

$= \overline{z_1} \cdot \overline{z_2} =$ (右辺)

(3) $\overline{z_1+z_2+\cdots+z_m} = \overline{z_1} + \overline{z_2} + \cdots + \overline{z_m}$ $\cdots$① を数学的帰納法で証明する。

[i] $m=2$ のとき，(1)より成り立つ。

[ii] $m=k$ (kは2以上の整数) のとき，成り立つと仮定する。つまり

$\overline{z_1+z_2+\cdots+z_k} = \overline{z_1} + \overline{z_2} + \cdots + \overline{z_k}$ $\cdots$②

$m=k+1$ のとき，

(左辺) $= \overline{z_1+z_2+\cdots+z_k+z_{k+1}}$

$= \overline{z_1+z_2+\cdots+z_k} + \overline{z_{k+1}}$ ($\because$ (1))

$= \overline{z_1} + \overline{z_2} + \cdots + \overline{z_k} + \overline{z_{k+1}}$ ($\because$ ②)

$=$ (右辺)

[i]，[ii]より2以上のすべての整数mに対して①は成り立つ。

(4)　zが解であるから，$\displaystyle\sum_{k=0}^{n} a_k z^k = 0$

両辺に共役な複素数をとると，$\overline{\displaystyle\sum_{k=0}^{n} a_k z^k} = \overline{0}$

(3)より，$\displaystyle\sum_{k=0}^{n} \overline{a_k z^k} = 0$

(2)より，$\displaystyle\sum_{k=0}^{n} \overline{a_k}\,\overline{z^k} = 0$

a_kは実数より，$\overline{a_k} = a_k$から $\displaystyle\sum_{k=0}^{n} a_k \overline{z^k} = 0$ …③

ここで

$\overline{z^k} = (\overline{z})^k$ …④　を数学的帰納法で証明する。

[i]　$k=2$のとき，(2)より成り立つ。

[ii]　$k=l$ (lは2以上の整数) のとき，成り立つと仮定する。つまり

$\overline{z^l} = (\overline{z})^l$ …⑤

$k=l+1$のとき，

(左辺) $= \overline{z^{l+1}} = \overline{z^l \cdot z}$

$\qquad = \overline{z^l} \cdot \overline{z}\quad$ ($\because$　(2))

$\qquad = (\overline{z})^l \cdot \overline{z}\quad$ ($\because$　⑤)

$\qquad = (\overline{z})^{l+1} =$ (右辺)

[i]，[ii]より2以上のすべての整数kに対して④は成り立つ。

よって④より③は，$\displaystyle\sum_{k=0}^{n} a_k (\overline{z})^k = 0$

したがって，$\overline{z}$ も解である。

〈解説〉(1)　解答参照。

(2)　(別解)　複素数zは，$e^{i\theta} = \cos\theta + i\sin\theta$ を使って，$z = re^{i\theta}$ と表される。

z_1の偏角を α，z_2の偏角を β とし，$|z_1| = r_1$，$|z_2| = r_2$ とすると，$z_1 = r_1 e^{i\alpha}$，$z_2 = r_2 e^{i\beta}$ となり，$\overline{z_1} = r_1 e^{i(-\alpha)}$，$\overline{z_2} = r_2 e^{i(-\beta)}$ である。

$z_1 \cdot z_2 = r_1 r_2 e^{i(\alpha+\beta)}$

よって，$\overline{z_1 \cdot z_2} = r_1 r_2 e^{i(-\alpha-\beta)}$

$\qquad\qquad = r_1 e^{i(-\alpha)} \cdot r_2 e^{i(-\beta)} = \overline{z_1} \cdot \overline{z_2}$

(注)　$z = re^{i\theta} = r(\cos\theta + i\sin\theta)$ は，複素数を表す基本的知識であるだけでなく，複素数が"存在する数"として数学者等に認められた，重要な知識である。ド・モアブルの定理も，

$(\cos\theta + i\sin\theta)^n = (e^{i\theta})^n = e^{in\theta} = (\cos n\theta + i\sin n\theta)$

のように簡単に説明できる。

(3), (4)　数学的帰納法を用いて，証明する。

【2】(1)　$f(x) = -3 \cdot \dfrac{1-\cos 2x}{2} + 2\sqrt{3} \cdot \dfrac{1}{2}\sin 2x + 3 \cdot \dfrac{1+\cos 2x}{2}$

$\qquad\qquad = \sqrt{3}\sin 2x + 3\cos 2x$

(2)　$f(x) = 2\sqrt{3}\sin\left(2x + \dfrac{\pi}{3}\right)$

$0 \leqq x \leqq \dfrac{\pi}{2}$ のとき，$0 \leqq 2x \leqq \pi$　$\dfrac{\pi}{3} \leqq 2x + \dfrac{\pi}{3} \leqq \dfrac{4}{3}\pi$ であるから

$-\dfrac{\sqrt{3}}{2} \leqq \sin\left(2x + \dfrac{\pi}{3}\right) \leqq 1$　　ゆえに　$-3 \leqq f(x) \leqq 2\sqrt{3}$

最大となるのは，$2x + \dfrac{\pi}{3} = \dfrac{\pi}{2}$ のとき，つまり $x = \dfrac{\pi}{12}$ のとき

最小となるのは，$2x + \dfrac{\pi}{3} = \dfrac{4}{3}\pi$ のとき，つまり $x = \dfrac{\pi}{2}$ のとき

したがって　$x = \dfrac{\pi}{12}$ で最大値 $2\sqrt{3}$　　$x = \dfrac{\pi}{2}$ で最小値 -3

(3)　$f(x) = 3$ のとき，$2\sqrt{3}\sin\left(2x + \dfrac{\pi}{3}\right) = 3$　　$\sin\left(2x + \dfrac{\pi}{3}\right) = \dfrac{\sqrt{3}}{2}$

$0 \leqq x \leqq k$ のとき，$\dfrac{\pi}{3} \leqq 2x + \dfrac{\pi}{3} \leqq 2k + \dfrac{\pi}{3}$

異なる実数解がちょうど3個となるのは，$\dfrac{7}{3}\pi \leqq 2k + \dfrac{\pi}{3} < \dfrac{8}{3}\pi$ のときである。k が増加すれば，x も増加するので，ちょうど3個となるのはこの場合に限る。

よって，$\pi \leqq k < \dfrac{7}{6}\pi$

〈解説〉(2)　(1)の結果に，三角関数の合成を用いて，sinかcosの式に変形
し，変域に注意して，最大値，最小値を求める。

(3)　$y=f(x)=2\sqrt{3}\sin\left(2x+\dfrac{\pi}{3}\right)=3$を解いて，$y=f(x)$と$y=3$の交点を考
える。$x=0$，$\dfrac{\pi}{6}$，π，$\dfrac{7}{6}\pi$，…のとき，交点をもつ。

【3】(1)　$f'(x)=a-\left(2\log x+2x\cdot\dfrac{1}{x}\right)=a-2-2\log x$

$f'(x)=0$のとき，$\log x=\dfrac{a-2}{2}$，$x=e^{\frac{a-2}{2}}$

定義域$x>0$より，増減表は以下のようになる。

x	0	$\cdots$	$e^{\frac{a-2}{2}}$	$\cdots$
$f'(x)$		$+$	0	$-$
$f(x)$		$\nearrow$	$2e^{\frac{a-2}{2}}$	$\searrow$

最大値が2より，$2e^{\frac{a-2}{2}}=2$　　よって，$a=2$

(2)　$f(x)=2x-2x\log x$

$f'(x)=-2\log x$

接点の座標を$(t,\ f(t))$とおく。

傾きが-1より，$f'(t)=-1$，$-2\log t=-1$，$t=\sqrt{e}$

$f(\sqrt{e})=\sqrt{e}$より，接点の座標は$(\sqrt{e}\ ,\ \sqrt{e})$

よって接線の方程式は，$y-\sqrt{e}=-(x-\sqrt{e})$

したがって，$y=-x+2\sqrt{e}$

(3)　$x>0$において，$f''(x)=-\dfrac{2}{x}<0$より，$y=f(x)$のグラフ上に凸であ
るので$y=f(x)$とℓの位置関係は図のようになり，求める面積は図の斜線
部の面積である。

$-x+2\sqrt{e}=0$のとき，$x=2\sqrt{e}$

$f(x)=0$のとき，$2x(1-\log x)=0$

$x>0$において，$x=e$

求める面積をSとすると，

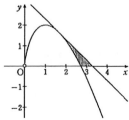

$$S = \frac{1}{2}\sqrt{e} \ \sqrt{e} - \int_{\sqrt{e}}^{e} (2x - 2x\log x)dx$$

$$= \frac{1}{2}e - \left[x^2\right]_{\sqrt{e}}^{e} + \int_{\sqrt{e}}^{e} 2x\log x\, dx$$

$$= \frac{1}{2}e - e^2 + e + \left[x^2\log x\right]_{\sqrt{e}}^{e} - \int_{\sqrt{e}}^{e} x^2 \frac{1}{x}dx$$

$$= \frac{3}{2}e - e^2 + e^2 - \frac{1}{2}e - \left[\frac{1}{2}x^2\right]_{\sqrt{e}}^{e}$$

$$= e - \left(\frac{1}{2}e^2 - \frac{1}{2}e\right)$$

$$= \frac{3}{2}e - \frac{1}{2}e^2$$

〈解説〉(1), (2) 解答参照。 (3) $2x\log x$の積分は，部分積分を用いる。

【4】(1) 2回のカードの取り出し方は全部で5×5＝25〔通り〕

2個の数字の和が3の倍数となるのは，1回目と2回目の数字が，1 2 ，1 5 ，2 1 ，2 4 ，3 3 ，4 2 ，4 5 ，5 1 ，5 4 のときで，9通り。

よって，$p_2 = \dfrac{9}{25}$

(2) n回行ったとき，記録したn個の数字の和が (3の倍数＋1) になる確率をq_n (3の倍数＋2)になる確率をr_nとおくと，

$p_n + q_n + r_n = 1$

よって，$q_n + r_n = 1 - p_n$

また，$n+1$個の数字の和が3の倍数となるのは，n回までの和と$n+1$回目の数字が，(3の倍数)と 3 ，(3の倍数＋1)と 2 または 5 ，(3の倍数＋2)と 1 または 4 のときである。

よって，$p_{n+1} = \dfrac{1}{5}p_n + \dfrac{2}{5}q_n + \dfrac{2}{5}r_n$

$\qquad\quad p_{n+1} = \dfrac{1}{5}p_n + \dfrac{2}{5}(q_n + r_n)$

$\qquad\quad p_{n+1} = \dfrac{1}{5}p_n + \dfrac{2}{5}(1 - p_n)$

$$p_{n+1}=-\frac{1}{5}p_n+\frac{2}{5}$$

$$p_{n+1}-\frac{1}{3}=-\frac{1}{5}\left(p_n-\frac{1}{3}\right)$$

$$p_n-\frac{1}{3}=\left(p_1-\frac{1}{3}\right)\left(-\frac{1}{5}\right)^{n-1}$$

$p_1=\frac{1}{5}$ より，$p_n=-\frac{2}{15}\left(-\frac{1}{5}\right)^{n-1}+\frac{1}{3}$

(3)　$n\to\infty$ のとき，$\left(-\frac{1}{5}\right)^{n-1}\to0$ となるので，$\displaystyle\lim_{n\to\infty}p_n=\frac{1}{3}$

〈解説〉(2)　漸化式を作る。n回目までの和が，(3の倍数だったとき)，(3の倍数＋1だったとき)，(3の倍数＋2だったとき)，$n+1$回目のとき和が3の倍数になるには，それぞれ，どのカードを取り出せばよいのかを考える。

【5】(1)　$F(t)=x\int e^t dt-\int te^t dt=xe^t-te^t+\int e^t dt$
　　　　$=xe^t-te^t+e^t+C=(x-t+1)e^t+C$ (Cは積分定数)

(2)　＜説明1＞

　この[1]，[2]の分け方は，単に絶対値をはずす分け方であり，関数の変数xと積分変数のtが入っており，変数どうしを評価してしまっている。

　積分変数tの下では，xをまずは定数とみなして考え，積分する区間$0\leqq t\leqq1$において，$|x-t|e^t$のグラフが，xの値によりどのように変化するかで場合を分ける必要がある。

＜説明2＞

　tの関数$g(t)=|x-t|e^t$ (xは定数) とおくと，この[1]，[2]の分け方は，単に$g(t)$のグラフを考えるときのものであり，積分する区間$0\leqq t\leqq1$が考慮されていない。

　$f(x)$を考えるときには，$0\leqq t\leqq1$の範囲で$g(t)$を考えて，xの値により$g(t)$のグラフがどのようになるかで場合を分ける必要がある。

＜正しい場合分け＞　$x<0$，$0\leqq x\leqq1$，$1<x$

(3) (i) $x<0$ のとき

$$f(x)=\int_0^1 \{-(x-t)\}e^t dt=\left[-F(t)\right]_0^1$$

$$=F(0)-F(1)=(x+1)-ex=(1-e)x+1$$

(ii) $0\leqq x\leqq 1$ のとき

$$f(x)=\int_0^x (x-t)e^t dt+\int_x^1 \{-(x-t)\}e^t dt=\left[F(t)\right]_0^x+\left[-F(t)\right]_x^1$$

$$=2F(x)-F(0)-F(1)=2e^x-(x+1)-ex=2e^x-(e+1)x-1$$

(iii) $1<x$ のとき

$$f(x)=\int_0^1 (x-t)e^t dt=\left[F(t)\right]_0^1=F(1)-F(0)$$

$$=ex-(x+1)=(e-1)x-1$$

$x<0$ のとき $f(x)=(1-e)x+1$

$0\leqq x\leqq 1$ のとき $f(x)=2e^x-(e+1)x-1$

$1<x$ のとき $f(x)=(e-1)x-1$

〈解説〉解答参照。

2017年度 ｜ 実施問題

【中高共通】

【１】白玉7個，赤玉3個が入っている袋がある。この袋から玉を取り出す試行について，以下の各問いに答えなさい。ただし，どの玉を取り出すことも同様に確からしいとする。

(1)　袋から玉を同時に2個取り出し，色を確認してから袋に戻すことを2回繰り返す試行において，1回目は白玉を2個取り出し，2回目は赤玉，白玉を1個ずつ取り出す確率を求めなさい。

(2)　袋から玉を1個取り出し，それを袋に戻さないで，続いてもう1個取り出す試行において，2回目に取り出した玉が赤玉であるとき，最初に取り出した玉も赤玉である確率を求めなさい。

(☆☆○○○○)

【２】ある生徒があなたのところに次の 問題 について質問に来ました。

> 問題
>
> 楕円 $\dfrac{x^2}{9}+\dfrac{y^2}{4}=1$ 上に点 $P_k(k=1,\ 2,\ \cdots\cdots,\ n)$ を $\angle P_k OA=\dfrac{k}{n}\pi$ を満たすようにとる。ただし，$O(0,\ 0)$，$A(3,\ 0)$ とする。
>
> このとき，$\displaystyle\lim_{n\to\infty}\dfrac{1}{n}\left(\dfrac{1}{OP_1{}^2}+\dfrac{1}{OP_2{}^2}+\cdots\cdots+\dfrac{1}{OP_n{}^2}\right)$ を求めなさい。

「教科書を参考にして，点 P_k を $P_k(3\cos\angle P_k OA,\ 2\sin\angle P_k OA)$ とおいて，この 問題 を解いてみたのですが，すぐに行き詰まってしまいました。なぜ，このおきかたではいけないのでしょうか。」

> 生徒が参考にした教科書の内容
>
> 楕円 $\dfrac{x^2}{a^2}+\dfrac{y^2}{b^2}=1$ の媒介変数表示は，

$$x = a\cos\theta, \quad y = b\sin\theta$$
である。

(1) 生徒が点P_kの座標を$P_k(3\cos\angle P_kOA, \ 2\sin\angle P_kOA)$とおいたことが間違っています。

なぜ間違っているのかを説明し，正しい点P_kの座標のおき方を示しなさい。

(2) 問題 を解きなさい。

(☆☆☆☆◎◎)

【3】3点A(2, 0, 0)，B(0, 1, 0)，C(0, 0, 2)の定める平面をαとし，原点Oから平面αに垂線OHを下ろす。

(1) 点Hの座標を求めなさい。

(2) 直線AHと直線BCの交点をPとするとき，BP：PCを求めなさい。

(3) 四面体OABHの体積を求めなさい。

(☆☆☆◎◎◎)

【4】以下の各問いに答えなさい。

(1) 「2つの自然数A，Bが互いに素である」ことの定義を書きなさい。

(2) mとnを自然数とするとき，「m，nが互いに素」ならば「$m+n$，mnが互いに素」であることを証明しなさい。

(☆☆☆☆◎◎◎)

【5】aは実数とする。xの方程式$x^2 - 2ax + 3 = -\dfrac{1}{x}$の異なる実数解の個数を調べなさい。

(☆☆☆☆◎◎◎)

解答・解説

【中高共通】

【１】(1)　1回目に白玉2個が取り出される確率は，$\dfrac{_7C_2}{_{10}C_2}=\dfrac{7\cdot 6}{10\cdot 9}=\dfrac{7}{15}$

2回目に赤玉，白玉が1個ずつ取り出される確率は，

$\dfrac{_7C_1\times _3C_1}{_{10}C_2}=7\cdot 3\cdot\dfrac{2\cdot 1}{10\cdot 9}=\dfrac{7}{15}$

これら2つの試行は独立だから，積の法則により求める確率は，

$\dfrac{7}{15}\times\dfrac{7}{15}=\dfrac{49}{225}$

(2)　2回目の玉が赤玉であるという事象をA，最初の玉が赤玉であるという事象をBとする。2回目の玉が赤玉であるような出方は，赤赤，白赤の2通りで，これらは互いに排反であるから，事象Aの確率$P(A)$は

$P(A)=\dfrac{3}{10}\times\dfrac{2}{9}+\dfrac{7}{10}\times\dfrac{3}{9}=\dfrac{3}{10}$

事象$A\cap B$は，取り出した玉が2個とも赤玉であるという事象であるから，その確率$P(A\cap B)$は

$P(A\cap B)=\dfrac{3}{10}\times\dfrac{2}{9}=\dfrac{1}{15}$

したがって，求める確率は，確率の乗法定理により

$P_A(B)=\dfrac{P(A\cap B)}{P(A)}=\dfrac{1}{15}\div\dfrac{3}{10}=\dfrac{2}{9}$

〈解説〉(1)(2)ともに，2回目に玉を取り出すとき，1回目に取り出した玉を袋に戻すか，戻さないかに注意すること。また，(2)は，求めるのは，条件付き確率であることに注意する。

【2】 (1)　円$x^2+y^2=9$をy軸方向に$\frac{2}{3}$倍に縮小すると，

楕円$\frac{x^2}{9}+\frac{y^2}{4}=1$となる。

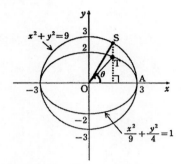

円$x^2+y^2=9$上の点Sは，$\angle \text{AOS}=\theta$ $(0\leqq\theta<2\pi)$として，$S(3\cos\theta$, $3\sin\theta)$とかける。

この点Sのy座標を$\frac{2}{3}$倍して得られる点$T(3\cos\theta$, $2\sin\theta)$は，楕円$\frac{x^2}{9}$

$+\frac{y^2}{4}=1$上の点を表すが，$\angle \text{AOT}\neq\theta$ (つまり，$\angle \text{AOT}\neq\angle \text{AOS}$)である。(ただし，$\theta=0$，$\pi$のときを除く)

したがって，この問題の場合は，$\angle \text{P}_k\text{OA}$を用いて表すのだから，点$\text{P}_k$の座標は，

$(\text{OP}_k\cos\angle \text{P}_k\text{OA}$, $\text{OP}_k\sin\angle \text{P}_k\text{OA})$となる。

(2)　点P_kの座標は次のようにおける。

$$\left(\text{OP}_k\cos\frac{k}{n}\pi \text{ , } \text{OP}_k\sin\frac{k}{n}\pi\right)$$

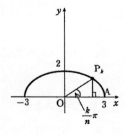

点P_kは楕円$\dfrac{x^2}{9}+\dfrac{y^2}{4}=1$上にあるから，

$$\frac{1}{9}\mathrm{OP}_k^{\,2}\cos^2\frac{k}{n}\pi+\frac{1}{4}\mathrm{OP}_k^{\,2}\sin^2\frac{k}{n}\pi=1$$

$$\mathrm{OP}_k^{\,2}\left(\frac{1}{9}\cos^2\frac{k}{n}\pi+\frac{1}{4}\sin^2\frac{k}{n}\pi\right)=1$$

よって，$\mathrm{OP}_k^{\,2}\neq0$より，

$$\frac{1}{\mathrm{OP}_k^{\,2}}=\frac{1}{9}\cos^2\frac{k}{n}\pi+\frac{1}{4}\sin^2\frac{k}{n}\pi$$

したがって，

$$\lim_{n\to\infty}\frac{1}{n}\left(\frac{1}{\mathrm{OP}_1^{\,2}}+\frac{1}{\mathrm{OP}_2^{\,2}}+\cdots\cdots+\frac{1}{\mathrm{OP}_n^{\,2}}\right)$$

$$=\lim_{n\to\infty}\left(\frac{1}{9}\cdot\frac{1}{n}\sum_{k=1}^{n}\cos^2\frac{k}{n}\pi+\frac{1}{4}\cdot\frac{1}{n}\sum_{k=1}^{n}\sin^2\frac{k}{n}\pi\right)$$

$$=\frac{1}{9}\int_0^1\cos^2\pi x\,dx+\frac{1}{4}\int_0^1\sin^2\pi x\,dx$$

$$=\frac{1}{9}\cdot\frac{1}{2}\int_0^1(1+\cos2\pi x)dx+\frac{1}{4}\cdot\frac{1}{2}\int_0^1(1-\cos2\pi x)dx$$

$$=\frac{1}{18}\Big[x+\frac{1}{2\pi}\sin2\pi x\Big]_0^1+\frac{1}{8}\Big[x-\frac{1}{2\pi}\sin2\pi x\Big]_0^1$$

$$=\frac{1}{18}+\frac{1}{8}$$

$$=\frac{13}{72}$$

〈解説〉(1) 「生徒が参考にした教科書の内容」のθは，円$x^2+y^2=9$上の点とx軸の正の方向とのなす角なので，$\angle P_kOA\neq\theta$であることを示せばよい。

(2)　$P_k\Big(\mathrm{OP}_k\cos\dfrac{k}{n}\pi,\ \mathrm{OP}_k\sin\dfrac{k}{n}\pi\Big)$を$\dfrac{x^2}{9}+\dfrac{y^2}{4}=9$に代入をする。その後，区分求積法を用いて極限を求める。

【3】(1)　$\overrightarrow{\mathrm{OH}}=s\overrightarrow{\mathrm{OA}}+t\overrightarrow{\mathrm{OB}}+u\overrightarrow{\mathrm{OC}}$($s,\ t,\ u$は実数)とおくと，

$\overrightarrow{\mathrm{OH}}=s(2,\ 0,\ 0)+t(0,\ 1,\ 0)+u(0,\ 0,\ 2)=(2s,\ t,\ 2u)$である。また，

$\overrightarrow{\mathrm{AB}}=(-2,\ 1,\ 0)$，$\overrightarrow{\mathrm{AC}}=(-2,\ 0,\ 2)$であり，

平面$\alpha\perp\overrightarrow{\mathrm{OH}}\Leftrightarrow\overrightarrow{\mathrm{OH}}\perp\overrightarrow{\mathrm{AB}}$かつ$\overrightarrow{\mathrm{OH}}\perp\overrightarrow{\mathrm{AC}}$であるから，

$\overrightarrow{OH} \cdot \overrightarrow{AB} = 0$ より $-4s+t=0$ よって $t=4s$ ……①

$\overrightarrow{OH} \cdot \overrightarrow{AC} = 0$ より $-4s+4u=0$ よって $u=s$ ……②

Hは3点A，B，Cの定める平面上にあるから，

$s+t+u=1$ ……③

③に①，②を代入して，$s+4s+s=1$

よって$s=\dfrac{1}{6}$となり，$t=\dfrac{2}{3}$，$u=\dfrac{1}{6}$を得る。

よって，Hの座標は$(2s,\ t,\ 2u) = \left(\dfrac{1}{3},\ \dfrac{2}{3},\ \dfrac{1}{3}\right)$

(2)　$\overrightarrow{AH} = \left(-\dfrac{5}{3},\ \dfrac{2}{3},\ \dfrac{1}{3}\right)$

$\overrightarrow{AP} = k\overrightarrow{AH}$ (kは実数)とおくと，

$\overrightarrow{AP} = \left(-\dfrac{5}{3}k,\ \dfrac{2}{3}k,\ \dfrac{1}{3}k\right)$ ……④

さらに，点Pは直線BC上にあるから，

$\overrightarrow{AP} = l\overrightarrow{AB} + (1-l)\overrightarrow{AC}$ (lは実数)

とおけて，

$\overrightarrow{AP} = l(-2,\ 1,\ 0) + (1-l)(-2,\ 0,\ 2) = (-2,\ l,\ 2-2l)$ ……⑤

よって④，⑤より

$-\dfrac{5}{3}k = -2$ ……⑥

$\dfrac{2}{3}k = l$ ……⑦

$\dfrac{1}{3}k = 2-2l$ ……⑧

⑥，⑦より$k = \dfrac{6}{5}$，$l = \dfrac{4}{5}$を得る。これらは⑧も満たすので，解である。

したがって，

$\overrightarrow{AP} = \dfrac{4}{5}\overrightarrow{AB} + \dfrac{1}{5}\overrightarrow{AC}$ となるから，BP：PC $= 1 : 4$

(3)　△ABCの面積をS，△ABHの面積をT，四面体OABHの体積をVとおくと，

$|\overrightarrow{AB}| = \sqrt{5}$，$|\overrightarrow{AC}| = 2\sqrt{2}$，$\overrightarrow{AB} \cdot \overrightarrow{AC} = 4$より，

$$S=\frac{1}{2}\sqrt{5\times 8-16}=\sqrt{6}$$

$\overrightarrow{\mathrm{AP}}=\frac{6}{5}\overrightarrow{\mathrm{AH}}$ より $\mathrm{AH}:\mathrm{HP}=5:1$ であり，さらに，$\mathrm{BP}:\mathrm{PC}=1:4$ より，

$$T=\frac{1}{5}\times\frac{5}{6}S=\frac{\sqrt{6}}{6}$$

さらに

$$\mathrm{OH}=\sqrt{\left(\frac{1}{3}\right)^2+\left(\frac{2}{3}\right)^2+\left(\frac{1}{3}\right)^2}=\frac{\sqrt{6}}{3}$$

であるから，

$$V=\frac{1}{3}\times T\times\mathrm{OH}=\frac{1}{3}\times\frac{\sqrt{6}}{6}\times\frac{\sqrt{6}}{3}=\frac{1}{9}$$

〈解説〉(1)　3点A，B，Cの定める平面上に点Hが存在する条件(共面条件)は，$\overrightarrow{\mathrm{OH}}=s\overrightarrow{\mathrm{OA}}+t\overrightarrow{\mathrm{OB}}+u\overrightarrow{\mathrm{OC}}\,(s+t+u=1)$ を満たす実数 s, t, u が存在することを利用する。

(2)　$\overrightarrow{\mathrm{AP}}$ を，$\overrightarrow{\mathrm{AP}}=k\overrightarrow{\mathrm{AH}}$ と，$\overrightarrow{\mathrm{AP}}=l\overrightarrow{\mathrm{AB}}+(1-l)\overrightarrow{\mathrm{AC}}$ の2通りで表し，成分を比較すればよい。

(3)　(2)より，$\triangle\mathrm{ABH}=\frac{1}{6}\triangle\mathrm{ABC}$ と $\triangle\mathrm{ABC}=\frac{1}{2}\sqrt{|\overrightarrow{\mathrm{AB}}|^2\cdot|\overrightarrow{\mathrm{AC}}|^2-(\overrightarrow{\mathrm{AB}}\cdot\overrightarrow{\mathrm{AC}})^2}$ を利用する。

【4】(1)　2つの自然数 A と B の最大公約数が1である。

(2)　背理法で示す。

$m+n$, mn が互いに素でないと仮定すると，$m+n$ と mn は素数の公約数 p(pは自然数)をもち，$m+n=pc$，$mn=pd$(c, dは自然数)と書ける。

よって，m または n は p の倍数である。

m が p の倍数であるとすると，$m=pk$(kは自然数)と書ける。

ここで，$n=pc-m=pc-pk=p(c-k)$ であり，$c-k$ は整数だから，n も p の倍数となるが，これは m, n が互いに素であることに矛盾。

n が p の倍数であるときも同様にして，m も p の倍数となり，m, n が互いに素であることに矛盾。

以上のことより，

m, n が互いに素ならば，$m+n$, mn が互いに素であることが示された。

〈解説〉(1)　素数は，1とその数以外に約数がない数のことなので，互い
　　に素であることは，最大公約数が1の場合のみである。　　(2)　背理法
　　を用いる。結論「$m+n$, mnが互いに素」を否定したものを仮定して，
　　その後，矛盾することを導けばよい。

【5】$x^2 - 2ax + 3 = -\dfrac{1}{x}$ …① とする。

　$x \neq 0$より，①を変形して
　$a = \dfrac{x}{2} + \dfrac{3}{2x} + \dfrac{1}{2x^2}$となる。

　ここで，$f(x) = \dfrac{x}{2} + \dfrac{3}{2x} + \dfrac{1}{2x^2}$とおく。

　$\begin{aligned} f'(x) &= \dfrac{1}{2} - \dfrac{3}{2x^2} - \dfrac{1}{x^2} \\ &= \dfrac{x^3 - 3x - 2}{2x^3} \\ &= \dfrac{(x+1)^2(x-2)}{2x^3} \end{aligned}$

　$f'(x) = 0$とすると，$x = -1$, 2を得る。

　したがって，$f(x)$の増減表は以下の通り。

x	$\cdots$	-1	$\cdots$	0	$\cdots$	2	$\cdots$
$f'(x)$	$+$	0	$+$	/	$-$	0	$+$
$f(x)$	↗	$-\dfrac{3}{2}$	↗	/	↘	$\dfrac{15}{8}$	↗

　ここで，$f(x) = \dfrac{x^3 + 3x + 1}{2x^2}$だから，

　$\displaystyle\lim_{x \to -0} f(x) = \infty$,　$\displaystyle\lim_{x \to +0} f(x) = \infty$

　$\displaystyle\lim_{x \to -0} f(x) = -\infty$,　$\displaystyle\lim_{x \to 0} f(x) = \infty$

　であるから，関数$y = f(x)$のグラフの概形は次の図のようになる。

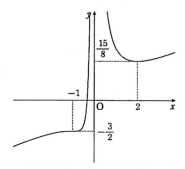

　xの方程式①の異なる実数解の個数は，

　y＝f(x)のグラフと直線y＝aとの異なる共有点の個数と一致する。

　したがって，xの方程式①の異なる実数解の個数は，

　$a<\dfrac{15}{8}$のとき1個，$a=\dfrac{15}{8}$のとき2個，$\dfrac{15}{8}<a$のとき3個である。

〈解説〉定数aとxの式を分離して，f(x)＝aの形に変形をする。調べるのは，

　　y＝f(x)のグラフと直線y＝aとの異なる共有点の個数であることに注意

　　する。

2016年度　実施問題

【中学校】

【1】 $0°≦θ≦180°$の範囲で関数$f(θ)＝3\cos2θ－4\cosθ$を考える。次の各問いに答えなさい。

(1)　$\cosθ＝t$とおく。$f(θ)$をtで表しなさい。

(2)　$f(θ)$の最大値と最小値を求めなさい。ただしそのときの$θ$については答える必要はない。

(3)　$α$が$90°＜α＜180°$を満たす角度で$f(α)＝－1$のとき，$\cos(α＋60°)$の値を求めなさい。

(☆☆◎◎◎)

【2】 次の図の△ABCにおいて，AB：AC＝3：5とする。また，∠Aの二等分線と辺BCとの交点をDとし，辺ACの中点をMとする。更に，線分ADを4：2：1の比に内分する点をAに近い方から順にE，Fとし，直線BEと辺ACとの交点をHとする。次の各問いに答えなさい。

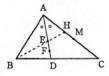

(1)　$\dfrac{AH}{HC}$の値を求めなさい。

(2)　BH//FMであることを示しなさい。

(3)　FM＝10のとき，線分BEの長さを求めなさい。

(☆☆◎◎◎)

【3】袋の中に赤玉n個，白玉2個の合計$n+2$個の玉が入っている。ただし$n≧3$とする。この袋から一度に4個の玉を取り出したとき，赤玉が3個，白玉が1個取り出される確率をP_nとする。次の各問いに答えなさい。

(1) P_nをnを用いて表しなさい。

(2) $P_n≦P_{n+1}$を満たすnの範囲を求めなさい。

(3) P_nが最大となるnの値を求めなさい。

(☆☆☆◎◎◎)

【4】放物線$A：y=x^2$と円$C：x^2+(y-b)^2=1$が次の図のように2点P，Qで接している。ただし$b>0$とする。次の各問いに答えなさい。

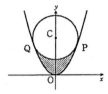

(1) 定数bを求めなさい。

(2) 接点P，Qの座標を求めなさい。ただし点Pのx座標は正とする。

(3) 円Cの中心をCとする。∠PCQの大きさを求めなさい。

(4) 放物線Aと円Cとで囲まれた領域(図の網掛け部分)の面積を求めなさい。

(☆☆☆◎◎◎)

【5】現行学習指導要領の下での学習評価については，児童生徒一人一人の進歩の状況や教科の目標の実現状況を的確に把握し，学習指導の改善に生かすことが重要であるとともに，学習指導要領に示す内容が確実に身に付いたかどうかの評価を行うことが重要とされている。

　以下の文は，国立教育政策研究所教育課程研究センターが作成した評価規準の作成のための参考資料【中学校】(平成22年11月)第2編　第3章　数学「第1　教科目標，評価の観点及びその趣旨等」の中にある，「評価の観点及びその趣旨」と「内容のまとまり」について書かれて

いるものである。

　ア〜スに当てはまる語句を入れなさい。ただし[　　]には評価の観点を，(　　)には適切な言葉を，「　　」には領域を記入すること。

① 評価の観点及びその趣旨

Ⅰ [　ア　]

　数学的な事象に関心をもつとともに，(　イ　)の楽しさや数学のよさを実感し，数学を(　ウ　)して考えたり判断したりしようとする。

Ⅱ [　エ　]

　事象を数学的にとらえて論理的に考察し表現したり，その過程を(　オ　)考えを深めたりするなど，数学的な見方や考え方を身に付けている。

Ⅲ [　カ　]

　事象を数量や図形などで数学的に(　キ　)し処理する(　ク　)を身に付けている。

Ⅳ [　ケ　]

　数量や図形などに関する基礎的な概念や原理・法則などについて理解し，知識を身に付けている。

② 内容のまとまり

　数学科においては，学習指導要領の内容の「　コ　」「　サ　」「　シ　」「　ス　」を内容のまとまりとした。

(☆☆☆◎◎)

【6】2000年から3年ごとのサイクルで実施されているOECD(経済協力開発機構)のPISA調査の結果をもとに，次の各問いに答えなさい。

(1)　次の図は，「数学的リテラシー得点に影響を与える5つの要因」についてのグラフである。このグラフから読み取れる，日本の生徒の課題を，選択肢の中から1つ選び，記号で答えなさい。

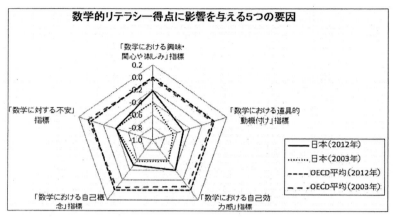

数学的リテラシー得点に影響を与える5つの要因

※数値はOECD平均(2012年)を，0.0として換算。大きいほど(図の外
側に向かうほど)望ましい方向とされる。なお，「数学に対する不
安」の数値は正負を逆にしている。

【選択肢】

（ア）

　日本では，「数学における自己概念」及び「数学に対する不安」
については，2003年と同程度であったが，「数学における興味・関
心や楽しみ」，「数学における道具的動機付け」，「数学における自己
効力感」の3つの指標において肯定的な回答が有意に減少しており，
「興味・関心や楽しみ，学びがい，自己効力感」に課題がある。

（イ）

　生徒質問紙調査の結果から，日本の生徒の「数学の授業の雰囲気」，
「生徒と教師の関係」は2003年と比べ，良好な方向へ改善されてい
るが，OECD平均と比べると，依然として差があり，「学校における
学習環境」に課題がある。

（ウ）

　すべての要因において，生徒の肯定的な回答の割合は，OECD平
均よりも内側にある。特に，2003年と比べ，望ましい方向への変化
が見られない「数学に対する不安」に課題がある。

(2)　(1)で選んだ課題に対する改善策の1つとして，「子どもたちが算数・数学を学ぶ意欲を高めたり，学ぶことの意義や有用性を実感したりできるようにすること」があげられる。そのために重視すべきことを簡潔に3つ書きなさい。

(3)　2009年PISA調査や平成22年度全国学力・学習状況調査の結果を分析すると，子どもたちの思考力・判断力・表現力等に依然課題がある。そこで，中学校数学科の目標実現のために「言語活動の充実」の重要性が唱えられている。そこで，以下の内容を中学2年生に指導する際，言語活動を充実させる指導をする上で，一人一人の生徒に意識させるポイントを簡潔に2つ書きなさい。

　　次の図の図形で，∠*a*，∠*b*，∠*c*，∠*x*の間にはどのような関係があるでしょうか。いろいろな方法で考えてみましょう。

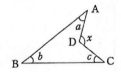

(☆☆☆☆◎◎)

【高等学校】

【1】あなたは高校の数学教師で，あるクラスで数学Ⅲの授業をしています。以下の文章を読んで，問いに答えなさい。

あなたが，

【定理1】

> 関数*f(x)*が*x*＝*a*で微分可能ならば，*x*＝*a*で連続である。

について，黒板に証明を書き終えると，生徒の話す声が聞こえました。

生徒A「連続って，どんな意味だったかなあ。」

生徒B「つながっているってことだよ。」

生徒A「イメージじゃなくて，定義が知りたいんだよ。

　　　　先生，質問があります。もう一度，関数の連続についての定義

を教えてください。」
生徒の質問を受けて，あなたは，「関数$f(x)$が$x＝a$で連続である」
ことの定義を板書することにしました。

【板書】

> 「関数$f(x)$が$x＝a$で連続である」ことの定義
> aを関数$f(x)$の定義域に属する値とするとき，

あなたが，黒板に定義を書き終えると，それに対して生徒の反応が
返ってきました。

生徒A「なるほど，そういうことだったんだ。ようやく【定理1】の
　　　　証明が理解できた。先生ありがとうございます。」

生徒Aはあなたの説明で満足したようですが，生徒Cが次のような
質問をしました。

生徒C「先生，【定理1】は「ならば」となっていますが，逆は成り
　　　　立ちますか。」

生徒B「そうか，確かに気になるなあ。」

(1)　上の【板書】は途中の状態です。続けて板書すべき内容を書きな
さい。

(2)　生徒Cの質問について，クラス全体に指導したい。あなたはどの
ように説明しますか。説明する内容を記しなさい。

(☆☆☆◎◎)

【2】以下の問いに答えなさい。

(1)　3進法で20122と表される数を10進法で表しなさい。

(2)　10進法でnと表される非負整数を3進法で表したとき，その表し方
は一意的であることを証明しなさい。

(☆☆☆◎◎◎)

【3】 Oを原点とする平面上に，OA＝$\sqrt{3}$，OB＝3，AB＝$\sqrt{6}$ である
△OABがある。$\overrightarrow{\mathrm{OA}}＝\vec{a}$，$\overrightarrow{\mathrm{OB}}＝\vec{b}$ とするとき，以下の問いに答えな
さい。

(1) 内積 $\vec{a}\cdot\vec{b}$ を求めなさい。

(2) $\overrightarrow{\mathrm{OP}}＝\alpha\vec{a}＋\beta\vec{b}$ $(-2\leqq\alpha\leqq1,\ 1\leqq\beta\leqq2)$で点Pを定めるとき，
点Pの存在範囲の面積を求めなさい。

(3) 点C($\vec{c}$)を $\vec{c}＝\vec{a}－\dfrac{1}{3}\vec{b}$ で定める。このとき，$\vec{b}$ と $\vec{c}$ のなす
角を求めなさい。さらに，
$\overrightarrow{\mathrm{OQ}}＝\alpha\vec{a}＋\beta\vec{b}＋\gamma\vec{c}$ $(0\leqq\alpha\leqq1,\ 0\leqq\beta\leqq1,\ 0\leqq\gamma\leqq1)$
で点Qを定めるとき，点Qの存在範囲の面積を求めなさい。

(☆☆☆◎◎◎◎)

【4】 以下の問いに答えなさい。

(1) $0＜x＜\dfrac{\pi}{2}$のとき，不等式$\sin x＜x＜\tan x$が成立することを用い

て，$\displaystyle\lim_{x\to\infty}\dfrac{\sin x}{x}＝1$が成立することを証明しなさい。

(2) $y＝\sin x$の導関数を定義に従って求めなさい。

(☆☆◎◎◎◎)

【5】 $x＞0$で定義された3つの関数$R(x)＝\displaystyle\int_{e}^{x}(t^e－e^t)dt$，$S(x)＝R'(x)$，
$T(x)＝\dfrac{S'(x)}{e^x}$ がある。以下の問いに答えなさい，ただし必要であれ
ば $\displaystyle\lim_{x\to\infty}\dfrac{x^e}{e^x}＝0$を用いてよい。

(1) 関数$T(x)$の増減を調べ，極値をとるときのxの値を求めなさい。

(2) $T(1)$および$T(e)$の値を求めなさい。

(3) aを実数とし，xの方程式$S(x)－a＝0$が異なる2つの正の実数解をもつ
ようなaをすべて求めなさい。ただし，重解は1つと数えることとする。

(4) 曲線$y＝S(x)$，直線$x＝1$およびx軸で囲まれる部分の面積を求めなさい。

(☆☆☆☆◎◎◎)

解答・解説

【中学校】

【1】(1) $f(\theta)=6t^2-4t-3$　(2) $t=-1$で最大値7　$t=\dfrac{1}{3}$で最小値$-\dfrac{11}{3}$　(3) $\cos(\alpha+60°)=\dfrac{-1-2\sqrt{6}}{6}$

〈解説〉(1) $f(\theta)=3(2\cos^2\theta-1)-4\cos\theta=6t^2-4t-3$

(2) $f(\theta)=y$とおく。(1)より，$y=6t^2-4t-3=6\left(t-\dfrac{1}{3}\right)^2-\dfrac{11}{3}$

$-1\leqq t\leqq 1$より，$t=\dfrac{1}{3}$で最小値　$-\dfrac{11}{3}$

$t=-1$で最大値　7

(3) $f(\alpha)=3\cos2\alpha-4\cos\alpha=-1$を解くと，(1)より，

$6\cos^2\alpha-4\cos\alpha-2=0$

$(3\cos\alpha+1)(\cos\alpha-1)=0$

$90°<\alpha<180°$より，$-1<\cos\alpha<0$

よって，$\cos\alpha=-\dfrac{1}{3}$　　そのとき，$\sin\alpha=\dfrac{2\sqrt{2}}{3}$

$\therefore$　$\cos(\alpha+60°)=\cos\alpha\cdot\cos60°-\sin\alpha\cdot\sin60°$

$=\left(-\dfrac{1}{3}\right)\cdot\dfrac{1}{2}-\dfrac{2\sqrt{2}}{3}\cdot\dfrac{\sqrt{3}}{2}=-\dfrac{-1-2\sqrt{6}}{6}$

【2】(1) $\dfrac{\text{AH}}{\text{HC}}=\dfrac{1}{2}$

(2)　条件より，AE：EF＝2：1　…①

また(1)より，AH：HC＝1：2かつ，AM：MC＝1：1より，

AH：HM＝2：1　…②

①②より，EH//FM　　$\therefore$　BH//FM

(3)　BE＝12

〈解説〉(1)　△ADCにメネラウスの定理を用いると，$\dfrac{\text{AH}}{\text{HC}}\cdot\dfrac{\text{CB}}{\text{BD}}\cdot\dfrac{\text{DE}}{\text{EA}}=1$　$\dfrac{\text{AH}}{\text{HC}}\cdot\dfrac{8}{3}\cdot\dfrac{3}{4}=1$より，$\dfrac{\text{AH}}{\text{HC}}=\dfrac{1}{2}$　(2)　解答参照。

(3)　(2)より，BE＝$\dfrac{9}{5}$EH＝$\dfrac{9}{5}\cdot\dfrac{2}{3}\cdot$FM＝12

【3】(1) $P_n=\dfrac{8(n-2)}{(n+2)(n+1)}$ (2) $3\leqq n\leqq 5$ (3) $n=5$または, $n=6$

〈解説〉(1) $P_n=\dfrac{{}_nC_3\cdot{}_2C_1}{{}_{n+2}C_4}=\dfrac{\dfrac{n(n-1)(n-2)}{1\cdot2\cdot3}\cdot 2}{\dfrac{(n+2)(n+1)n(n-1)}{1\cdot2\cdot3\cdot4}}=\dfrac{8(n-2)}{(n+2)(n+1)}$

(2) (1)より, $\dfrac{8(n-2)}{(n+2)(n+1)}\leqq\dfrac{8(n-1)}{(n+3)(n+2)}$

これを解くと, $n\leqq 5$

条件と合わせて, $3\leqq n\leqq 5$

(3) (2)より, $3\leqq n\leqq 4$のとき, $P_n<P_{n+1}$

$n=5$のとき, $P_n=P_{n+1}$

$6\leqq n$のとき, $P_n>P_{n+1}$ になる。

つまり, $P_3<P_4<P_5=P_6>P_7>P_8>\cdots$ということである。

したがって, P_nが最大となるnの値は, $n=5$または6

【4】(1) $b=\dfrac{5}{4}$ (2) $P\left(\dfrac{\sqrt{3}}{2},\ \dfrac{3}{4}\right)$, $Q\left(-\dfrac{\sqrt{3}}{2},\ \dfrac{3}{4}\right)$

(3) $\angle PCQ=120°$ (4) $\dfrac{3\sqrt{3}}{4}-\dfrac{\pi}{3}$

〈解説〉(1) $y=x^2$ $\cdots$① $x^2+(y-b)^2=1$ $(b>0)$ $\cdots$②

①を②に代入して, $y^2-(2b-1)y+b^2-1=0$ $\cdots$③ を得る。

条件を満たすには, ③が$y>0$で重解をもてばよい。

③の左辺を$f(y)$とおくと, $f(y)=y^2-(2b-1)y+b^2-1$
$$=\left(y-\dfrac{2b-1}{2}\right)^2-\left(\dfrac{2b-1}{2}\right)^2+b^2-1$$

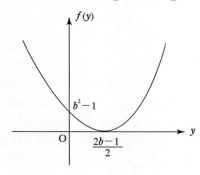

判別式…$(2b-1)^2-4(b^2-1)=-4b+5=0$　　　よって，$b=\dfrac{5}{4}$

軸…$\dfrac{2b-1}{2}>0$　　　$2b-1>0$　　　よって，$b>\dfrac{1}{2}$

$f(0)$…$f(0)=b^2-1>0$　　　$(b+1)(b-1)>0$　　　よって，$b<-1$，$b>1$

よって，$b=\dfrac{5}{4}$である。

(2)　③に$b=\dfrac{5}{4}$を代入して，$y^2-\dfrac{3}{2}y+\dfrac{9}{16}=0$　　　よって，$\left(y-\dfrac{3}{4}\right)^2=0$

$\therefore\ y=\dfrac{3}{4}$

①より，$x=\pm\dfrac{\sqrt{3}}{2}$

よって，$P\left(\dfrac{\sqrt{3}}{2},\ \dfrac{3}{4}\right)$，$Q\left(-\dfrac{\sqrt{3}}{2},\ \dfrac{3}{4}\right)$

(3)　線分PQの中点をHとおき，△CQHに注目すれば，

CH：CQ：QH$=1：2：\sqrt{3}$だから，$\angle QCH=60°$

明らかに$\angle QCH=\angle PCH$だから，$\angle PCQ=120°$

(4)　$S=\displaystyle\int_{-\frac{\sqrt{3}}{2}}^{\frac{\sqrt{3}}{2}}\left(\dfrac{3}{4}-x^2\right)dx-\left(\dfrac{\pi}{3}-\dfrac{1}{2}\sin 120°\right)$

$=-\dfrac{-1}{6}\left(\dfrac{\sqrt{3}}{2}-\left(-\dfrac{\sqrt{3}}{2}\right)\right)^3-\dfrac{\pi}{3}+\dfrac{\sqrt{3}}{4}$

$=\dfrac{3\sqrt{3}}{4}-\dfrac{\pi}{3}$

【5】ア　数学への関心・意欲・態度　　イ　数学的活動　　ウ　活用
　　エ　数学的な見方や考え方　　オ　振り返って　　カ　数学的な技能
　　キ　表現　　ク　技能　　ケ　数量や図形などについての知識・理解
　　コ　数と式　　サ　図形　　シ　関数　　ス　資料の活用
〈解説〉評価の観点及びその趣旨のアの「数学への関心・意欲・態度」，
　　　エの「数学的な見方や考え方」，カの「数学的な技能」，ケの「数量や
　　　図形などについての知識・理解」は，各学年の内容に沿って，詳述さ

れている。また，内容のまとまりは，学習指導要領にある「A　数と式」「B　図形」「C　関数」「D　資料の活用」を示している。

【6】(1)　（ウ）　　(2)　・数量や図形の意味を理解する上で基盤となる素地的な学習活動を取り入れて，数量や図形の意味を実感的に理解できるようにすること。　　　・発達や学年の段階に応じた反復(スパイラル)による教育課程により，理解の広がりや深まりなど学習の進歩が感じられるようにすること。　　　・学習し身に付けたものを，日常生活や他教科等の学習，より進んだ算数・数学の学習へ活用していくこと。など　　(3)　・数学的な表現を的確に用い，根拠を明確にして説明すること。　　　・他者の考えを聞く際，自分の考えと比較しながら他者の考えを読み取ること。　　　・他者と伝え合う活動を通じて，自分の説明をよりよいものに改善すること。さらに，他者に伝わるようにわかりやすく表現すること。　　など

〈解説〉(1)　2012年と2003年を比較すると，「数学に対する不安」だけが同程度であり，他の要因は望ましい方向なので，(ア)は不適である。また，(イ)に示された，生徒質問紙調査及び，「数学の授業の雰囲気」「生徒と教師の関係」の要因はグラフには示されていないので，(イ)も不適である。　　(2),　(3)　解答参照。

【高等学校】

【1】(1)　「関数$f(x)$が$x＝a$で連続である」とは，次の2つのことが，同時に満たされていることである。

①　極限値$\lim_{x \to a} f(x)$が存在する。

②　$\lim_{x \to a} f(x)＝f(a)$が成り立つ。

(2)　逆は成り立たないので，反例として，関数$f(x)＝|x|$をとりあげて説明する。

$f(x)＝|x|$は$x＝0$で連続である。一方，

$$\frac{f(0+h)-f(0)}{h}＝\frac{|h|}{h} \quad \cdots(\text{i})$$

であるから,

$$\lim_{h \to +0} \frac{f(0+h)-f(0)}{h} = \lim_{h \to +0} \frac{|h|}{h} = \lim_{h \to +0} \frac{h}{h} = 1$$

$$\lim_{h \to -0} \frac{f(0+h)-f(0)}{h} = \lim_{h \to -0} \frac{|h|}{h} = \lim_{h \to -0} \frac{-h}{h} = -1$$

ゆえに(i)の左右の極限は一致しない。

よって, $\lim_{h \to 0} \frac{f(0+h)-f(0)}{h}$ すなわち, $f'(0)$は存在しない。

ゆえに, $f(x)=|x|$は$x=0$で連続ではあるが微分可能ではない。

〈解説〉解答参照。

【2】(1)　179

(2)　10進法表記の非負整数nが,

$$n = p_k \cdot 3^k + p_{k-1} \cdot 3^{k-1} + p_{k-2} \cdot 3^{k-2} + \cdots + p_1 \cdot 3^1 + p_0 \cdot 3^0$$

$$n = q_k \cdot 3^k + q_{k-1} \cdot 3^{k-1} + q_{k-2} \cdot 3^{k-2} + \cdots + q_1 \cdot 3^1 + q_0 \cdot 3^0$$

と2通りに表せたとする。

(ただし, p_i, $q_i(i=0, 1, 2, \cdots, k)$は0, 1, 2のいずれかである。…①)

この2式より,

$$p_k \cdot 3^k + p_{k-1} \cdot 3^{k-1} + p_{k-2} \cdot 3^{k-2} + \cdots + p_1 \cdot 3^1 + p_0 \cdot 3^0$$

$$= q_k \cdot 3^k + q_{k-1} \cdot 3^{k-1} + q_{k-2} \cdot 3^{k-2} + \cdots + q_1 \cdot 3^1 + q_0 \cdot 3^0$$

$$\therefore \quad p_0 - q_0 = (q_k - p_k)3^k + (q_{k-1} - p_{k-1})3^{k-1} + \cdots + (q_1 - p_1)3^1$$

ここで, (右辺)は3の倍数だから(左辺)も3の倍数である。

ところが, ①より$-2 \leq p_0 - q_0 \leq 2$だから$p_0 - q_0 = 0$となる。

よって,

$$0 = (q_k - p_k)3^k + (q_{k-1} - p_{k-1})3^{k-1} + \cdots + (q_1 - p_1)3^1$$

両辺を3で割って,

$$0 = (q_k - p_k)3^{k-1} + (q_{k-1} - p_{k-1})3^{k-2} + \cdots + (q_2 - p_2)3^1 + (q_1 - p_1)$$

$$\therefore \quad p_1 - q_1 = (q_k - p_k)3^{k-1} + (q_{k-1} - p_{k-1})3^{k-2} + \cdots + (q_2 - p_2)3^1$$

同様にして, $p_1 - q_1 = 0$がわかる。

以下繰り返せば, $p_2 - q_2 = 0, \cdots, p_k - q_k = 0$を得る。

$$\therefore \quad p_0 = q_0, \quad p_1 = q_1, \quad \cdots, \quad p_k = q_k$$

以上により, 10進法でnと表される非負整数を3進法で表したとき, そ

96

の表し方は一意的であることが示された。

〈解説〉(1)　$2\times3^4+0\times3^3+1\times3^2+2\times3^1+2\times3^0=179$　　(2)　解答参照。

【3】(1)　3　　(2)　$9\sqrt{2}$　　(3)　角…90°　　面積…$7\sqrt{2}$

〈解説〉(1)　AB$=\sqrt{6}$ より，$|\overrightarrow{AB}|=\sqrt{6}$

したがって，$|\vec{b}-\vec{a}|=\sqrt{6}$

両辺平方して，$|\vec{b}|^2-2\vec{a}\cdot\vec{b}+|\vec{a}|^2=6$

$|\vec{a}|=|\overrightarrow{OA}|=OA=\sqrt{3}$ ，$|\vec{b}|=|\overrightarrow{OB}|=OB=3$であるから代入して，

$9-2\vec{a}\cdot\vec{b}+3=6$

$\therefore$　$\vec{a}\cdot\vec{b}=3$

(2)　$\overrightarrow{OP}=\alpha\vec{a}+\beta\vec{b}$ $(-2\leqq\alpha\leqq1,\ 1\leqq\beta\leqq2)$で定められる点Pの存在範囲は，下図の斜線部分である。

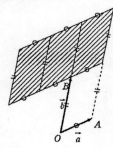

この斜線部分の面積は，$\vec{a}$，$\vec{b}$ で張られる平行四辺形の面積の3倍である。したがって，求める面積は，

$$3\sqrt{|\vec{a}|^2|\vec{b}|^2-(\vec{a}\cdot\vec{b})^2}=3\sqrt{3\cdot9-9}=9\sqrt{2}$$

(3)　$\vec{b}\cdot\vec{c}=\vec{b}\cdot\left(\vec{a}-\dfrac{1}{3}\vec{b}\right)=\vec{a}\cdot\vec{b}-\dfrac{1}{3}|\vec{b}|^2=0$であり，

$\vec{b}\neq\vec{0}$，$\vec{c}\neq\vec{0}$ だから，$\vec{b}$ と $\vec{c}$ のなす角は90°である。

また，$\vec{c}=\vec{a}-\dfrac{1}{3}\vec{b}$ より $\vec{c}-\vec{a}=-\dfrac{1}{3}\vec{b}$ であり，

これはAC//OBであることを意味している。

ここで，点Dを $\overrightarrow{OD} = \overrightarrow{OA} + \overrightarrow{OB}$ で定めると四角形OADBは平行四辺形であるから，OB//ADであることを考えれば，3点C，A，Dは同一直線上にあることがわかる。

また，点Q'を $\overrightarrow{OQ'} = \alpha \overrightarrow{a} + \beta \overrightarrow{b}$ ($0 \leqq \alpha \leqq 1$, $0 \leqq \beta \leqq 1$)で定めると，点Q'の存在範囲は，$\overrightarrow{a}$，$\overrightarrow{b}$ で張られる平行四辺形OADBの周および内部となる。さらに，γ'を$0 \leqq \gamma' \leqq 1$において固定したとき，点Q''を $\overrightarrow{OQ''} = \alpha \overrightarrow{a} + \beta \overrightarrow{b} + \gamma' \overrightarrow{c}$ で定めると，点Q''の存在範囲は，$\overrightarrow{a}$，$\overrightarrow{b}$ で張られる平行四辺形OADBの周及び内部を$\gamma' \overrightarrow{c}$だけ平行移動したものとなる。したがって，

$\overrightarrow{OQ} = \alpha \overrightarrow{a} + \beta \overrightarrow{b} + \gamma \overrightarrow{c}$ ($0 \leqq \alpha \leqq 1$, $0 \leqq \beta \leqq 1$, $0 \leqq \gamma \leqq 1$)

で点Qを定めるとき，点Qの存在範囲は，平行四辺形OADBを辺OCに沿ってOからCまで平行移動したときの通過した領域と一致する。(下図参照)

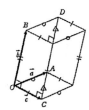

したがって，求める面積は，台形OCDBの面積の2倍であることがわかる。

$OC^2 = |\overrightarrow{c}|^2 = |\overrightarrow{a} - \frac{1}{3}\overrightarrow{b}|^2 = |\overrightarrow{a}|^2 - \frac{2}{3}\overrightarrow{a} \cdot \overrightarrow{b} + \frac{1}{9}|\overrightarrow{b}|^2 = 2$

OC>0より，OC=$\sqrt{2}$

CD=CA+AD=$|\overrightarrow{CA}| + |\overrightarrow{b}| = |\frac{1}{3}\overrightarrow{b}| + |\overrightarrow{b}| = 1 + 3 = 4$

よって，求める面積は，

$2 \times$(台形OCDBの面積) $= 2 \times \left\{ (OB + CD) \times OC \times \frac{1}{2} \right\}$

$= (OB + CD) \times OC$

$= (3 + 4) \times \sqrt{2} = 7\sqrt{2}$

【4】(1) $x \to 0$ のときを考えるのであるから，$0 < |x| < \dfrac{\pi}{2}$ としてよい。

まず $0 < x < \dfrac{\pi}{2}$ のときを考える。

不等式 $\sin x < x < \tan x$ の各辺を $\sin x$ で割ると，

$0 < x < \dfrac{\pi}{2}$ より，$\sin x > 0$ だから，

$$1 < \dfrac{x}{\sin x} < \dfrac{1}{\cos x}$$

全辺正なので，辺々の逆数をとって，

$$1 > \dfrac{\sin x}{x} > \cos x$$

ここで，$\displaystyle\lim_{x \to +0} \cos x = 1$ であるから，はさみうちの原理より，

$$\lim_{x \to +0} \dfrac{\sin x}{x} = 1$$

次に，$-\dfrac{\pi}{2} < x < 0$ のときを考える。

$x = -\theta$ とおくと，$x \to -0$ のとき $\theta \to +0$ であるから，

$$\lim_{x \to -0} \dfrac{\sin x}{x} = \lim_{\theta \to +0} \dfrac{\sin(-\theta)}{-\theta}$$

$$= \lim_{\theta \to +0} \dfrac{\sin \theta}{\theta}$$

$$= 1 \quad (\because \ 0 < x < \dfrac{\pi}{2} \text{のときの結果より})$$

以上より，$\displaystyle\lim_{x \to 0} \dfrac{\sin x}{x} = 1$ は証明された。

(2) $(\sin x)' = \displaystyle\lim_{h \to 0} \dfrac{\sin(x+h) - \sin x}{h}$

$\qquad\qquad = \displaystyle\lim_{h \to 0} \dfrac{\cos x \sin h - \sin x(1 - \cos h)}{h}$

$\qquad\qquad = \displaystyle\lim_{h \to 0} \left(\cos x \cdot \dfrac{\sin h}{h} - \sin x \cdot \dfrac{1 - \cos h}{h} \right)$

ここで，(1)の結果より，

$$\lim_{h \to 0} \dfrac{\sin h}{h} = 1$$

であり，さらに，

$$\lim_{h \to 0} \dfrac{1 - \cos h}{h} = \lim_{h \to 0} \dfrac{\sin^2 h}{h(1 + \cos h)}$$

$$= \lim_{h \to 0} \dfrac{\sin h}{h} \cdot \dfrac{\sin h}{1 + \cos h}$$

$$= 1 \cdot \frac{0}{2}$$
$$= 0$$

であるから，

$$(\sin x)' = (\cos x) \cdot 1 - (\sin x) \cdot 0 = \cos x$$

〈解説〉解答参照。

【5】(1)　$x = e - 1$　　(2)　$T(1) = 0$　　$T(e) = 0$　　(3)　$a = 1 - e$，$-1 \leqq$ $a < 0$　　(4)　$\dfrac{1}{e+1}(e^e - e^2 - e + 1)$

〈解説〉(1)　$S(x) = R'(x) = x^e - e^x$，$S'(x) = ex^{e-1} - e^x$ だから，

$$T(x) = \frac{ex^{e-1} - e^x}{e^x} = e^{1-x} x^{e-1} - 1$$

$$T'(x) = -e^{1-x} x^{e-1} + (e-1)e^{1-x} x^{e-2} = e^{1-x} x^{e-2}(-x + e - 1)$$

$T'(x) = 0$ とすると，$e^{1-x} > 0$，$x^{e-2} > 0$ より，$x = e - 1$

したがって，$T(x)$ の増減表は以下の通りである。

x	0	$\cdots$	$e-1$	$\cdots$
$T'(x)$		$+$	0	$-$
$T(x)$		↗		↘

つまり，$T(x)$ は $0 < x \leqq e - 1$ のときは単調に増加し，$e - 1 \leqq x$ のときは単調に減少する。

よって，$T(x)$ は極大値をもち，そのときの x の値は，$x = e - 1$ である。

(2)　$T(1) = e^{1-1} \cdot 1^{e-1} - 1 = 0$，$T(e) = e^{1-e} e^{e-1} - 1 = e^0 - 1 = 0$

(3)　$0 < 1 < e - 1 < e$ であること，および(1)，(2)の結果とあわせると，$0 < x < 1$，$e < x$ のとき $T(x) < 0$，$1 < x < e$ のとき $T(x) > 0$ である。

さらに，$T(x) = \dfrac{S'(x)}{e^x}$ より，$S'(x) = e^x T(x)$ であり，$e^x > 0$ だから，$S'(x)$ の符号は $T(x)$ と一致することがわかる。

したがって，$S(x)$ の増減表は次のようになる。

x	(0)	$\cdots$	1	$\cdots$	e	$\cdots$
$S'(x)$		$-$	0	$+$	0	$-$
$S(x)$	(-1)	↘	$1-e$	↗	0	↘ $-\infty$

$$\left(\because \ \lim_{x \to \infty} S(x) = \lim_{x \to \infty} e^x \left(\frac{x^e}{e^x} - 1 \right) = -\infty \right)$$

以上のことより，$y=S(x)$の概形は下図のようになる。

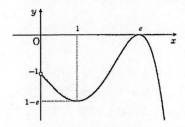

xの方程式$S(x)-a=0$が異なる2つの正の実数解をもつ。

$\Leftrightarrow x$の方程式$S(x)=a$が異なる2つの正の実数解をもつ。

$\Leftrightarrow y=S(x)$のグラフと直線$y=a$が$x>0$で異なる2点を共有する。

したがって，上図のグラフと直線$y=a$の$x>0$での異なる共有点の個数を調べると，題意を満たす定数aの値の範囲は，$a=1-e$，$-1\leqq a<0$である。

(4)　(3)で描いたグラフより求める領域の面積をsとすれば，

$$s=-\int_1^e (x^e-e^x)dx$$

$$=-\left[\frac{1}{e+1}x^{e+1}-e^x\right]_1^e$$

$$=-\left(\frac{e^{e+1}}{e+1}-e^e-\frac{1}{e+1}+e\right)$$

$$=-\frac{e^{e+1}}{e+1}+e^e+\frac{1}{e+1}-e$$

$$=\frac{1}{e+1}(e^e-e^2-e+1)$$

2015年度　実施問題

【中学校】

【1】 丸いテーブルのまわりに，10個の椅子がある。そこに二人が座るとき，その二人の間にある椅子の数のうち少ない方をXとして，確率変数Xを定める。ただし，二人の間にある椅子の数が同数の場合には，その数をXとし，二人が隣同士に座る場合には$X=0$と考える。

このときの，Xの期待値および分散を求めなさい。

(☆☆☆◎◎◎)

【2】 実数xに対して，$[x]$はxを越えない最大の整数を表している。

$\displaystyle\sum_{k=1}^{n}\left[\frac{k}{20}\right]=1368$を満たす正の整数$n$の値を求めなさい。

(☆☆☆◎◎◎)

【3】 座標平面において曲線$y=|x(x-1)|$をCとし，直線$y=ax$をlとする。ただし，$0<a<1$とする。また，$0\leqq x\leqq 1-a$において，Cとlとで囲まれた図形の面積をS_1とし，$1-a\leqq x\leqq 1$において，Cとlと直線$x=1$で囲まれた図形の面積をS_2とする。

S_1+S_2の面積が最小となるときの，aの値と，そのときの面積の最小値を求めなさい。

(☆☆☆◎◎◎)

【4】 四面体OABCにおいて,

$$\angle AOB = \angle AOC = \frac{\pi}{2}, \quad \angle BOC = \frac{\pi}{3}, \quad OA = OB = OC = 1$$

とする。3点A, B, Cを通る平面上の点Pを考え, $\overrightarrow{OP} = \overrightarrow{p}$ とする。

$\overrightarrow{OA} = \overrightarrow{a}$, $\overrightarrow{OB} = \overrightarrow{b}$, $\overrightarrow{OC} = \overrightarrow{c}$ とおくとき, 次の問いに答えなさい。

(1) 点Pが∠AOP=∠BOP=∠COPを満たしている。

$\overrightarrow{p}$ を $\overrightarrow{a}$, $\overrightarrow{b}$, $\overrightarrow{c}$ を用いて求めなさい。

(2) (1)の条件を満たす点Pについて, 直線BPと直線ACの交点をQとする。AQ:QCを求めなさい。

(3) (1)の条件を満たす点Pについて, 3つの四面体OABP, OBCP, OCAPの体積の比を求めなさい。

(☆☆☆◎◎◎)

【5】 次の各問いに答えなさい。

(1) 現行学習指導要領では,「数学的活動の充実」が重視されている。以下の文は, 中学校学習指導要領解説数学編(平成20年9月告示)第2章数学科の目標及び内容「1教科の目標」の中に, 数学的活動について書かれているものである。ア～ウに当てはまる語句を入れなさい。

数学的活動とは, 生徒が(ア)をもって(イ)に取り組む(ウ)にかかわりのある様々な営みを意味している。

(2)　以下に示す，平成24年度全国学力・学習状況調査【中学校数学A】
　　の問題の正答率が低かった。

　　下の図のように，n角形は1つの頂点からひいた対角線によって，
いくつかの三角形に分けられます。このことから，n角形の内角
の和は180°×$(n-2)$で表すことができます。この式の$(n-2)$は，
n角形において何を表していますか。下のアからオまでの中か
ら正しいものを1つ選びなさい。

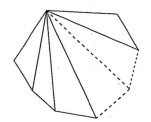

　ア　頂点の数
　イ　辺の数
　ウ　内角の数
　エ　1つの頂点からひいた対角線の数
　オ　1つの頂点からひいた対角線によって分けられた三角形の数

　この正答率が低かった設問に対する生徒の理解を高めるために「数
学的活動を生かした指導の充実」という視点で，授業改善を図りたい。
「数学的活動」では，

①　既習の数学を基にして，数や図形の性質などを見いだし，発展
　　させる活動(既習の数学を基にして，数や図形の性質などを見い
　　だす活動)

②　日常生活や社会で数学を利用する活動

③　数学的な表現を用いて，根拠を明らかにし筋道立てて説明し伝
　　え合う活動(数学的な表現を用いて，自分なりに説明し伝え合う
　　活動)

の3点を重視しているが，特に①を重視して授業を行う際に留意すべ
き点を，具体的内容に触れ，簡潔に3つ挙げなさい。

（☆☆☆◎◎◎）

【6】図形領域の学習内容をすべて学び終えた中学校3年生に，既習事項を活用して問題解決する力の育成をねらい，次のような発展的な課題を与えた。

次図のように，座標平面上の原点Oを中心とする円の周上に3点A($-\sqrt{3}$，-1)，B($\sqrt{3}$，-1)，C(1，$\sqrt{3}$)がある。

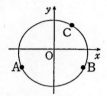

(1) 円の半径を求めなさい。
(2) ∠ACBの大きさを求めなさい。

この課題を中学校3年生に分かるように解説したい。解説する内容を適切な図や用語，記号等を用いて書きなさい。ただし，以下の2点には触れること。

① 教材・教具の工夫
② 既習事項の理解が不十分な生徒や，解法の手がかりがつかめない生徒への配慮

(☆☆☆◎◎◎)

【高等学校】

【１】あなたが数学の授業中に，次の「問題」に対してＫ君を指名したところ，Ｋ君は次のように解答を板書しました。どのように指導するか観点を挙げて述べなさい。

問題

> 次の整式Ａ，Ｂについて，ＡをＢで割ったときの商と余りを求めよ。
> $A=2x^3-3x^2+2x-8,\ B=2x-1$

Ｋ君の板書した解答
下の組立除法により
商は$2x^2-2x+1$
余りは$-\dfrac{15}{2}$

Ｋ君の板書した解答
下の組立除法により
商は$2x^2-2x+1$
余りは$-\dfrac{15}{2}$

$$
\begin{array}{rrrr|l}
2 & -3 & 2 & -8 & \dfrac{1}{2} \\
 & 1 & -1 & \dfrac{1}{2} & \\
\hline
2 & -2 & 1 & -\dfrac{15}{2} & \\
\end{array}
$$

(☆☆☆○○○○)

【2】 以下の問いに答えなさい。ただし，aは実数とする。

(1) xの2次不等式$6x^2-(11a-6)x+3a^2-2a\leqq0\cdots$①を解きなさい。

(2) $a\geqq0$とする。xの2次不等式①の解に，整数値がちょうど2個だけ含まれるようなaの値の範囲を求めなさい。

(☆☆☆○○○)

【3】 袋の中に白球が4個，赤球が3個，青球が1個入っている。AとBの2人が，次のルールに従って袋から球を取り出すゲームを行う。ただし，取り出した球は，色を見てから袋に戻すこととする。

＜ルール＞

　　白玉が出たら，次回も同じ人が袋から球を取り出す。

　　赤球が出たら，次回は別の人が袋から球を取り出す。

　　青球が出たら，取り出した人を勝ちとし，ゲームは終了する。

1回目はAが袋から球を取り出すとき，以下の問いに答えなさい。

(1) n回目にAが袋から球を取り出す確率をa_n，n回目にBが袋から球を取り出す確率をb_nとするとき，a_1，b_1，a_2，b_2を求めなさい。

(2) a_{n+1}をa_n，b_nを用いて表しなさい。また，b_{n+1}をa_n，b_nを用いて表しなさい。

(3) a_nを求めなさい。

(4) ちょうどn回目に球を取り出したとき，Aが勝つ確率p_nを求めなさい。

(5) このゲームにおいて，n回以内にAが勝つ確率q_nを求めなさい。

(☆☆☆○○○)

【4】座標平面上に3点O(0，0)，A(2，0)，B(1，2)がある。ただし，s，tは実数とする。

(1)　$\overrightarrow{\mathrm{OP}} = s\overrightarrow{\mathrm{OA}} + t\overrightarrow{\mathrm{OB}}$，$0 \leqq s \leqq 1$，$0 \leqq t \leqq 1$を満たす点P($x$，$y$)の存在範囲を下の$xy$平面に図示しなさい。

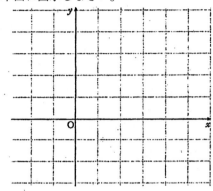

(2)　$\overrightarrow{\mathrm{OQ}} = (s+t)\overrightarrow{\mathrm{OA}} + \left(t + \dfrac{1}{2}\right)\overrightarrow{\mathrm{OB}}$，$0 \leqq s \leqq 1$，$0 \leqq t \leqq 1$を満たす点Q($x$，$y$)の存在範囲を下の$xy$平面に図示しなさい。

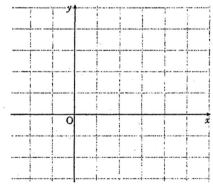

(3)　(2)の点Qの存在範囲を表す図形をFとする。ある点Cを通る直線は，すべてFの面積を二等分するという。このとき，点Cの座標を求めなさい。

(☆☆☆◎◎◎)

【5】 曲線C：$x＝1－\cos t$, $y＝t＋\sin t(0≦t≦2\pi)$について，以下の問いに答えなさい。

(1) $\dfrac{dy}{dx}$をtで表しなさい。また，$\displaystyle\lim_{t\to x-0}\dfrac{dy}{dx}$, $\displaystyle\lim_{t\to x+0}\dfrac{dy}{dx}$, $\displaystyle\lim_{t\to+0}\dfrac{dy}{dx}$および $\displaystyle\lim_{t\to 2x-0}\dfrac{dy}{dx}$を調べなさい。

(2) $\dfrac{d^2y}{dx^2}$をtで表しなさい。

(3) 曲線Cの概形を増減，凹凸に注意して描きなさい。

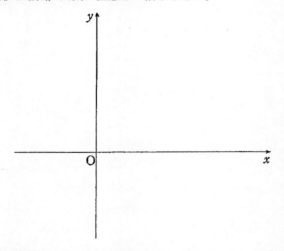

(4) 曲線Cとy軸で囲まれた部分を，y軸の周りに1回転してできる立体の体積Vを求めなさい。

(☆☆☆◎◎◎)

解答・解説

【中学校】

【1】Xの期待値…$\dfrac{16}{9}$　　分散…$\dfrac{140}{81}$

〈解説〉

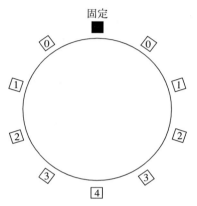

円のテーブルの1つの椅子に1人が座って，残りの椅子に，他の1人が座ると考えると，確率変数Xのとり得る値は，$X=1$，2，3，4である。

それぞれの確率は，$P(X=0)=\dfrac{2}{9}$，$P(X=1)=\dfrac{2}{9}$，$P(X=2)=\dfrac{2}{9}$，$P(X=3)=\dfrac{2}{9}$，$P(X=4)=\dfrac{1}{9}$

である。

よって，確率分布表は次の通りである。

X	0	1	2	3	4
確率	$\dfrac{2}{9}$	$\dfrac{2}{9}$	$\dfrac{2}{9}$	$\dfrac{2}{9}$	$\dfrac{1}{9}$

したがって，Xの期待値は，

$$E(X)=0\cdot\dfrac{2}{9}+1\cdot\dfrac{2}{9}+3\cdot\dfrac{2}{9}+4\cdot\dfrac{1}{9}=(0+1+2+3)\cdot\dfrac{2}{9}+\dfrac{4}{9}$$

$$=\dfrac{12}{9}+\dfrac{4}{9}=\dfrac{16}{9}$$

また，

$$E(X^2)=(0^2+1^2+2^2+3^2) \cdot \frac{2}{9}+4^2 \cdot \frac{1}{9}=\frac{14 \cdot 2+16}{9}=\frac{28+16}{9}=\frac{44}{9}$$

であるから, 分散は,

$$V(X)=E(X^2)-\{E(X)\}^2=\frac{44}{9}-\left(\frac{16}{9}\right)^2=\frac{396}{81}-\frac{256}{81}=\frac{140}{81}$$

【2】 $n=243$

〈解説〉 $20m \leqq k \leqq 20m+19$ とおいて,

$m=0$ のとき, $0 \leqq k \leqq 19$ より, $\left[\frac{k}{20}\right]=0$

$m=1$ のとき, $20 \leqq k \leqq 39$ より, $\left[\frac{k}{20}\right]=1$

$m=2$ のとき, $40 \leqq k \leqq 59$ より, $\left[\frac{k}{20}\right]=2$

$m=3$ のとき, $60 \leqq k \leqq 79$ より, $\left[\frac{k}{20}\right]=3$

....

よって, $\left[\frac{k}{20}\right]=m$ となり, $\displaystyle\sum_{k=20m}^{20m+19}\left[\frac{k}{20}\right]=\sum_{k=0}^{19} m=20m$ である。

これらより,

$$\sum_{k=1}^{20m+19}\left[\frac{k}{20}\right]=\sum_{k=1}^{19} 0+\sum_{k=20}^{39} 1+\sum_{k=40}^{59} 2+\sum_{k=60}^{79} 3+\cdots\cdots\cdots\sum_{k=20m}^{20m+19} m$$

$$=0 \times 19+1 \times 20+2 \times 20+3 \times 20+4 \times 20+\cdots\cdots\cdots+m \times 20$$

$$=20(1+2+3+4+\cdots+m)=20 \cdot \frac{m(m+1)}{2}=10m(m+1)$$

ここで, $10m(m+1)$ が1368を越えない最大の m を求めると,

$10 \times 11 \times 12=1320$ $10 \times 12 \times 13=1560$ であるから, その値は11となる。

また, $20 \times 11+19=239$ であるため,

$$\sum_{k=1}^{n}\left[\frac{k}{20}\right]=\sum_{k=1}^{239}\left[\frac{k}{20}\right]+\sum_{k=240}^{n}\left[\frac{k}{20}\right]=1320+12 \times (n-239)$$

したがって, $1320+12 \times (n-239)=1368$

よって, $n=243$

【３】$a=\dfrac{\sqrt{2}-1}{\sqrt{2}}$ のとき，面積の最小値は，$\dfrac{2-\sqrt{2}}{6}$

〈解説〉

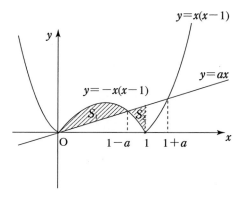

直線 l の傾きは，$0<a<1$ であり，$0\leqq x\leqq 1$ における，l と C の交点の x 座標を求める。

題意から，$\begin{cases} y=ax \\ y=-x(x-1) \end{cases}$ より，$x=0,\ 1-a$

$x=0,\ 1-a$ は，$-x(x-1)-ax=0$ の解なので，

$S_1=\displaystyle\int_0^{1-a}\{-x(x-1)-ax\}dx=\dfrac{(1-a)^3}{6}$

$S_2=\displaystyle\int_{1-a}^1\{ax+x(x-1)\}dx$

$\quad=\left[\dfrac{1}{3}x^3+\dfrac{a-1}{2}x^2\right]_{1-a}^1$

$\quad=\dfrac{1}{3}+\dfrac{a-1}{2}+\dfrac{(1-a)^3}{6}$

$S_1+S_2=\dfrac{1}{6}(1-a)^3+\dfrac{1}{3}+\dfrac{1}{2}(a-1)+\dfrac{1}{6}(1-a)^3$

$\qquad\quad=\dfrac{1}{3}(1-a)^3-\dfrac{1}{2}(1-a)+\dfrac{1}{3}$

$\qquad\quad=\dfrac{1}{3}t^3-\dfrac{1}{2}t+\dfrac{1}{3}=f(t)$ とおいて，$f'(t)=t^2-\dfrac{1}{2}=0$ とおくと，

$t=\pm\dfrac{1}{\sqrt{2}}$

$0<a<1$だから，$0<t<1$となり，増減表は，

t	0	……	$\dfrac{1}{\sqrt{2}}$	……	1
$f'(t)$		$-$	0	$+$	
$f(t)$		↘	0	↗	

増減表より，$t=\dfrac{1}{\sqrt{2}}$で，S_1+S_2は，最小値

$\dfrac{1}{3}\cdot\dfrac{1}{2\sqrt{2}}-\dfrac{1}{2\sqrt{2}}+\dfrac{1}{3}=\dfrac{\sqrt{2}}{12}-\dfrac{\sqrt{2}}{4}+\dfrac{1}{3}$

$=\dfrac{\sqrt{2}-3\sqrt{2}+4}{12}$

$=\dfrac{2-\sqrt{2}}{6}$

をとる。

そのとき，$1-a=\dfrac{1}{\sqrt{2}}$　　つまり，$a=1-\dfrac{1}{\sqrt{2}}=\dfrac{\sqrt{2}-1}{\sqrt{2}}$である。

【4】 (1)　$\dfrac{3}{7}\vec{a}+\dfrac{2}{7}\vec{b}+\dfrac{2}{7}\vec{c}$　　 (2)　AQ：QC＝2：3

　　 (3)　(四面体OABC)：(四面体OBCP)：(四面体OCAP)＝2：3：2

〈解説〉(1)

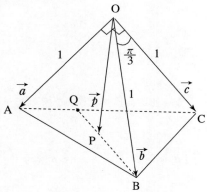

$\angle\text{AOB}=\angle\text{AOC}=\dfrac{\pi}{2}$ から，$\vec{a}\cdot\vec{b}=\vec{a}\cdot\vec{c}=0$

$\angle\text{BOC}=\dfrac{\pi}{3}$ から，$\vec{b}\cdot\vec{c}=\dfrac{1}{2}$

ここで，点Pが平面ABC上の点であるので，実数s，tを用いて，

$\vec{p}=(1-s-t)\vec{a}+s\vec{b}+t\vec{c}$ と表せる。

したがって，

$$\begin{aligned}\vec{p}\cdot\vec{a}&=(1-s-t)|\vec{a}|^2+s\vec{a}\cdot\vec{b}+t\vec{a}\cdot\vec{c}\\&=(1-s-t)\cdot1^2+s\cdot0+t\cdot0\\&=1-s-t\quad\cdots\cdots①\end{aligned}$$

$$\begin{aligned}\vec{p}\cdot\vec{b}&=(1-s-t)\vec{a}\cdot\vec{b}+s|\vec{b}|^2+t\vec{b}\cdot\vec{c}\\&=(1-s-t)\cdot0+s\cdot1^2+t\cdot\dfrac{1}{2}\\&=s+\dfrac{1}{2}t\quad\cdots\cdots②\end{aligned}$$

$$\begin{aligned}\vec{p}\cdot\vec{c}&=(1-s-t)\vec{a}\cdot\vec{c}+s\vec{b}\cdot\vec{c}+t|\vec{c}|^2\\&=(1-s-t)\cdot0+s\cdot\dfrac{1}{2}+t\cdot1^2\\&=\dfrac{1}{2}s-t\quad\cdots\cdots③\end{aligned}$$

また，$\angle\text{AOP}=\angle\text{BOP}=\angle\text{COP}$ から，$\cos\angle\text{AOP}=\cos\angle\text{BOP}=\cos\angle\text{COP}$

よって，

$\dfrac{\vec{p}\cdot\vec{a}}{|\vec{p}||\vec{a}|}=\dfrac{\vec{p}\cdot\vec{b}}{|\vec{p}||\vec{b}|}=\dfrac{\vec{p}\cdot\vec{c}}{|\vec{p}||\vec{c}|}$ と，①，②，③より，

$1-s-t=s+\dfrac{1}{2}t=\dfrac{1}{2}s+t$ となり，この連立方程式を解くと，

$s=\dfrac{2}{7}$，$t=\dfrac{2}{7}$

したがって，$\vec{p}=\left(1-\dfrac{4}{7}\right)\vec{a}+\dfrac{2}{7}\vec{b}+\dfrac{2}{7}\vec{c}=\dfrac{3}{7}\vec{a}+\dfrac{2}{7}\vec{b}+\dfrac{2}{7}\vec{c}$

(2) (1)より, $\overrightarrow{BP} = \overrightarrow{OP} - \overrightarrow{OB} = \frac{3}{7}\vec{a} - \frac{5}{7}\vec{b} + \frac{2}{7}\vec{c}$

$$= \frac{3}{7}(\vec{a} - \vec{b}) + \frac{2}{7}(\vec{c} - \vec{b})$$

$$= \frac{3}{7}\overrightarrow{BA} + \frac{2}{7}\overrightarrow{BC}$$

$\overrightarrow{BQ} = k\overrightarrow{BP} = \frac{3}{7}k\overrightarrow{BA} + \frac{2}{7}k\overrightarrow{BC}$ で，点QがAC上の点だから，

$\frac{3}{7}k + \frac{2}{7}k = 1$

よって，$k = \frac{7}{5}$であることがいえて，

$\overrightarrow{BQ} = \frac{3}{5}\overrightarrow{BA} + \frac{2}{5}\overrightarrow{BC} = \frac{3\overrightarrow{BA} \cdot \overrightarrow{BC}}{2+3}$ となり，

AQ：QC＝2：3

(3)

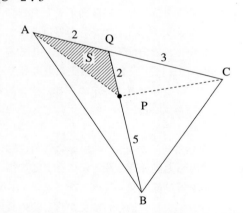

3つの各四面体の高さは，頂点Oから平面ABCまでの距離に等しいから，
(四面体OABP)：(四面体OBCP)：(四面体OCAP)＝△ABP：△BCP：
△CAPとなる。
ここで，$\overrightarrow{BQ} = \frac{7}{5}\overrightarrow{BP}$であるから，

$|\overrightarrow{BP}| : |\overrightarrow{BQ}| = 5 : 7$

よって，$|\overrightarrow{BP}| : |\overrightarrow{PQ}| = 5 : 2$

また，AQ：QC＝2：3であるから，

△APQ＝Sとおくと，

△CPQ＝$\frac{3}{2}S$，　△ABP＝$\frac{5}{2}S$，　△BCP＝$\frac{15}{4}S$

したがって，△CPA＝$\frac{5}{2}S$となり，

△ABP：△BCP：△CAP＝$\frac{5}{2}S$：$\frac{15}{4}S$：$\frac{5}{2}S$＝2：3：2である。

ゆえに，(四面体OABP)：(四面体OBCP)：(四面体OCAP)＝2：3：2

【5】(1)　ア　目的意識　　イ　主体的　　ウ　数学

(2)　○　四角形や五角形などの内角の和を帰納的に調べてきまりを見いだし，その理由を三角形の内角の和が180°であることに基づいて明らかにすること。

○　基本的な分割方法の学習を基にして，多角形を三角形に分割する他の方法を考え，例えば多角形の辺上の1点から各頂点に引いた線分で三角形に分割することから，三角形の内角の和が180°であることを根拠にしてn角形の内角の和を表す式を導く活動に取り組む機会を設けること。さらに，いろいろな分割方法で求められた式を対角線で三角形に分割することで求めた式180°×$(n-2)$と比較し，その関係を明らかにすること。

○　考察の対象を内角から外角にかえて，n角形の外角の和に注目させるなど，課題を発展させる活動場面を設けること。この際，四角形や五角形などの外角の和を帰納的に調べ「どんな多角形でも外角の和は360°になるのではないか」など予想を立ててから，その説明を考えさせること。

〈解説〉解答参照。

【6】(1)　座標に $\sqrt{3}$ が現れているので，まずは30°を含む直角三角形定規をイメージする。次の図の網掛けをつけた三つの直角三角形は，直角をはさむ二辺の長さの比が，$\sqrt{3}$: 1であるから，30°を含む直角三角形である。

　　よって，OA＝2となる。

　　実際に円を作図し，直角三角形の定規を当て，円の半径と直角三角形の辺の長さとの関係をつかませることが大切である。

　　結果の見通しや方法の見通しを生徒一人ひとりにしっかり持たせることも重要である。

　　理解していない生徒に対して，三平方の定理の復習をする配慮が必要である。

　　また，きっかけがつかめない生徒に対しては，三平方の定理を活用すると良いことをアドバイスする配慮が必要である。

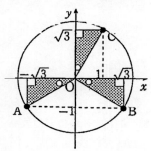

(2)　上の図において，○＝30°であるから，円周角の定理より，

∠ACB＝∠AOB÷2＝(180°−○×2)÷2＝60°

　(1)同様，結果の見通しや方法の見通しを生徒一人ひとりにしっかり持たせることが重要である。

　理解していない生徒に対して，円周角の定理の復習をする配慮が必要である。

　また，点Cが円周上を動く場面を提示したり，中心Oと点Aと点Bと点Cをひもで結び，円周角の定理の活用に気付けるような提示の工夫をしたりすると良い。

　　さらに，$\sqrt{3}$ を1に数値を変えた演習を実施し，(1)や(2)の学んだこ
　とを確実なものとするとともに，本時の学習の振り返りをさせる。
〈解説〉解答参照。

【高等学校】

【１】今回の指導の観点は，
　　＜１＞　K君の解答の正しい部分はきちんと評価すること。
　　＜２＞　誤りの部分を指摘し，その原因を明らかにすること。
　　＜３＞　正答を提示すること。
　　＜４＞　別解や補足事項を提示すること。
　の4つが挙げられる。
　＜１＞について
　『整式A(x)を1次式$x-p$で割ったときの余りはA(p)である』という剰余
　定理を応用した，『整式A(x)を1次式$ax-b$で割ったときの余りはA$\left(\dfrac{b}{a}\right)$
　である』…※
　を用いたいところだが，この問題は商も求めなければならないので，
　組立除法を行うというK君の方針は正しい。
　＜２＞について
　　K君の組立除法で正しく求まっているのは，余りのみである。すな
　わち，K君が行った組立除法は，あくまで整式Aを1次式$x-\dfrac{1}{2}$で割る
　という計算であり，この組立除法の結果を等式で表現すると，
　$2x^3-3x^2+2x-8=\left(x-\dfrac{1}{2}\right)\left(2x^2-2x+1\right)-\dfrac{15}{2}$…①
　ということになる。
　＜３＞について

　　この問題ではB＝$2x-1$で割らなければならないので①の右辺を変形
　して　　$2x^3-3x^2+2x-8=\left(x-\dfrac{1}{2}\right)\left(2x^2-2x+1\right)-\dfrac{15}{2}$
　　　　　　　　　　　　　$=(2x-1)\left(x^2-x+\dfrac{1}{2}\right)-\dfrac{15}{2}$…②
　とすることにより，AをBで割ったときの商と余りを正しく求めること
　ができる。

したがって正解は，商は$x^2-x+\dfrac{1}{2}$，余り$-\dfrac{15}{2}$となる。

<4>について

②から$x-\dfrac{1}{2}$で割っても，$2x-1$で割っても，余りは同じであるということがわかる。この事実は※で一般的に述べられている。

別解として，割り算を直接行うことが考えられる。その場合の計算は以下のようになり，同じ結果を得ることができる。

$$
\begin{array}{r}
x^2-x+\frac{1}{2} \\
2x-1\ \overline{)\ 2x^3-3x^2+2x-8} \\
\underline{2x^3-\ x^2}\qquad\quad \\
-2x^2+2x\quad \\
\underline{\cdot 2x^2+\ x}\quad \\
x-8 \\
\underline{x\ \ \frac{1}{2}} \\
\frac{15}{2}
\end{array}
$$

〈解説〉解答参照。

【2】(1) $a<\dfrac{6}{7}$のとき，$\dfrac{3}{2}a-1\leqq x\leqq\dfrac{a}{3}$ $a=\dfrac{6}{7}$のとき，$x=\dfrac{2}{7}$

$\dfrac{6}{7}<a$のとき，$\dfrac{a}{3}\leqq x\leqq\dfrac{3}{2}a-1$ (2) $a=0$，$2\leqq a<\dfrac{8}{3}$，$3<a<\dfrac{10}{3}$

〈解説〉(1) $6x^2-(11a-6)x+3a^2-2a\leqq0$ ……①

$(3x-a)(2x-3a+2)\leqq0$

ここで$(3x-a)(2x-3a+2)=0$とすると，$x=\dfrac{a}{3}$，$\dfrac{3}{2}a-1$を得る。

また$\dfrac{a}{3}=\dfrac{3}{2}a-1$とすると，$a=\dfrac{6}{7}$とわかる。

このことから，$a<\dfrac{6}{7}$のとき，$\dfrac{3}{2}a-1<\dfrac{a}{3}$ $\dfrac{6}{7}<a$のとき，

$\dfrac{a}{3}<\dfrac{3}{2}a-1$であることがいえる。

したがって，①の解は，

$a<\dfrac{6}{7}$のとき $\dfrac{3}{2}a-1\leqq x\leqq\dfrac{a}{3}$

$a=\dfrac{6}{7}$ のとき　$x=\dfrac{2}{7}$

$\dfrac{6}{7}<a$ のとき　$\dfrac{a}{3}\leqq x\leqq\dfrac{3}{2}a-1$

(2)　$a\geqq0$ において，$x=\dfrac{3}{2}a-1$ 上で，x が整数になっているのは，$a=0$；$x=-1$，$a=\dfrac{2}{3}$；$x=0$，$a=\dfrac{4}{3}$；$x=1$，$a=2$；$x=2$，$a=\dfrac{8}{3}$；$x=3$，$a=\dfrac{10}{3}$；$x=4$，$a=4$；$x=5$，……

また，$x=\dfrac{a}{3}$ 上で，x が整数になっているのは，$a=0$；$x=0$，$a=3$；$x=1$，$a=6$；$x=2$　……　となっているから，図示して考えると，

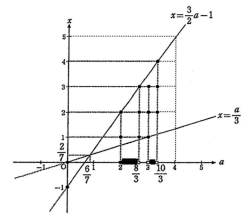

a の値に対し x の整数値がちょうど2つだけ存在するのは，上図の太線部分に対応した範囲および $a=0$ となる。

したがって，求める a の値の範囲は，

$a=0$，$2\leqq a<\dfrac{8}{3}$，$3<a<\dfrac{10}{3}$

【3】 (1) $a_1=1$, $b_1=0$, $a_2=\dfrac{1}{2}$, $b_2=\dfrac{3}{8}$　(2) $a_{n+1}=\dfrac{1}{2}a_n+\dfrac{3}{8}b_n$, b_{n+1}

$=\dfrac{3}{8}a_n+\dfrac{1}{2}b_n$　(3) $a_n=\dfrac{1}{2}\left\{\left(\dfrac{7}{8}\right)^{n-1}+\left(\dfrac{1}{8}\right)^{n-1}\right\}$

(4) $p_n=\dfrac{1}{16}\left\{\left(\dfrac{7}{8}\right)^{n-1}+\left(\dfrac{1}{8}\right)^{n-1}\right\}$　(5) $q_n=\dfrac{4}{7}-\dfrac{1}{2}\left(\dfrac{7}{8}\right)^n-\dfrac{1}{14}\left(\dfrac{1}{8}\right)^n$

〈解説〉(1)　$n=1$のとき，Aは何を取り出してもよいから，$a_1=1$，また，

Bは取り出しを行うことはできないから，$b_1=0$

a_2は，1回目にAが袋から球を取り出しかつ白球である場合だから，

$a_2=\dfrac{4}{8}=\dfrac{1}{2}$

b_2は，1回目にAが袋から球を取り出しかつ赤球である場合だから，

$b_2=\dfrac{3}{8}$

(2)　$n+1$回目にAが袋から球を取り出すのは，n回目にAが袋から球を

取り出しかつ白球である場合，またはn回目にBが袋から球を取り出し

かつ赤球である場合のどちらかであるから，

$a_{n+1}=\dfrac{1}{2}a_n+\dfrac{3}{8}b_n$……①

$n+1$回目にBが袋から球を取り出すのは，n回目にAが袋から球を取り

出しかつ赤球である場合，またはn回目にBが袋から球を取り出しかつ

白球である場合のどちらかであるから，

$b_{n+1}=\dfrac{3}{8}a_n+\dfrac{1}{2}b_n$……②

(3)　①+②から，$a_{n+1}+b_{n+1}=\dfrac{7}{8}(a_n+b_n)$

①-②から，$a_{n+1}-b_{n+1}=\dfrac{1}{8}(a_n-b_n)$

数列$\{a_n+b_n\}$は初項$a_1+b_1=1$，公比$\dfrac{7}{8}$の等比数列，

数列$\{a_n-b_n\}$は初項$a_1-b_1=1$，公比$\dfrac{1}{8}$の等比数列であるから，

$a_n+b_n=\left(\dfrac{7}{8}\right)^{n-1}$, $a_n-b_n=\left(\dfrac{1}{8}\right)^{n-1}$,

各辺を加えて2で割ると，$a_n = \dfrac{1}{2}\left\{\left(\dfrac{7}{8}\right)^{n-1} + \left(\dfrac{1}{8}\right)^{n-1}\right\}$

(4)　n回目でAが勝つのは，n回目にAが袋から青球を取り出す場合であるから，

$p_n = \dfrac{1}{8}a_n = \dfrac{1}{16}\left\{\left(\dfrac{7}{8}\right)^{n-1} + \left(\dfrac{1}{8}\right)^{n-1}\right\}$

(5)　$q_n = \displaystyle\sum_{k=1}^{n} p_k = \dfrac{1}{16}\sum_{k=1}^{n}\left\{\left(\dfrac{7}{8}\right)^{k-1} + \left(\dfrac{1}{8}\right)^{k-1}\right\}$

$= \dfrac{1}{16}\left\{\dfrac{1-\left(\dfrac{7}{8}\right)^{n}}{1-\dfrac{7}{8}} + \dfrac{1-\left(\dfrac{1}{8}\right)^{n}}{1-\dfrac{1}{8}}\right\}$

$= \dfrac{1-\left(\dfrac{7}{8}\right)^{n}}{2} + \dfrac{1-\left(\dfrac{1}{8}\right)^{n}}{14} = \dfrac{1}{14}\left\{8 - 7\left(\dfrac{7}{8}\right)^{n} - \left(\dfrac{1}{8}\right)^{n}\right\}$

$= \dfrac{4}{7} - \dfrac{1}{2}\left(\dfrac{7}{8}\right)^{n} - \dfrac{1}{14}\left(\dfrac{1}{8}\right)^{n}$

【4】(1)　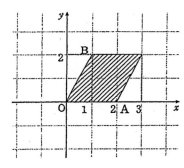　　(2)　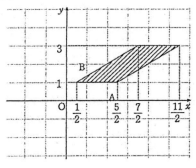

(3)　C(3, 2)

〈解説〉(1)　P(x, y)とおいて，成分計算を行うと，

(x, y)$= s(2, 0) + t(1, 2)$　　これより，$x = 2s + t$，$y = 2t$

これを，s，tに代入して，$0 \leqq \dfrac{x}{2} - \dfrac{y}{4} \leqq 1$，$0 \leqq \dfrac{y}{2} \leqq 1$

ゆえに，$y \leqq 2x$，$y \geqq 2x - 4$，$0 \leqq y \leqq 2$

これを図示すると，次図のようになる。ただし，境界を含む。

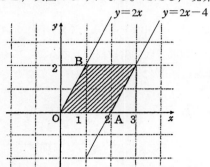

(2)　(1)と同様に，Q(x, y)とおいて，成分計算を行うと，

$(x, y)=(s+t)(2, 0)+\left(t+\dfrac{1}{2}\right)(1, 2)$

これより，$x=2s+3t+\dfrac{1}{2}$, $y=2t+1$　　これを，s, tについて出てきた，$s=\dfrac{x}{2}-\dfrac{3y}{4}+\dfrac{1}{2}$, $t=\dfrac{y}{2}-\dfrac{1}{2}$を，$0\leqq s\leqq 1$, $0\leqq t\leqq 1$に代入して，

$0\leqq \dfrac{x}{2}-\dfrac{3y}{4}+\dfrac{1}{2}\leqq 1$, $0\leqq \dfrac{y}{2}-\dfrac{1}{2}\leqq 1$

ゆえに，$y\leqq \dfrac{2}{3}x+\dfrac{2}{3}$, $y\geqq \dfrac{2}{3}x-\dfrac{2}{3}$, $1\leqq y\leqq 3$

これを図示すると，次図で境界を含む。

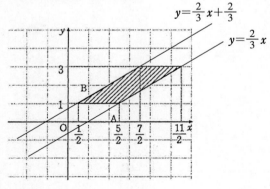

《参考》または，直接に，

123

$$\overrightarrow{OQ} = (s+t)\overrightarrow{OA} + \left(t+\frac{1}{2}\right)\overrightarrow{OB},\ 0\leqq s\leqq 1,\ 0\leqq t\leqq 1$$

$$\Leftrightarrow\quad \overrightarrow{OQ} = s\overrightarrow{OA} + t(\overrightarrow{OA}+\overrightarrow{OB}) + \frac{1}{2}\overrightarrow{OB},\ 0\leqq s\leqq 1,\ 0\leqq t\leqq 1$$

として，点Qの存在範囲は図の斜線部分であるとしてもよい。

(3)　図(2)の平行四辺形Fの2つの対角線をRとしたとき，点Rを通る任意の直線によって，図形Fは二等分される。したがって，求める点Cの座標は，(3，2)となる。

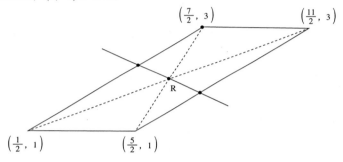

【5】(1)　$\dfrac{dy}{dx} = \dfrac{1+\cos t}{\sin t}(t\neq 0,\ \pi,\ 2\pi)$　　　$\displaystyle\lim_{t\to\pi-0}\dfrac{dy}{dx}=0$

$\displaystyle\lim_{t\to+0}=0$　　$\displaystyle\lim_{t\to+0}\dfrac{dy}{dx}=+\infty$　　$\displaystyle\lim_{t\to 2\pi-0}\dfrac{dy}{dx}=-\infty$

(2)　$\dfrac{d^2y}{dx^2} = \dfrac{-1+\cos t}{\sin^3 t}(t\neq 0,\ \pi,\ 2\pi)$

(3)

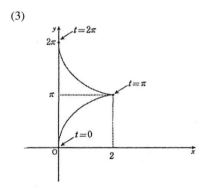

(4)　$V=\pi^2$

〈解説〉(1)　$\dfrac{dx}{dy}=\sin t,\ \dfrac{dy}{dt}=1+\cos t$

ゆえに，$\dfrac{dy}{dx}=\dfrac{1+\cos t}{\sin t}(t\neq0,\ \pi,\ 2\pi)$

$$\lim_{t\to\pi-0}\frac{dy}{dx}=\lim_{t\to\pi-0}\frac{1+\cos t}{\sin t}$$

$$=\lim_{t\to\pi-0}\frac{(1+\cos t)(1-\cos t)}{\sin t(1-\cos t)}$$

$$=\lim_{t\to\pi-0}\frac{\sin t}{1-\cos t}=0$$

$$\lim_{t\to\pi+0}\frac{dy}{dx}=\lim_{t\to\pi+0}\frac{1+\cos t}{\sin t}=\lim_{t\to\pi+0}\frac{\sin t}{1-\cos t}=0$$

$$\lim_{t\to+0}\frac{dy}{dx}=\lim_{t\to+0}\frac{1+\cos t}{\sin t}=+\infty$$

$$\lim_{t\to2\pi-0}\frac{dy}{dx}=\lim_{t\to2\pi-0}\frac{1+\cos t}{\sin t}=-\infty$$

(2)　$\dfrac{d^2y}{dx^2}=\dfrac{d}{dx}\left(\dfrac{dy}{dx}\right)=\dfrac{d}{dt}\left(\dfrac{dy}{dx}\right)\dfrac{dt}{dx}=\dfrac{d}{dt}\left(\dfrac{dy}{dx}\right)\dfrac{1}{\dfrac{dx}{dt}}=\dfrac{d}{dt}\left(\dfrac{1+\cos t}{\sin t}\right)\cdot\dfrac{1}{\sin t}$

$$=\frac{-\sin t\cdot\sin t-(1+\cos t)\cos t}{\sin^2t}\cdot\frac{1}{\sin t}$$

$$=\frac{-\sin^2t-\cos t-\cos^2t}{\sin^2t}\cdot\frac{1}{\sin t}$$

$$=-\frac{1+\cos t}{\sin^3t}\ (t\neq0,\ \pi,\ 2\pi)$$

$0<t<\pi$ のとき $\dfrac{d^2y}{dx^2}<0$ だから，曲線は上に凸であり，

$\pi<t<2\pi$ のとき $\dfrac{d^2y}{dx^2}>0$ だから，曲線は下に凸である。

したがって，以下の表より，

t	0	⋯	π	⋯	2π
$\dfrac{dx}{dt}$		$+$	0	$-$	
x	0	→	2	←	0
$\dfrac{dy}{dt}$		$+$	0	$+$	
y	0	↑	π	↑	2π

よって，曲線Cの概形は解答の図のようになる。

(4) (3)の結果より，$V=\displaystyle\int_0^{2\pi}\pi x^2 dy$を求める。

ここで，$y=t+\sin t$より，$dy=(1+\cos t)dt$

また，yとtの対応は次表のようになる。

y	$0 \to 2\pi$
t	$0 \to 2\pi$

$\therefore V = \pi \displaystyle\int_0^{2\pi}(1-\cos t)^2(1+\cos t)dt$

$= \pi \displaystyle\int_0^{2\pi}(1-\cos^2 t)(1-\cos t)dt$

$= \pi \displaystyle\int_0^{2\pi}\sin^2 t(1-\cos t)dt$

$= \pi \displaystyle\int_0^{2\pi}(\sin^2 t-\sin^2 t\cos t)dt$

$= \pi \displaystyle\int_0^{2\pi}\left\{\dfrac{1-\cos 2t}{2}-\sin^2 t(\sin t)'\right\}dt$

$= \pi \left[\dfrac{1}{2}t-\dfrac{1}{4}\sin 2t-\dfrac{1}{3}\sin^3 t\right]_0^{2\pi} = \pi \cdot \dfrac{1}{2} \cdot 2\pi = \pi^2$

2014年度　実施問題

【中学校】

【1】実数の定数a，bに対して，連立方程式

$$x+y=a, \quad xy=b \quad \cdots\cdots①$$

を考える。

(1) 連立方程式①が実数解をもつための，定数a，bについての条件を求めなさい。

(2) 連立方程式①が実数解(x, y)をもち，かつそれが不等式$x^3+y^3 \leqq 2xy-3x^2y-3xy^2$をを満たす。このとき，定数$a$，$b$の満たす条件を求め，点$(a, b)$全体が表す領域$D$の面積を求めなさい。

(☆☆☆◎◎)

【2】初項がa_1で，公差dが整数である等差数列$\{a_n\}$が，2つの条件

(A) $a_3+a_5+a_7=99$

(B) $a_n>100$となる最小のnは15である。

を満たすとする。このとき次の問いに答えなさい。

(1) 公差dと初項a_1を求めなさい。

(2) $\sum_{i=1}^{n} a_i>2013$となる最小のnの値を求めなさい。

(☆☆☆◎◎◎)

【3】1から10までの数字が1つずつ書いてあるカードが，それぞれ1枚ずつ合計10枚ある。

この中から3枚のカードを取り出し，書かれた3つの数字を小さい方から順にA，B，Cとする。

(1) 考えられるA，B，Cの組の総数を求めなさい。

(2) A，B，Cが全て偶数である確率を求めなさい。

(3) A，B，Cが連続した数字である確率を求めなさい。

（4） A＝4 である確率を求めなさい。

（5） Aの期待値(平均値)を求めなさい。

(☆☆☆☆◎◎◎◎)

【4】 四面体OABCにおいて，$|\overrightarrow{OA}|=3$，$|\overrightarrow{OB}|=|\overrightarrow{OC}|=1$，∠BOC＝∠BOA＝60°とする。

辺OBの中点をMとし，線分CM上の点C，点M以外のところに点Pをとる。また，$\overrightarrow{OA}=\overrightarrow{a}$，$\overrightarrow{OB}=\overrightarrow{b}$，$\overrightarrow{OC}=\overrightarrow{c}$ とおく。

（1） AP⊥CMのとき，cos∠AOCのとりうる値の範囲を求めなさい。

（2） AP⊥CMかつCP：PM＝3：1となるとき，線分ACの長さを求めなさい。

(☆☆☆◎◎◎)

【5】 次の文は，中学校学習指導要領(平成20年3月告示)第3節 第1「数学の目標」について書かれたものである。①～③に当てはまる語句を入れなさい。

数学的活動を通して，数量や図形などに関する基礎的な概念や原理・法則についての理解を深め，（ ① ）の仕方を習得し，事象を数理的に考察し（ ② ）を高めるとともに，数学的活動の楽しさや（ ③ ）を実感し，それらを活用して考えたり判断したりしようとする態度を育てる。

(☆☆☆◎◎◎◎)

【6】 中学校3年生で実施している，全国学力・学習状況調査の結果から，球や円柱・円錐の体積を求めることに課題が見られた。

そこで，第1学年で学習する際，この課題に対する生徒の定着度を高めるために，数学的活動を取り入れた授業を工夫したい。

数学的活動の指導に当たっての配慮事項として

①数学的活動の楽しみ，数学を学習することの意義や必要性を実感すること

128

②見通しをもって数学的活動に取り組み，振り返ること
③数学的活動の成果を共有すること
が考えられるが，①〜③のいずれに配慮したのかを明確にした上で，具体的な学習指導の実践例を挙げなさい。また，その際の指導のポイントも述べなさい。

(☆☆☆☆☆◎◎◎◎)

【7】中学校3年生の三平方の定理を学習した後に，発展学習として次のような問題を解くことにした。

半径2cmの円を底面とする高さ10πcmの円柱がある。この円柱の上と下の底面の円周上にそれぞれ点Aと点Bを，直線ABが底面と垂直になるようにとる。
次の図のように，点Aから円柱を10周して点Bまで，表面上にひもをかけた。ひもが最も短くなるとき，その長さを求めなさい。

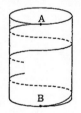

この問題を中学校3年生に分かるように解説したい。解説する内容を適切な図や用語，記号等を用い，授業で板書するつもりで分かりやすく書きなさい。

(☆☆☆☆◎◎◎)

【高等学校】

【１】高校2年生の生徒が問題Aについて次のように解答した。この解答の誤りを訂正し，生徒に対してどのように指導するか，答えなさい。ただし，解答の訂正に当たっては訂正箇所だけではなく，解答全てを記述しなさい。

　　問題A

　　　$x>0$，$y>0$のとき，次の式の最小値を求めなさい。

$$(3x+2y)\left(\frac{3}{x}+\frac{2}{y}\right)$$

[生徒の解答]

$x>0$，$y>0$より

$3x>0$，$2y>0$であるから，相加平均・相乗平均の関係より

$3x+2y\geqq2\sqrt{6xy}$　…①

また，$\frac{3}{x}>0$，$\frac{2}{y}>0$であるから，相加平均・相乗平均の関係より

$\frac{3}{x}+\frac{2}{y}\geqq2\sqrt{\frac{6}{xy}}$　…②

①②の辺同士をかけて

$(3x+2y)\left(\frac{3}{x}+\frac{2}{y}\right)\geqq2\sqrt{6xy}\cdot2\sqrt{\frac{6}{xy}}=24$

よって，求める解答は24である。

（☆☆☆☆◎◎◎◎）

【２】空間の点Pはさいころ投げの目の出方によって，次のように移動する。

　　　座標(x, y, z)の位置にある点Pは

　　　1，2の目が出たら，座標$(x+1, y, z)$に，

　　　3，4の目が出たら，座標$(x, y+1, z)$に，

　　　5，6の目が出たら，座標$(x, y, z+1)$に移動する。

　　　点Pははじめ，原点にあり，Pの座標が，$x=2$または$y=3$または$z=3$となるとき，さいころ投げを終了する。次の問いに答えなさい。

ただし，さいころの目の出方は同様に確からしいとする。

(1) Pの座標が(2，1，0)になり，さいころ投げが終了したときの確率を求めなさい。

(2) さいころ投げを3回行って終了する確率を求めなさい。

(3) さいころ投げを終了したとき，Pのx座標が0である確率を求めなさい。

(4) さいころ投げを終了したとき，Pの座標が(1，3，2)である確率を求めなさい。

(5) さいころ投げを終了したとき，Pのy座標が3である確率を求めなさい。

(☆☆☆☆◎◎◎)

【3】自然数nに対して，$(1+\sqrt{3})^n = a_n + \sqrt{3}\, b_n$が成り立つように整数の列$\{a_n\}\{b_n\}$が与えられている。次の問いに答えなさい。

(1) a_{n+1}とb_{n+1}をa_nとb_nで表しなさい。

(2) $a_n^2 - 3b_n^2 = (-2)^n$（nは自然数）が成り立つことを示しなさい。

(3) nが奇数のとき，$(1+\sqrt{3})^n$の整数部分は偶数であることを示しなさい。

(☆☆☆☆◎◎◎◎)

【4】xyz-座標空間内の点

A (0, 0, 1), B (1, 0, 1), C (1, 1, 1),

D (0, 1, 1), O (0, 0, 0), F (1, 0, 0),

G (1, 1, 0), H (0, 1, 0)

を頂点とする1辺の長さが1の立方体を考える。辺DH上に点Pを，辺CG上に点Qを，AP＋PQ＋QFが最小となるようにとる。

次の問いに答えなさい。

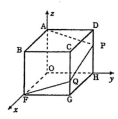

(1)　AP＋PQ＋QFの最小値と，P，Qの座標を求めなさい。

(2)　線分AP上の点をTとし，$\overrightarrow{AT}=t\,\overrightarrow{AP}$ $(0\leqq t\leqq 1)$とおく。線分QF上の点をRとし，$\overrightarrow{QR}=r\,\overrightarrow{QF}$ $(0\leqq r\leqq 1)$とおく。

このとき，$\overrightarrow{OT}$ をtを用いた成分で，$\overrightarrow{OR}$ をrを用いた成分で，それぞれ表しなさい。

(3)　(2)のとき，線分TRを1：2に内分する点をS′とする。t，rが$0\leqq t\leqq 1$，$0\leqq r\leqq 1$の範囲で変化するとき，S′が描く図形の面積を求めなさい。

(☆☆☆☆◎◎◎)

【5】xy平面上の2つの曲線$C_1：y=\dfrac{\log x}{x}$と$C_2：y=ax^3$について，次の問いに答えなさい。ただし，aは正の定数とする。

(1)　曲線$C_1：y=\dfrac{\log x}{x}$において，極値，変曲点，漸近線を求めなさい。また，C_1のグラフの概形をかきなさい。ただし，$\displaystyle\lim_{x\to\infty}\dfrac{\log x}{x}=0$は用いてよいものとする。

(2)　2つの曲線C_1とC_2は点Pで共有し，点Pにおいて共通の接線をもつとする。点Pのx座標をpとおくとき，pとaの値を求めなさい。

(3)　(2)のとき，C_1，C_2およびx軸で囲まれる部分の面積をS_1とし，C_1，C_2および直線$x=p^2$で囲まれる部分の面積をS_2とする。このとき，$\dfrac{S_2}{S_1}$の値を求めなさい。

(☆☆☆☆◎◎◎◎)

解答・解説

【中学校】

【 1 】 (1)　$a^2-4b\geqq0$　　(2)　条件…$b\leqq\dfrac{1}{4}a^2$ かつ $b\geqq\dfrac{1}{2}a^3$

面積…定まらない。

〈解説〉(1)　x, y を解にもつ t の2次方程式は，$t^2-at+b=0$ である。この2

次方程式の判別式を D とすると，x, y が実数であるための条件は $D\geqq0$

であるから，$D=(-a)^2-4b=a_2-4b\geqq0$

(2)　$x^3+y^3\leqq2xy-3x^2y-3xy^2$ より，$(x+y)^3-2xy\leqq0$　　$a^3-2b\leqq0$

(1)の条件と合わせて，$a^2-4b\geqq0$　　かつ　　$a^3-2b\leqq0$

すなわち，$b\leqq\dfrac{1}{4}a^2$　かつ　$b\geqq\dfrac{1}{2}a^3$

$\dfrac{1}{4}a^2=\dfrac{1}{2}a^3$ を解くと，$a^2(2a-1)=0$　　$a=0$, $\dfrac{1}{2}$　よって，領域 D は

図の斜線部分である。ただし，境界線上の点を含む。したがって，領

域 D の面積は定まらない。

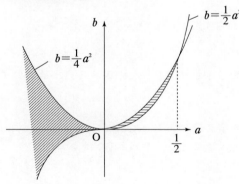

133

【2】(1)　$d=7$, $a_1=5$　(2)　$n=24$

〈解説〉(1)　$a_n=a_1+(n-1)d$　(A)より，$a_1+2d+a_1+4d+a_1+6d=99$

$3a_1+12d=99$　$a_1+4d=33$　…①　(B)より，$a_{15}>100$

$a_1+14d>100$　…②　①，②より，$(33-4d)+14d>100$　$10d>67$

$d>6.7$　…③　よって，$d>0$であるから，$\{a_n\}$は単調増加である。

そこで，(B)より，$a_{14}\leqq100$　$a_1+13d\leqq100$　…④　①，④より，

$(33-4d)+13d\leqq100$　$9d\leqq67$　$d\leqq7.4\cdots$　…⑤　④，⑤より，

$6.7<d\leqq7.4$　dは整数より，$d=7$　このとき，①より，$a_1+4\cdot7=33$

$a_1=5$

(2)　$\{a_n\}$は初項5，公差7の等差数列より，

$\displaystyle\sum_{i=1}^{n}a_i=\frac{n\{2\cdot5+(n-1\cdot7)\}}{2}=\frac{n(7n+3)}{2}$　これはnに関して単調増加であり，さらに，$\dfrac{23(7\cdot23+3)}{2}=1886$, $\dfrac{24(7\cdot24+3)}{2}=2052$ であることより，$n=24$

【3】(1)　120　(2)　$\dfrac{1}{12}$　(3)　$\dfrac{1}{15}$　(4)　$\dfrac{1}{8}$　(5)　$\dfrac{11}{4}$

〈解説〉(1)　10枚のカードから3枚取り出す組合せの総数であるから，

$_{10}C_3=\dfrac{10\cdot9\cdot8}{3\cdot2\cdot1}=120$

(2)　偶数が書いてあるカードは全部で5枚あるから，求める確率

は，$\dfrac{_5C_3}{_{10}C_3}=\dfrac{10}{120}=\dfrac{1}{12}$

(3)　A，B，Cが連続した数字となるのは，(A, B, C)=(1, 2, 3), (2, 3, 4), …, (8, 9, 10)の8通りあるから，求める確率は，

$\dfrac{8}{_{10}C_3}=\dfrac{8}{120}=\dfrac{1}{15}$

(4)　A=4となるのは，4のカードと5以上のカードを2枚取り出す場合であるから，求める確率は，5以上のカードは6枚あるので，

$\dfrac{1\times_6C_2}{_{10}C_3}=\dfrac{1\times15}{120}=\dfrac{1}{8}$

(5)　A=kとすると，$1\leqq k\leqq8$　A=kとなるのは，kのカードと$(k+1)$

以上のカードを2枚取り出す場合であるから，その確率は，

$$\frac{1 \times {}_{10-k}C_2}{{}_{10}C_3} = \frac{{}_{10-k}C_2}{120} \qquad \text{よって，Aの期待値は，}$$

$$\sum_{k=1}^{8} k \cdot \frac{{}_{10-k}C_2}{120} = \frac{1}{120}(1 \cdot {}_9C_2 + 2 \cdot {}_8C_2 + 3 \cdot {}_7C_2 + 4 \cdot {}_6C_2 + 5 \cdot {}_5C_2 + 6 \cdot$$

$${}_4C_2 + 7 \cdot {}_3C_2 + 8 \cdot {}_2C_2) = \frac{1}{120}(1 \cdot 36 + 2 \cdot 28 + 3 \cdot 21 + 4 \cdot 15 + 5 \cdot 10 + 6 \cdot$$

$$6 + 7 \cdot 3 + 8 \cdot 1) = \frac{330}{120} = \frac{11}{4}$$

【4】 (1) $\dfrac{1}{4} < \cos\angle AOC < \dfrac{1}{2}$ (2) $\dfrac{\sqrt{130}}{4}$

〈解説〉 (1) 条件より，$\vec{a} \cdot \vec{b} = |\vec{a}||\vec{b}|\cos 60° = 3 \cdot 1 \cdot \dfrac{1}{2} = \dfrac{3}{2}$,

$\vec{b} \cdot \vec{c} = |\vec{b}||\vec{c}|\cos 60° = 1 \cdot 1 \cdot \dfrac{1}{2} = \dfrac{1}{2}$,

$\vec{c} \cdot \vec{a} = |\vec{c}||\vec{a}|\cos \angle AOC = 1 \cdot 3\cos\angle AOC = 3\cos\angle AOC$

AP⊥CMのとき，$\overrightarrow{AP} \cdot \overrightarrow{CM} = 0$

実数 t を用いて，$\overrightarrow{OP} = \dfrac{t}{2}\vec{b} + (1-t)\vec{c}$ と表すと，

$\overrightarrow{AP} \cdot \overrightarrow{CM} = (\overrightarrow{OP} - \vec{a}) \cdot (\overrightarrow{OM} - \vec{c})$

$= \left\{ \dfrac{t}{2}\vec{b} + (1-t)\vec{c} - \vec{a} \right\} \cdot \left(\dfrac{1}{2}\vec{b} - \vec{c} \right)$

$= \dfrac{t}{4}|\vec{b}|^2 + \dfrac{1-2t}{2}\vec{b} \cdot \vec{c} - (1-t)|\vec{c}|^2 - \dfrac{1}{2}\vec{a} \cdot \vec{b} + \vec{a} \cdot \vec{c}$

$= \dfrac{t}{4} + \dfrac{1-2t}{4} - (1-t) - \dfrac{3}{4} + 3\cos\angle AOC$

$= \dfrac{3}{4}t - \dfrac{3}{2} + 3\cos\angle AOC = 0$

$\cos\angle AOC = \dfrac{2-t}{4}$ 点Pは線分CM上(両端を除く)にあるから，

$0 < t < 1$ よって，$\dfrac{1}{4} < \cos\angle AOC < \dfrac{1}{2}$

(2) $t = \dfrac{3}{4}$ であるから，$\cos\angle AOC = \dfrac{2 - \dfrac{3}{4}}{4} = \dfrac{5}{16}$

$$|\overrightarrow{AC}|^2=3^2+1^2-2\cdot3\cdot1\cos\angle AOC=9+1-6\cdot\frac{5}{16}=\frac{65}{8}$$

よって，$|\overrightarrow{AC}|=\sqrt{\dfrac{65}{8}}=\dfrac{\sqrt{130}}{4}$

【5】①　数学的な表現や処理　　②　表現する能力　　③　数学のよさ
〈解説〉学習指導要領の教科の目標は基本中の基本なので，全文を覚える
　　必要がある。自分で空欄を設けるなどして，重要な用語を理解するよ
　　うにすると，より効果的であろう。

【6】①　生徒が数学的活動それ自体に楽しみを見いだしたり自分自身の
　　知的成長を楽しみに数学的活動に主体的に取り組んだりできるように
　　なり，学習の状況に応じて自分なりに自信を持って遂行できるように
　　することが大切である。
　　　指導のポイントとして，数学的活動を楽しめるようにするとともに，
　　数学を学習することの意義や数学の必要性などを実感する機会を設け
　　ること。具体的には，半径が同じ円柱や円錐，球の模型を使い，色の
　　付いた水や発泡スチロール，ビーズなどを使って，量感をつかませる
　　活動を取り入れる。
　　　指導に当たっては，球の体積は，それがぴったり入る円柱の体積と
　　の関係を予想し，その予想が正しいかどうかを模型を用いたり，実験
　　による測定を行ったりして確かめるなど，実感を伴って理解できるよ
　　うな場面を設定することが考えられる。例えば，半球形の容器に入っ
　　た水を，それがぴったり入る円柱の容器に移す方法がある。逆に円柱
　　の容器に入った水を半球形の容器に移したりする，双方向の操作を行
　　うことを通して理解を深めることになることも考えられる。
　　　また，球がぴったり入る円柱，その球，底面が円柱の底面と合同で
　　高さが等しい円錐のそれぞれの体積の比が，3：2：1になっているこ
　　とを実験や公式から捉え，理解を深められるようにすることが考えら
　　れる。
　　②　見通しをもって活動に取り組み，振り返り，導いた結果について

は，たとえそれが期待していたものとは異なっていても，自らの活動を評価することにより，よりよいものに改めていくためのきっかけや新しい課題を得ることができる機会を設定する。

　指導のボィントとして，空間図形の学習では，身の回りにあるものや模型などを用いた観察，操作活動や実験を通して，空間図形に対する直感的な見方や考え方を深めることが大切である。更に，体積の求め方や公式を，単に覚えるだけではなく，実感を伴って理解できるようにすることも大切である。

　指導に当たっては，小学校で学習した直方体の体積を求める公式から類推して，角柱や円柱など柱体の体積を求める公式を導くことが考えられる。小学校では(直方体の体積)＝(縦)×(横)×(高さ)であることを学習している。その際，単位体積の立方体をきちんと敷き詰めた1段分の個数を(縦)×(横)，その段の個数を(高さ)でそれぞれ表すことができることについて理解している。これらのことを踏まえ，(縦)×(横)を(底面積)とみて，(直方体の体積)を(底面積)×(高さ)であるととらえ直す。このことを基に一般化し，すべての柱体の体積を求める公式が(柱体の体積)＝(底面積)×(高さ)とまとめられることを理解できるようにすることが大切である。その上で，公式を適切に用いて体積を求めることができるようにする。

③　過程を振り返り，生徒間で成果を共有する機会を設ける。例えば結果だけを重視するのではなく，その過程を振り返り，自分なりに考えたことや苦労したこと，結果そのものは間違いであったとしても課題を追究して感じた成就感などを体験させることが大切である。

　指導のポイントとして，自ら課題を見いだし，解決するための構想を立て，実践し，その結果を評価・改善する機会を設けること。具体的には，グループで課題を追究する事を通して自分の考えを練り上げたり表現したりする。また，全体の発表の場で他者の考えを聞くことで，自分の考えと比較したり，新たな考えを知ることができる。また，数学的活動の過程を振り返り，レポートにまとめ発表することなどを通して，その成果を共有する機会を設けること。具体的には，ノート

や模造紙などに自分や班の考えをまとめることを通して学んだことを振り返り，確かな学力を身につけさせる。

　　指導に当たっては，「台形の回転体の体積を求める」といった発展的な繰題を設定し，見取り図や回転体の様子から，立体をイメージさせ，体積を求めるために必要な長さを見つけさせる。「各自で考える」「同じ回転軸を選んだ生徒同士でグループ協議」「違った軸ができた立体の生徒との意見交換」「複雑な立体の体積の求め方の共通点を見つける」といった授業展開を実践し，学び合いを通して，考えを練り上げ，いろいろな方法を理解させる。その中で，〇画用紙で作った図形を用意し，実際に回転させて観察させる。(コンピュータを活用しても良い)　〇見取り図をかき込み，イメージを持たせ，1回転させてできる立体が，円柱や円錐などの立体であることを確認する。〇立体の模型を提示し，形をイメージしやすくさせる。など思考が深まる工夫を実践する。更に，長期休業を利用して「回転体の体積について」様々な数学的活動の過程を振り返り，授業中に学んだことや新たに気づいたことや発見したことなどをレポートにまとめ数学コーナーに掲示し，生徒間で成果を共有する機会を設ける。

〈解説〉解答参照。

【7】側面をABで切り広げる。ひもの長さが最短となるのは，展開図において直線であることに気づき，それを活用することが重要である。このとき，ひもはABと等間隔に9回交わり，10回目に点Aに到達する。その交点を下の図のように，点Pに近い方から順にP_1，P_2，…，P_9とする。等間隔になっているので，それぞれの長さについては，

$BP_1 = P_1P_2 = P_2P_3 = \cdots = P_9A$となる。

よって，$P_1B = \dfrac{AB}{10} = \dfrac{10\pi}{10} = \pi$〔cm〕

したがって，三平方の定理を使うと，

$BP_1' = \sqrt{(P_1B)^2 + (P_1P_1')^2} = \sqrt{\pi^2 + (4\pi)^2} = \sqrt{17}\pi$〔cm〕

ひもの最短の長さはこれらをすべてたしたものになるので，

$BP_1' + P_1P_2' + \cdots + P_9A' = 10 \cdot BP_1' = 10\sqrt{17}\pi$〔cm〕

よって，ひもの長さは$10\sqrt{17}\pi$ cmとなる。

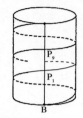 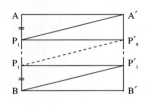

〈解説〉解答参照。

【高等学校】

【1】(解答の訂正)　与式$=9+\dfrac{6x}{y}+\dfrac{6y}{x}+4=\dfrac{6x}{y}+\dfrac{6y}{x}+13$　ここで，$x>0$，$y>0$より，$\dfrac{6x}{y}>0$，$\dfrac{6y}{x}>0$であるから，相加平均・相乗平均の関係より，$\dfrac{6x}{y}+\dfrac{6y}{x}\geqq2\sqrt{\dfrac{6x}{y}\cdot\dfrac{6y}{x}}=12$　ただし，等式成立条件は$\dfrac{6x}{y}=\dfrac{6y}{x}$から，$x=y$である。よって，与式$=\dfrac{6x}{y}+\dfrac{6y}{x}+13\geqq12+13=25$　等号成立は$x=y$のとき　したがって，最小値は25　$(x=y$のとき$)$

(指導)　①の等号成立条件は$3x=2y$であり，②の等号成立条件は$2x=3y$である。これらをともに満たす正の数x，yは存在しないので，この解答は間違っていることを指導する。一般に，等号を含んだ不等式を複数使う場合は，等号成立条件をともに満たすことを確認できれば，そのまま使うことができる。今回の場合は，ともに満たす等号成立条件はないので，展開して解くよう指導する。

〈解説〉解答参照。

【2】(1)　$\dfrac{2}{27}$　　(2)　$\dfrac{2}{9}$　　(3)　$\dfrac{16}{81}$　　(4)　$\dfrac{10}{243}$　　(5)　$\dfrac{55}{243}$

〈解説〉x方向に1進むことをg_x，y方向に1進むことをg_y，z方向に1進むことをg_zで表す。

(1)　点Pが(2，1，0)に到達する1つ前の座標は(1，1，0)であるから，g_x，g_yの順序を考えて，${}_2C_1\left(\frac{1}{3}\right)^1\left(\frac{1}{3}\right)^1\times\frac{1}{3}=\frac{2}{27}$

(2)　(ア)　(0，3，0)で終了するとき，$\left(\frac{1}{3}\right)^3=\frac{1}{27}$　(イ)　(0，0，3)で終了するとき，$\left(\frac{1}{3}\right)^3=\frac{1}{27}$　(ウ)　(2，1，0)で終了するとき，(1)より$\frac{2}{27}$

(エ)　(2，0，1)で終了するとき，(ウ)と同様に，$\frac{2}{27}$

(ア)～(エ)より，$\frac{1}{27}+\frac{1}{27}+\frac{2}{27}+\frac{2}{27}=\frac{6}{27}=\frac{2}{9}$

(3)　$x=0$，$y=3$の点で終了する場合を考える。(ア)　(0，3，0)で終了するとき，$\left(\frac{1}{3}\right)^3=\frac{1}{27}$　(イ)　(0，3，1)で終了するとき，1つ前の座標は(0，2，1)であるから，g_y，g_zの順序を考えて，${}_3C_2\left(\frac{1}{3}\right)^2\left(\frac{1}{3}\right)^1\times\frac{1}{3}$

$=\frac{1}{27}$　(ウ)　(0，3，2)で終了するとき，1つ前の座標は(0，2，2)であるから，g_y，g_zの順序を考えて，${}_4C_2\left(\frac{1}{3}\right)^2\left(\frac{1}{3}\right)^2\times\frac{1}{3}=\frac{2}{81}$

(ア)～(ウ)より，$\frac{1}{27}+\frac{1}{27}+\frac{2}{81}=\frac{8}{81}$　$x=0$，$z=3$の点で終了する場合も同じであるから，求める確率は，$\frac{8}{81}\times2=\frac{16}{81}$

(4)　1つ前の座標は(1，2，2)であるから，g_x，g_y，g_zの順序を考えて，${}_5C_1\cdot{}_4C_2\left(\frac{1}{3}\right)^1\left(\frac{1}{3}\right)^2\left(\frac{1}{3}\right)^2\times\frac{1}{3}=\frac{10}{243}$

(5)　(ア)　(1，3，0)で終了するとき，(3)(イ)と同様に，$\frac{1}{27}$

(イ)　(1，3，1)で終了するとき，1つ前の座標は(1，2，1)であるから，g_x，g_y，g_zの順序を考えて，${}_4C_1\cdot{}_3C_2\left(\frac{1}{3}\right)^1\left(\frac{1}{3}\right)^2\left(\frac{1}{3}\right)\times\frac{1}{3}=\frac{4}{81}$

(ウ)　(1，3，2)で終了するとき，(4)より，$\frac{10}{243}$　(エ)　(0，3，X)

(X=0，1，2)で終了するとき，(3)より，$\frac{8}{81}$　(ア)～(エ)より，$\frac{1}{27}+\frac{4}{81}$

$+\frac{10}{243}+\frac{8}{81}=\frac{55}{243}$

【3】(1) $a_{n+1}=a_n+3b_n,\ b_{n+1}=a_n+b_n$

(2) $a_n^2-3b_n^2=(-2)^n$ (nは自然数) …①を数学的帰納法で証明する。

[Ⅰ] $n=1$のとき $a_1=1,\ b_1=1$より，(左辺)$=a_1^2-3b_1^2=1^2-3\cdot1^2$
$=-2=$(右辺) よって，①は成り立つ。

[Ⅱ] $n=k$のとき ①が成り立つと仮定すると，$a_k^2-3b_k^2=(-2)^k$
$n=k+1$のとき，(1)より，$a_{k+1}^2-3b_{k+1}^2=(a_k+3b_k)^2-3(a_k+b_k)^2=-2(a_k^2-$
$3b_k^2)=-2(-2)^k=(-2)^{k+1}$ よって，$n=k+1$のときも①は成り立つ。

[Ⅰ]，[Ⅱ]より，$a_n^2-3b_n^2=(-2)^n$ (nは自然数)は成り立つ。

(3) (2)の結果より，$(a_n+\sqrt{3}\,b_n)(a_n-\sqrt{3}\,b_n)=(a_n^2-3b_n^2)=(-2)^n=$
$(1+\sqrt{3}\,)^n(1-\sqrt{3}\,)^n$であり，$a_n+\sqrt{3}\,b_n=(1+\sqrt{3}\,)^n$なので，$a_n-\sqrt{3}\,b_n$
$=(1-\sqrt{3}\,)^n$が成り立つ。したがって，$(1+\sqrt{3}\,)^n+(1-\sqrt{3}\,)^n=2a_n$
$(1+\sqrt{3}\,)^n=2a_n-(1-\sqrt{3}\,)^n$ nが奇数のとき，$(1+\sqrt{3}\,)^n=2a_n-$
$\{-(\sqrt{3}\,-1)\}^n=2a_n-(-1)^n(\sqrt{3}\,-1)^n=2a_n+(\sqrt{3}\,-1)^n$

ここで，$0<\sqrt{3}\,-1<1$なので，$(1+\sqrt{3}\,)^n$の整数部分は$2a_n$である。
a_nは整数より$2a_n$は偶数であるから，題意は示された。

〈解説〉(1) $a_{n+1}+\sqrt{3}\,b_{n+1}=(1+\sqrt{3}\,)^{n+1}=(1+\sqrt{3}\,)^n(1+\sqrt{3}\,)=(a_n+\sqrt{3}$
$b_n)(1+\sqrt{3}\,)=(a_n+3b_n)+\sqrt{3}\,(a_n+b_n)$ ここで，$a_n,\ b_n$は整数より，
$a_n+3b_n,\ a_n+b_n$はともに整数であり，$\sqrt{3}$ は無理数であるから，$a_{n+1}=$
$a_n+3b_n,\ b_{n+1}=a_n+b_n$

(2)(3) 解答参照。

【4】(1) 最小値$\sqrt{10}$，$P\left(0,\ 1,\ \dfrac{2}{3}\right)$，$Q\left(1,\ 1,\ \dfrac{1}{3}\right)$

(2) $\overrightarrow{OT}=\left(0,\ t,\ 1-\dfrac{1}{3}t\right)$，$\overrightarrow{OR}=\left(1,\ 1-r,\ \dfrac{1}{3}-\dfrac{1}{3}r\right)$ (3) $\dfrac{4}{27}$

〈解説〉(1) 立方体の3つの側面を展開すると図のようになる。AP＋
PQ＋QFが最小となるのは，3点A，P，Qが一直線上になるときである
から，最小値は，$\sqrt{3^2+1^2}=\sqrt{10}$ このとき，点Pは線分DHを1：2に内
分する点，点Qは線分CGを2：1に内分する点であるから，
$P\left(0,\ 1,\ \dfrac{2}{3}\right)$，$Q\left(1,\ 1,\ \dfrac{1}{3}\right)$

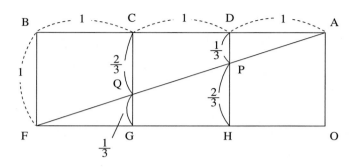

(2)　$\overrightarrow{OT} = \overrightarrow{OA} + t\overrightarrow{AP} = (0,\ 0,\ 1) + t\left(0,\ 1,\ -\dfrac{1}{3}\right) = \left(0,\ t,\ 1-\dfrac{1}{3}t\right)$

$\overrightarrow{OR} = \overrightarrow{OQ} + r\overrightarrow{QF} = \left(1,\ 1,\ \dfrac{1}{3}\right) + r\left(0,\ -1,\ -\dfrac{1}{3}\right) = \left(1,\ 1-r,\right.$

$\left.\dfrac{1}{3} - \dfrac{1}{3}r\right)$

(3)　$\overrightarrow{OS'} = \dfrac{2}{3}\overrightarrow{OT} + \dfrac{1}{3}\overrightarrow{OR} = \dfrac{2}{3}\left(0,\ t,\ 1-\dfrac{1}{3}t\right) + \dfrac{1}{3}\left(1,\ 1-r,\right.$

$\left.\dfrac{1}{3} - \dfrac{1}{3}r\right) = \left(\dfrac{1}{3},\ \dfrac{1}{3},\ \dfrac{7}{9}\right) + t\left(0,\ \dfrac{2}{3},\ -\dfrac{2}{9}\right) + r\left(0,\ -\dfrac{1}{3},\ -\dfrac{1}{9}\right)$

ここで，$\overrightarrow{OS'} \to = t\left(0,\ \dfrac{2}{3},\ -\dfrac{2}{9}\right) + r\left(0,\ -\dfrac{1}{3},\ -\dfrac{1}{9}\right)$　$(0 \leqq t \leqq 1,$

$0 \leqq r \leqq 1)$とおくと，Sが描く図形はS′が描く図形をx軸方向に$\dfrac{1}{3}$，y軸方

向に$\dfrac{1}{3}$，z軸方向に$\dfrac{7}{9}$だけ平行移動したものだから，面積は等しい。

S′が描く図形の面積は，$\left|\dfrac{2}{3}\cdot\left(-\dfrac{1}{9}\right) - \left(-\dfrac{2}{9}\right)\cdot\left(-\dfrac{1}{3}\right)\right| = \dfrac{4}{27}$　よって，求

める面積は$\dfrac{4}{27}$

【5】(1)　極大値　$\dfrac{1}{e}$　$(x = e$のとき$)$　　極小値　なし

変曲点　$\left(e\sqrt{e},\ \dfrac{3}{2e\sqrt{e}}\right)$　　漸近線　$x = 0,\ y = 0$

グラフの概形

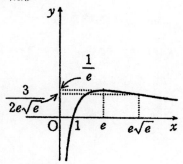

(2) $p=\sqrt[4]{e}$, $a=\dfrac{1}{4e}$ (3) $2e-5$

〈解説〉(1) $f(x)=\dfrac{\log x}{x}$ とおくと, $f(x)$ の定義域は $x>0$

$$f'(x)=\dfrac{\dfrac{1}{x}\cdot x-\log x\cdot 1}{x^2}=\dfrac{1-\log x}{x^2}$$

$$f''(x)=\dfrac{-\dfrac{1}{x}\cdot x^2-(1-\log x)\cdot 2x}{x^4}=\dfrac{2\log x-3}{x^3}$$

$f'(x)=0$ とすると, $x=e$ $f''(x)=0$ とすると, $x=e^{\frac{3}{2}}=e\sqrt{e}$ よって,

$f(x)$ の増減, グラフの凹凸は次のようになる。 よって, $x=e$ のとき,

極大値は $\dfrac{1}{e}$, 変曲点は $\left(e\sqrt{e}, \dfrac{3}{2e\sqrt{e}}\right)$ となる。

x	0	$\cdots$	e	$\cdots$	$e\sqrt{e}$	$\cdots$
$f'(x)$		$+$	0	$-$	$-$	$-$
$f''(x)$		$-$	$-$	$-$	0	$+$
$f(x)$		↗	$\dfrac{1}{e}$ 極大	↘	$\dfrac{3}{2e\sqrt{e}}$ 変曲点	↘

また, $t=\dfrac{1}{x}$ とおくと, $x\to +0$ のとき $t\to\infty$ ゆえに, $\displaystyle\lim_{x\to+0}\dfrac{\log x}{x}=$

$\displaystyle\lim_{t\to\infty}t(-\log t)=-\infty$ $\displaystyle\lim_{x\to\infty}\dfrac{\log x}{x}=0$ よって, 2直線 $x=0$, $y=0$ が漸近線

である。

(2) $g(x)=ax^3$ とすると，$g'(x)=3ax^2$　点Pのx座標をpとすると，条件から，$f(p)=g(p)$　かつ　$f'(p)=g'(p)$　$f(p)=g(p)$より，$\dfrac{\log p}{p}=ap^3$　…①

$f'(p)=g'(p)$より，$\dfrac{1-\log p}{p^2}=3ap^2$　両辺に$\dfrac{p}{3}$を掛けて，$\dfrac{1-\log p}{3p}=ap^3$

…②　①，②より，$\dfrac{\log p}{p}=\dfrac{1-\log p}{3p}$　　$\log p=\dfrac{1}{4}$　$p=\sqrt[4]{e}$　これを

①に代入して，$\dfrac{1}{4\cdot\sqrt[4]{e}}=a\cdot\sqrt[4]{e^3}$　　$a=\dfrac{1}{4e}$

(3) $\displaystyle\int\dfrac{\log x}{x}dx=\int(\log x)(\log x)'dx=\dfrac{1}{2}(\log x)^2+C$　（Cは積分定数）

よって，$S_1=\displaystyle\int_0^{\sqrt[4]{e}}\dfrac{x^3}{4e}dx-\int_1^{\sqrt[4]{e}}\dfrac{\log x}{x}dx=\left[\dfrac{x^4}{16e}\right]_0^{\sqrt[4]{e}}-\left[\dfrac{1}{2}(\log x)^2\right]_1^{\sqrt[4]{e}}$

$\qquad=\dfrac{1}{16}-\dfrac{1}{32}=\dfrac{1}{32}$

$S_2=\displaystyle\int_{\sqrt[4]{e}}^{\sqrt{e}}\dfrac{x^3}{4e}dx-\int_{\sqrt[4]{e}}^{\sqrt{e}}\dfrac{\log x}{x}=\left[\dfrac{x^4}{16e}\right]_{\sqrt[4]{e}}^{\sqrt{e}}-\left[\dfrac{1}{2}(\log x)^2\right]_{\sqrt[4]{e}}^{\sqrt{e}}$

$\qquad=\left(\dfrac{e}{16}-\dfrac{1}{16}\right)-\left(\dfrac{1}{8}-\dfrac{1}{32}\right)=\dfrac{2e-5}{32}$　したがって，$\dfrac{S_2}{S_1}=2e-5$

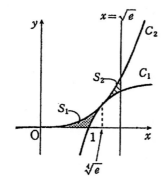

2013年度　実施問題

【中高共通】

【1】次の問いに答えなさい。

(1) 次の文は，中学校学習指導要領(平成20年3月告示)の第2章第3節第2「各学年の目標及び内容」において，資料の活用の部分の抜粋である。(　)内に適する語句を入れなさい。

第1学年

　目的に応じて資料を収集して(　①　)し，その資料の傾向を読み取る能力を培う。

第2学年

　(　②　)な事象を調べることを通して，確率について理解し用いる能力を培う。

第3学年

　(　③　)から標本を取り出し，その傾向を調べることで，(　③　)の傾向を読み取る能力を培う。

　※(　③　)には同じ語句が入ります。

(2) 次の文は，高等学校学習指導要領(平成21年3月告示)の第2章第4節第5「数学B」の目標である。(　)内に適する語句を入れなさい。

数学B

　確率分布と統計的な推測，数列又はベクトルについて理解させ，基礎的な知識の習得と技能の習熟を図り，事象を数学的に考察し(　④　)する能力を伸ばすとともに，それらを(　⑤　)する態度を育てる。

(☆☆☆◎◎◎)

【2】次の問いに答えなさい。

(1) 次の△ABCにおいて，∠Aの二等分線と辺BCとの交点をDとするとき，AB：AC＝BD：DCが成り立つことを証明しなさい。

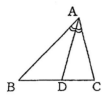

(2)　$a>0$，$a≠1$，$M>0$，$N>0$とする。次の等式が成り立つことを証明しなさい。

$$\log_a MN = \log_a M + \log_a N$$

(☆☆☆◎◎◎◎)

【3】整数x，yの方程式　$3x+5y=n\cdots$①　について，次の問いに答えなさい。ただしnは整数とする。

(1)　$n=1$のとき，方程式①をみたす整数x，yの組を1組求めなさい。

(2)　$n=1$のとき，方程式①をみたす整数x，yの組をすべて求めなさい。

(3)　方程式①をみたす整数x，yの組をすべて求めなさい。

(4)　$n=2012$のとき，方程式①をみたす正の整数x，yの組はいくつあるか求めなさい。

(☆☆☆◎◎◎◎)

【4】空間内に3点A(1，0，0)，B(0，-2，0)，C(0，0，-3)がある。空間内の点Pが等式　$\overrightarrow{AP} \cdot (\overrightarrow{BP} + 2\overrightarrow{CP}) = 0$を満たしながら動くとき，次の問いに答えなさい。

(1)　この点Pはある定点Qから一律の距離にある。定点Qの座標と線分PQの距離を求めなさい。

(2)　定点Qは平面ABC上にあることを証明しなさい。

(3)　四面体ABCPの体積の最大値を求めなさい。

(☆☆☆☆◎◎◎)

【5】$I_n = \displaystyle\int_0^{\frac{\pi}{2}} \sin^n x\, dx\,(n=0,\ 1,\ 2,\ 3,\ \cdots\cdots)$ によって定義される数列$\{I_n\}$について，次の問いに答えなさい。

   (1) 漸化式$I_n = \dfrac{n-1}{n} I_{n-2}\,(n=2,\ 3,\ \cdots\cdots)$が成り立つことを証明しなさい。

   (2) $nI_n I_{n-1}\,(n=1,\ 2,\ 3,\ \cdots\cdots)$の値を求めなさい。

   (3) 不等式$I_n > I_{n+1}\,(n=0,\ 1,\ 2,\ \cdots\cdots)$を証明しなさい。

   (4) $\displaystyle\lim_{n\to\infty} nI_n^2$を求めなさい。

(☆☆☆☆◎◎◎)

解答・解説

【中高共通】

【1】(1) ① 整理   ② 不確定   ③ 母集団   (2) ① 表現 ② 活用

〈解説〉(1)「資料の活用」は新たに設けられた領域である。各学年の(1)～(4)の目標は，4つの領域にそれぞれ対応しているので，各領域ごとに目標を整理しておくことも必要である。　(2)　数学科の目標および，それに関連した各科目の目標は出題されることが多いので，ポイントとなる言葉を覚えておきたい。

【2】(1) 点Cを通って，直線ADに平行な直線と直線ABとの交点をEとおく。△ACEにおいて，AD//ECより，∠BAD＝∠AEC，∠CAD＝∠ACE　また条件より，∠BAD＝∠CAD　よって，∠AEC＝∠ACEより，△ACEは二等辺三角形であるから，AE＝AC　…①　AD//ECより，BD：DC＝BA：AE　…②　①，②より，AB：AC＝BD：DC

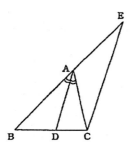

(2)　$p＝\log_a M$，$q＝\log_a N$とおくと，$M＝a^p$，$N＝a^q$　指数法則より，$MN＝a^p a^q＝a^{p+q}$　対数の定義より，$\log_a MN＝p+q$　ゆえに，$\log_a MN＝\log_a M＋\log_a N$

〈解説〉(1)(2)　解答参照。

【３】(1)　$(x,\ y)＝(2,\ -1)$　　(2)　$(x,\ y)＝(-5k+2,\ 3k-1)$　（ただし，kは整数）　(3)　$(x,\ y)＝(-5m+2n,\ 3m-n)$　（ただし，mは整数）
(4)　134組

〈解説〉(1)　$3・2+5・(-1)＝1$　…②より，$(x,\ y)＝(2,\ -1)$は①を満たす。

(2)　①－②から，$3(x-2)+5(y+1)＝0$　ゆえに，$3(2-x)＝5(y+1)$
ここで，3と5は互いに素で，$2-x$，$y+1$は整数だから，$2-x$は5の倍数。
よって，$2-x＝5k$　（ただし，kは整数）　$x＝-5k+2$
これを①に代入すると，$3(-5k+2)+5y＝1$　$5y＝15k-5$　$y＝3k-1$
したがって，$(x,\ y)＝(-5k+2,\ 3k-1)$　（ただし，kは整数）

(3)　$(x,\ y)＝(2n,\ -n)$は方程式①を満たすから，
$3・2n+5・(-n)＝n$　…③
①－③から，$3(x-2n)+5(y+n)＝0$　ゆえに，$3(2n-x)＝5(y+n)$
ここで，3と5は互いに素で，$2n-x$，$y+n$は整数だから，$2n-x$は5の倍数。
よって，$2n-x＝5m$　（ただし，mは5の倍数）　$x＝-5m+2n$
これを①に代入すると，
$3(-5m+2n)+5y＝n$　$5y＝15m-5n$　$y＝3m-n$

したがって，$(x, y)=(-5m+2n, 3m-n)$　（ただし，mは整数）

(4)　(3)より，$x=-5m+4024$，$y=3m-2012$　x，yは正の整数より，$-5m+4024>0$　…④，$3m-2012>0$　…⑤

④より，$m<\dfrac{4024}{5}=804.8$　⑤より，$m>\dfrac{2012}{3}=670.6\cdots$

ゆえに，$671\leqq m\leqq 804$

よって，求める正の整数x, yの組は，$804-671+1=134$[組]

【4】(1)　$Q\left(\dfrac{1}{2}, -\dfrac{1}{3}, -1\right)$, $PQ=\dfrac{7}{6}$　　(2)　点Qが平面ABC上にあるための条件は，$\overrightarrow{AQ}=s\overrightarrow{AB}+t\overrightarrow{AC}$　…①となる実数s, tが存在することである。ここで，

$\overrightarrow{AQ}=\left(-\dfrac{1}{2}, -\dfrac{1}{3}, -1\right)$,

$\overrightarrow{AB}=(-1, -2, 0)$,

$\overrightarrow{AC}=(-1, 0, -3)$

であるから，$\left(-\dfrac{1}{2}, -\dfrac{1}{3}, -1\right)=(-s-t, -2s, -3t)$

ゆえに，$-\dfrac{1}{2}=-s-t$, $-\dfrac{1}{3}=-2s$, $-1=-3t$, $s=\dfrac{1}{6}$, $t=\dfrac{1}{3}$が，これらをすべて満たす。①を満たす実数s, tが存在するので，点Qは平面ABC上にある。　　(3)　$\dfrac{49}{36}$

〈解説〉(1)　$P(x, y, z)$とすると，$\overrightarrow{AP}=(x-1, y, z)$,

$\overrightarrow{BP}+2\overrightarrow{CP}=(x, y+2, z)+2(x, y, z+3)=(3x, 3y+2, 3z+6)$

よって，$\overrightarrow{AP}\cdot(\overrightarrow{BP}+2\overrightarrow{CP})=(x-1)\cdot 3x+y\cdot(3y+2)+z\cdot(3z+6)$

$$=3\left(x^2+y^2+z^2-x+\dfrac{2}{3}y+2z\right)=0$$

ゆえに，$\left(x-\dfrac{1}{2}\right)^2+\left(y+\dfrac{1}{3}\right)^2+(z+1)^2=\left(\dfrac{7}{6}\right)^2$

点Pは中心$\left(\dfrac{1}{2}, -\dfrac{1}{3}, -1\right)$，半径$\dfrac{7}{6}$の球面上にあるから，

定点$\mathrm{Q}\left(\dfrac{1}{2}, -\dfrac{1}{3}, -1\right)$，線分PQの距離は，$\dfrac{7}{6}$

(2)　解答参照。

(3)　点Pから平面ABCに下ろした垂線をPHとすると，四面体ABCPの体積が最大となるのは，PHが最大のとき，すなわち，HがQに一致するときである。よって，求める体積の最大値をVとすると，

$$V=\frac{1}{3}\triangle\mathrm{ABC}\cdot\mathrm{PQ}=\frac{1}{3}\triangle\mathrm{ABC}\cdot\frac{7}{6}=\frac{7}{18}\triangle\mathrm{ABC}$$

ここで，$|\overrightarrow{\mathrm{AB}}|^2=(-1)^2+(-2)^2+0^2=5$，

$|\overrightarrow{\mathrm{AC}}|^2=(-1)^2+0^2+(-3)^2=10$，

$\overrightarrow{\mathrm{AB}}\cdot\overrightarrow{\mathrm{AC}}=(-1)\cdot(-1)+(-2)\cdot0+0\cdot(-3)=1$より，

$$\triangle\mathrm{ABC}=\frac{1}{2}\sqrt{|\overrightarrow{\mathrm{AB}}|^2|\overrightarrow{\mathrm{AC}}|^2-(\overrightarrow{\mathrm{AB}}\cdot\overrightarrow{\mathrm{AC}})^2}$$

$$=\frac{1}{2}\sqrt{5\cdot10-1^2}=\frac{7}{2}\quad\text{よって，}\ V=\frac{7}{18}\cdot\frac{7}{2}=\frac{49}{36}$$

【5】(1)　$\displaystyle I_n=\int_0^{\frac{\pi}{2}}\sin^n x\,dx=\int_0^{\frac{\pi}{2}}(-\cos x)'\sin^{n-1}x\,dx$

$$=\left[-\cos x\sin^{n-1}x\right]_0^{\frac{\pi}{2}}+\int_0^{\frac{\pi}{2}}(n-1)\cos^2 x\sin^{n-2}x\,dx$$

$$=(n-1)\int_0^{\frac{\pi}{2}}(1-\sin^2 x)\sin^{n-2}x\,dx$$

$$=(n-1)\left(\int_0^{\frac{\pi}{2}}\sin^{n-2}x\,dx-\int_0^{\frac{\pi}{2}}\sin^n x\,dx\right)$$

$$=(n-1)(I_{n-2}-I_n)$$

ゆえに，$I_n=(n-1)I_{n-2}-(n-1)I_n$　$nI_n=(n-1)I_{n-2}$

よって，$I_n=\dfrac{n-1}{n}I_{n-2}$　$(n=2,\ 3,\ \cdots)$　(2)　$\dfrac{\pi}{2}$

(3)　$0\leqq x\leqq\dfrac{\pi}{2}$において，$0\leqq\sin x\leqq1$であるから，$0\leqq\sin^{n+1}x\leqq\sin^n x$

150

$(n=0,\ 1,\ 2,\ \cdots)$　等号は，$x=0,\ \dfrac{\pi}{2}$でのみ成立。

よって，$\displaystyle\int_0^{\frac{\pi}{2}}\sin^n x\,dx>\int_0^{\frac{\pi}{2}}\sin^{n+1}x\,dx$

したがって，$I_n>I_{n+1}$　$(n=0,\ 1,\ 2,\ \cdots)$　　(4)　$\dfrac{\pi}{2}$

〈解説〉(1)　解答参照。

(2)　$I_n=\dfrac{n-1}{n}I_{n-2}$の両辺に$nI_{n-1}$を掛けて，

$nI_nI_{n-1}=(n-1)I_{n-1}I_{n-2}$　$(n=2,\ 3,\ 4,\ \cdots)$　これを繰り返し用いると，

$nI_nI_{n-1}=(n-1)I_{n-1}I_{n-2}=(n-2)I_{n-2}I_{n-3}=\cdots=1\cdot I_1\cdot I_0$

ここで，$I_0=\displaystyle\int_0^{\frac{\pi}{2}}dx=\dfrac{\pi}{2}$，$I_1=\displaystyle\int_0^{\frac{\pi}{2}}\sin x\,dx=1$であるから，

$nI_nI_{n-1}=\dfrac{\pi}{2}$　$(n=1,\ 2,\ 3,\ \cdots)$

(3)　解答参照。

(4)　(3)より，$I_{n-1}>I_n>I_{n+1}$　$(n=1,\ 2,\ 3,\ \cdots)$　$nI_n(>0)$を辺々に掛け

て，$nI_nI_{n-1}>nI_n^2>nI_nI_{n+1}$　(2)より，$\dfrac{\pi}{2}>nI_n^2>\dfrac{n}{n+1}\cdot\dfrac{\pi}{2}$

$\displaystyle\lim_{n\to\infty}\dfrac{n}{n+1}\cdot\dfrac{\pi}{2}=\dfrac{\pi}{2}$から，はさみうちの原理により，$\displaystyle\lim_{n\to\infty}nI_n^2=\dfrac{\pi}{2}$

2012年度　実施問題

【中高共通】

【1】中学校学習指導要領(平成20年3月改正)および高等学校学習指導要領(平成21年3月改正)について，以下の問いに答えなさい。

(1) 次の文は，高等学校数学科の目標である。(　　)内に適する語句を答えなさい。

（　①　）を通して，数学における基本的な概念や原理・法則の（　②　）な理解を深め，事象を数学的に(　③　)し(　④　)する能力を高め，創造性の基礎を培うとともに，(　⑤　)を認識し，それらを積極的に活用して数学的論拠に基づいて(　⑥　)する態度を育てる。

(2) 中学校学習指導要領解説数学編によれば，中学校数学の領域構成は3領域から4領域に改められた。この4領域の名称を答えなさい。

(☆☆☆◎◎◎)

【2】次の問いに答えなさい。

(1) 次の図においてAB＝AGであることを，中学校の学習内容を用いて示しなさい。ただし，四角形ABCDは平行四辺形であり，AE：ED＝1：2，BF：FC＝2：1，点Gは頂点Bから線分EFに下ろした垂線の足である。

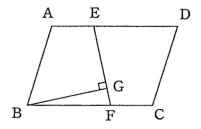

(2) △OABにおいて，$\overrightarrow{OA} = \vec{a}$，$\overrightarrow{OB} = \vec{b}$，∠AOB$= \theta$，△OABの面積をSとする。

(ア) $S = \dfrac{1}{2}\sqrt{|\vec{a}|^2|\vec{b}|^2 - (\vec{a}\cdot\vec{b})^2}$であることを示しなさい。ただし，$\vec{a}\cdot\vec{b}$は，$\vec{a}$と$\vec{b}$の内積を表す。

(イ) $\vec{a} = (a_1,\ a_2)$，$\vec{b} = (b_1,\ b_2)$とする。
$S = \dfrac{1}{2}|a_1b_2 - a_2b_1|$であることを示しなさい。

(☆☆☆○○○)

【3】方程式$4^x - a\cdot 2^{x+1} - a^2 + 8a + 6 = 0$について，以下の問いに答えなさい。ただし，$a$は定数とする。
(1) $x = \log_2 3$が解であるとき，定数aの値を求めなさい。
(2) 実数解をもたないときの定数aの値の範囲を求めなさい。

(☆☆☆○○○)

【4】正四面体ABCDの各頂点上を点Qが移動する。点Qは，最初は頂点Aにあり，その後は1秒ごとに下の(ア)～(エ)のとおり移動する。

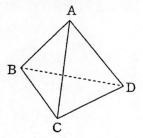

(ア) 点Qが頂点Aにあるときは，$\dfrac{1}{2}$の確率で頂点Bへ，$\dfrac{1}{6}$の確率で頂点Cへ，$\dfrac{1}{3}$の確率で頂点Dへ移動する。

(イ) 点Qが頂点Bにあるときは，$\dfrac{2}{3}$の確率で頂点Cへ，$\dfrac{1}{3}$の確率

で頂点Dへ移動する。

(ウ)　点Qが頂点Cにあるときは，$\frac{2}{3}$の確率で頂点Bへ，$\frac{1}{3}$の確率で頂点Dへ移動する。

(エ)　点Qが頂点Dにあるときは，いずれも$\frac{1}{3}$の確率で，頂点A，B，Cへ移動する。

　　nは自然数とする。点Qがn秒後に頂点A，B，C，Dにある確率をそれぞれ$P_n(A)$，$P_n(B)$，$P_n(C)$，$P_n(D)$と表すとき，以下の問いに答えなさい。

(1)　$P_2(A)$，$P_2(B)$，$P_2(C)$，$P_2(D)$をそれぞれ求めなさい。

(2)　$P_n(A)$を求めなさい。

(☆☆☆◎◎◎)

【5】関数$f_n(x)=\dfrac{x^n}{e^x}$について，以下の問いに答えなさい。ただし，nは自然数とし，$\displaystyle\lim_{x\to+\infty}\frac{x^n}{e^x}=0$を証明なしに用いてよい。

(1)　$f_2(x)$の増減を調べ，極値とそのときのxの値を求めなさい。また，$y=f_2(x)$のグラフの概形をかきなさい。(グラフの凹凸を調べる必要はない。)

(2)　曲線$y=f_2(x)$とx軸，および，直線$x=h(h>0)$で囲まれる図形の面積を$S_2(h)$とする。$S_2(h)$を求めなさい。また，$\displaystyle\lim_{x\to+\infty}S_2(h)$を求めなさい。

(3)　$n\geqq2$のとき，$\displaystyle\int_0^\infty f_n(x)dx=n!$であることを示しなさい。

(☆☆☆◎◎◎)

解答・解説

【中高共通】

【1】(1) ① 数学的活動 ② 体系的 ③ 考察 ④ 表現
⑤ 数学のよさ ⑥ 判断 (2) 数と式，図形，関数，資料の活用

〈解説〉平成20年3月に改訂された学習指導要領は，「目標」からの出題率がきわめて高い。しかも空欄補充形式であることが多いので，このような類似問題を他県の問題を解くなどして習熟しておきたい。

【2】(1) 解説参照 (2) 解説参照

〈解説〉(1) 次の図のように，頂点Aを通って線分EFに平行な直線をひき，線分BG，BFとの交点をそれぞれH，Iとする。

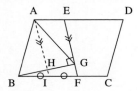

AI//EFより同位角は等しいから∠AHB＝90°
また，四角形AIFEは平行四辺形だから，AE＝IF
仮定よりBF＝2AEだから，BI＝IF
平行線と線分の比より BI：IF＝BH：HG＝1：1
以上により，△ABHと△AGHについて
BH＝GH
AH＝AH(共通)
∠AHB＝∠AHG(＝90°)が言え，
2辺とその間の角がそれぞれ等しいので，△ABH≡△AGH
ゆえにAB＝AG
(2)
(ア) $S＝\dfrac{1}{2}\cdot OA\cdot OB\cdot\sin\theta$

$$= \frac{1}{2} |\vec{a}||\vec{b}|\sqrt{1-\cos^2\theta} \quad (\because 0 < \theta < \pi \text{ より } \sin\theta > 0)$$

$$= \frac{1}{2}\sqrt{|\vec{a}|^2|\vec{b}|^2(1-\cos^2\theta)}$$

$$= \frac{1}{2}\sqrt{|\vec{a}|^2|\vec{b}|^2 - (|\vec{a}||\vec{b}|\cos\theta)^2}$$

$$= \frac{1}{2}\sqrt{|\vec{a}|^2|\vec{b}|^2 - (\vec{a}\cdot\vec{b})^2}$$

(イ)　(ア)より

$$S = \frac{1}{2}\sqrt{(a_1{}^2+a_2{}^2)(b_1{}^2+b_2{}^2)-(a_1b_1+a_2b_2)^2}$$

$$= \frac{1}{2}\sqrt{a_1{}^2b_2{}^2+a_2{}^2b_1{}^2-2a_1b_1a_2b_2}$$

$$= \frac{1}{2}\sqrt{(a_1b_2-a_2b_1)^2}$$

$$= \frac{1}{2}|a_1b_2-a_2b_1|$$

【3】(1)　$a = -3,\ 5$　　(2)　$4-\sqrt{22} \leqq a < 2+\sqrt{7}$

〈解説〉(1)　$x = \log_2 3$ を代入し

$$4^{\log_2 3} - a\cdot 2^{1+\log_2 3} - a^2 + 8a + 6 = 0$$

$$(2^{\log_2 3})^2 - a\cdot 2^{\log_2 6} - a^2 + 8a + 6 = 0$$

$$3^2 - 6a - a^2 + 8a + 6 = 0$$

$$a^2 - 2a - 15 = 0$$

$$(a+3)(a-5) = 0$$

よって，$a = -3,\ 5$

(2)　$2^x = t$ とおく。$t > 0$

このとき方程式は　$t^2 - 2at - a^2 + 8a + 6 = 0$

左辺 $= g(t)$ とすると

$g(t) = (t-a)^2 - 2a^2 + 8a + 6 \quad (t > 0)$

となる。これが0にならなければよい。

(i)　$a > 0$ のとき，

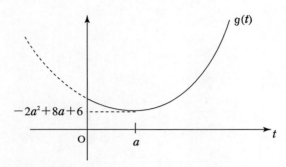

$-2a^2+8a+6>0$

が，必要十分。この不等式を解いて，

$2-\sqrt{7}<a<2+\sqrt{7}$

場合分けの仮定：$a>0$とあわせて，

$0<a<2+\sqrt{7}$

(ii) $a\leqq0$のとき，$g(t)$は単調増加

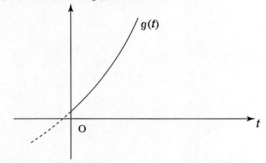

よって，$g(0)\geqq0$すなわち$-a^2+8a-6\geqq0$が必要十分。

この不等式を解いて，

$4-\sqrt{22}\leqq a\leqq4+\sqrt{22}$

場合分けの仮定：$a\leqq0$とあわせて，

$4-\sqrt{22}\leqq a\leqq0$

(i)(ii)より，求める範囲は，

$4-\sqrt{22}\leqq a<2+\sqrt{7}$

【4】(1)

$$P_2(\text{A})=\frac{1}{3} \cdot \frac{1}{3}=\frac{1}{9}$$

$$P_2(\text{B})=\frac{1}{6} \cdot \frac{2}{3}+\frac{1}{3} \cdot \frac{1}{3}=\frac{2}{9}$$

$$P_2(\text{C})=\frac{1}{2} \cdot \frac{2}{3}+\frac{1}{3} \cdot \frac{1}{3}=\frac{4}{9}$$

$$P_2(\text{D})=\frac{1}{2} \cdot \frac{1}{3}+\frac{1}{6} \cdot \frac{1}{3}=\frac{2}{9}$$

(2)　$\frac{1}{4}\left(-\frac{1}{3}\right)^{n}+\frac{1}{12}(n \geqq 1)$

〈解説〉(1)　A→D→Aと移動する確率だから，$P_2(\text{A})=\frac{1}{3} \cdot \frac{1}{3}=\frac{1}{9}$

A→C→BまたはA→D→B　…　$P_2(\text{B})=\frac{1}{6} \cdot \frac{2}{3}+\frac{1}{3} \cdot \frac{1}{3}=\frac{2}{9}$

A→B→CまたはA→D→C　…　$P_2(\text{C})=\frac{1}{2} \cdot \frac{2}{3}+\frac{1}{3} \cdot \frac{1}{3}=\frac{4}{9}$

A→B→DまたはA→C→D　…　$P_2(\text{D})=\frac{1}{2} \cdot \frac{1}{3}+\frac{1}{6} \cdot \frac{1}{3}=\frac{2}{9}$

(2)　$P_{n+1}(\text{A})=\frac{1}{3}P_n(\text{D})$　…①

また　$P_{n+1}(\text{D})=\frac{1}{3}\{P_n(\text{A})+P_n(\text{B})+P_n(\text{C})\}$

$=\frac{1}{3}\{1-P_n(\text{D})\}$

$=-\frac{1}{3}P_n(\text{D})+\frac{1}{3}$

変形して　$P_{n+1}(\text{D})-\frac{1}{4}=-\frac{1}{3}\left\{P_n(\text{D})-\frac{1}{4}\right\}$

$P_1(\text{D})=\frac{1}{3}$　より

$P_n(\text{D})-\frac{1}{4}=\left(\frac{1}{3}-\frac{1}{4}\right)\left(-\frac{1}{3}\right)^{n-1}$

$P_n(\text{D})=\frac{1}{12}\left(-\frac{1}{3}\right)^{n-1}+\frac{1}{4}$

$=-\frac{1}{4}\left(-\frac{1}{3}\right)^{n}+\frac{1}{4}$　…②

$n \geqq 2$ のとき，①②より

$$P_n(\text{A}) = \frac{1}{3} P_{n-1}(\text{D}) = \frac{1}{3} \left\{ -\frac{1}{4} \left(-\frac{1}{3} \right)^{n-1} + \frac{1}{4} \right\} = \frac{1}{4} \left(-\frac{1}{3} \right)^n + \frac{1}{12}$$

これは $n=1$ のときも成立

よって

$$P_n(\text{A}) = \frac{1}{4} \left(-\frac{1}{3} \right)^n + \frac{1}{12} \ (n \geqq 1)$$

【5】(1) 解説参照　(2) 解説参照　(3) 解説参照

〈解説〉(1) $f_2(x) = \dfrac{x^n}{e^x}$ より　$f_2'(x) = \dfrac{(2x-x^2)e^x}{e^{2x}} = \dfrac{x(2-x)}{e^x}$

x	$\cdots\cdots$	0	$\cdots\cdots$	2	$\cdots\cdots$
$f_2'(x)$	$-$	0	$+$	0	$-$
$f_2(x)$	$\searrow$	0	$\nearrow$	$\dfrac{4}{e^2}$	$\searrow$

極大値 $\dfrac{4}{e^2}(x=2)$　極小値 $0(x=0)$

$\displaystyle \lim_{x \to -\infty} f_2(x) = +\infty$，$\displaystyle \lim_{x \to +\infty} f_2(x) = 0$ よりグラフは次の図

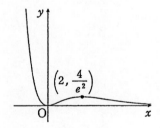

(2)　$\displaystyle S_2(h) = \int_0^h x^2 e^{-x} dx$

$$= \left[-x^2 e^{-x} \right]_0^h + \int_0^h 2x e^{-x} dx$$

$$= -h^2 e^{-h} + \left[-2x e^{-x} \right]_0^h + \int_0^h 2 e^{-x} dx$$

$$= -h^2 e^{-h} - 2h e^{-h} + \left[-2 e^{-x} \right]_0^h$$

$$=(-h^2-2h-2)e^{-h}+2$$

よって　$\displaystyle \lim_{h \to +\infty} S_2(h) = \lim_{h \to +\infty} \left\{ -\frac{h^2}{e^h}\left(1+\frac{2}{h}+\frac{2}{h^2}\right)+2 \right\} = 2$

(3)　$\displaystyle \int_0^\infty f_n(x)dx = g(n)$ とすると，$n \geqq 2$ より

$\displaystyle g(n) = \int_0^\infty x^n e^{-x}dx$

$\displaystyle = \left[-x^n e^{-x} \right]_0^\infty + n\int_0^\infty x^{n-1} e^{-x}dx$

$\displaystyle = n \cdot g(n-1) \quad (\because \lim_{x \to +\infty} x^n e^{-x}=0)$

$= n(n-1) \cdot g(n-2)$

$\vdots$

$= n(n-1)(n-2)\cdots 4 \cdot 3 \cdot g(2)$

$= n\,!$

2011年度　実施問題

【中高共通】

【1】次の問いに答えなさい。

(1) 次の文は，「幼稚園，小学校，中学校，高等学校及び特別支援学校の学習指導要領等の改善について」(中央教育審議会答申，平成20年1月)の中で，算数，数学の改善の基本方針について述べたものの一部である。(　　)内に適する語句を答えなさい。

○　算数科，数学科については，その課題を踏まえ，小・中・高等学校を通じて，発達の段階に応じ，(　①　)を一層充実させ，基礎的・基本的な(　②　)を確実に身に付け，数学的な(　③　)を育て，学ぶ意欲を高めるようにする。

　　－(中略)－

○　数学的な(　③　)は，合理的，論理的に考えを進めるとともに，互いの知的なコミュニケーションを図るために重要な役割を果たすものである。－(中略)－　特に，根拠を明らかにし筋道を立てて体系的に考えることや，言葉や数，式，図，表，(　④　)などの相互の関連を理解し，それらを適切に用いて問題を解決したり，自分の考えを分かりやすく説明したり，互いに自分の考えを(　⑤　)し伝え合ったりすることなどの指導を充実する。

(2) 次の直角三角形ABCにおいて，BC＝a，CA＝b，AB＝cとする。$a^2＋b^2＝c^2$(三平方の定理)が成り立つことを，中学校までの学習内容を用いて示しなさい。

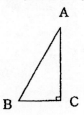

(3)　次の鋭角三角形ABCにおいて，BC＝a，CA＝b，AB＝cとする。$c^2＝a^2＋b^2－2ab\cos C$(余弦定理)が成り立つことを，高等学校までの学習内容を用いて示しなさい。

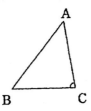

(☆☆☆◎◎◎)

【2】次の問いに答えなさい。

(1)　図のように，三角柱ABC－DEFを，平面GEFHで分割した。ただし，G，Hはそれぞれ辺AB，ACの中点である。

（ア）　AB＝5，BC＝4，CA＝3，AD＝5のとき，分割したときの切り口GEFHの面積Sを求めなさい。

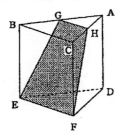

（イ）　立体AGH－DEFを，さらに平面AEFで分割した。3つに分割された立体GBCH－EF，AGH－EF，A－DEFの体積をそれぞれV_1，V_2，V_3とするとき，$V_1 : V_2 : V_3$を最も簡単な整数比で表しなさい。

(2)　$[\log_x y]＝2$を満たす点(x, y)の存在範囲を座標平面上に図示しなさい。ただし，$[a]$は，aを超えない最大の整数とする。

(☆☆☆◎◎◎)

【3】1から20までの番号が1つずつ書かれた20枚のカードがある。この20枚のカードから無作為に1枚を抜き出し，カードの番号を確認してから元に戻す。このとき，カードを抜き出すごとに，x軸上にある点Pが，次の(A)，(B)の規則にしたがって移動する。ただし，最初，点Pは$x=3$にあるものとする。

(A) 抜き出したカードが素数ならば原点に移動する。

(B) 抜き出したカードが素数以外の数ならば，x軸の正の方向に＋1だけ移動する。

カードをn回抜き出したとき点Pが$x=k$にある確率をp_kとするとき，次の問いに答えなさい。

(1) $n=5$のとき，p_2，p_6をそれぞれ求めなさい。

(2) $p_k(0≦k≦n+3)$を求めなさい。

(3) カードをn回抜き出したときの，点Pのx座標の期待値を求めなさい。

(☆☆☆◎◎◎)

【4】$f_n(x)=x\sin nx$について，次の問いに答えなさい。ただし，nは自然数とする。

(1) $\displaystyle\int_0^\pi f_1(x)dx$の値を求めなさい。

(2) xy平面上で，$0≦x≦\pi$，$0≦y≦f_n(x)$を満たす部分の面積をS_nとするとき，$\displaystyle\lim_{n\to\infty}S_n$の値を求めなさい。

(☆☆☆◎◎◎)

解答・解説

【中高共通】

【1】(1)　①　算数的活動・数学的活動　　②　知識・技能

　　　③　思考力・表現力　　　④　グラフ　　⑤　表現

(2)　△ABCと合同な直角三角形を下図のように並べると，ABDE，CFGHは正方形である。

面積について，$AB^2 = 4\triangle ABC + HC^2$

すなわち，$c^2 = 4 \cdot \dfrac{1}{2}ab + (b-a)^2$

これを整理して，$a^2 + b^2 = c^2$

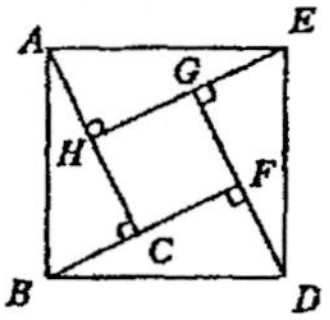

(3)　図のように頂点Aから辺BCに垂線AHを下ろす。

△ABHで，$AB^2 = BH^2 + AH^2$である。

$BH = BC - CH = a - b\cos C$

$AH = b\sin C$より

$c^2 = (a - b\cos C)^2 + (b\sin C)^2$

これを整理して，$c^2 = a^2 + b^2 - 2ab\cos C$

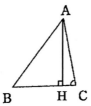

【2】(1)　(ア)　$S = \dfrac{1}{2}(4+2)\sqrt{5^2 + \left(\dfrac{3}{2}\right)^2} = \dfrac{3}{2}\sqrt{109}$

(イ)　三角柱ABC−DEFの体積をVとすると

$$V_3 = \frac{1}{3}V, \quad V_2 + V_3 = 2V_3 \times \frac{7}{8} = \frac{7}{12}V \quad \text{よって、} \quad V_2 = \frac{1}{4}V$$

$$V_1 = V - (V_2 + V_3) = \frac{5}{12}V \quad \text{これより、} \quad V_1 : V_2 : V_3 = 5 : 3 : 4$$

(2)　$[\log_x y] = 2 \longleftrightarrow 2 \leqq \log_x y < 3 \longleftrightarrow \log_x x^2 \leqq \log_x y < \log_x x^3$

　　　よって、$0 < x < 1$ のとき、$x^3 < y \leqq x^2$

　　　　　　　$1 < x$ のとき、$x^2 \leqq y < x^3$

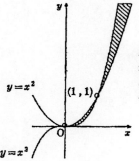

左図の斜線部分。ただし、
境界線 $y = x^2 (0 < x < 1, 1 < x)$ 上
の点は含み、$y = x^3$ 上の点は
含まない。

【3】(1)　カードを1枚抜き出したとき、書かれた番号が素数である事象
　　　をA，素数以外である事象をBとすると、

$$P(A) = \frac{8}{20} = \frac{2}{5}, \quad P(B) = \frac{3}{5}$$

　　　3回目に事象Aが起こり，4，5回目は事象Bが起こる確率を考え

$$p_2 = \frac{2}{5}\left(\frac{3}{5}\right)^2 = \frac{18}{125}, \quad p_6 = 0$$

(2)　(i)　$0 \leqq k \leqq n-1$ のとき

　　　　$n-k$ 回目に事象Aが起こり、残り k 回はすべて事象Bが起こる確率
　　　　だから、$p_k = \frac{2}{5}\left(\frac{3}{5}\right)^k$

　　(ii)　$n \leqq k \leqq n+2$ のとき　$p_k = 0$

　　(iii)　$k = n+3$ のとき

n回とも事象Bが起こる確率だから，$p_k=\left(\dfrac{3}{5}\right)^n$

(3) 求める期待値をEとすると，

$$E=\sum_{k=1}^{n-1} k\frac{2}{5}\left(\frac{3}{5}\right)^k+(n+3)\left(\frac{3}{5}\right)^n=\frac{2}{5}\sum_{k=1}^{n-1} k\left(\frac{3}{5}\right)^k+(n+3)\left(\frac{3}{5}\right)^n$$

ここで，

$$\sum_{k=1}^{n-1} k\left(\frac{3}{5}\right)^k=\frac{3}{5}+2\left(\frac{3}{5}\right)^2+3\left(\frac{3}{5}\right)^3+\cdots+(n-1)\left(\frac{3}{5}\right)^{n-1}$$

$$\frac{3}{5}\sum_{k=1}^{n-1} k\left(\frac{3}{5}\right)^k=\left(\frac{3}{5}\right)^2+2\left(\frac{3}{5}\right)^3+\cdots+(n-2)\left(\frac{3}{5}\right)^{n-1}+(n-1)\left(\frac{3}{5}\right)^n \text{より}$$

$$\frac{2}{5}\sum_{k=1}^{n-1} k\left(\frac{3}{5}\right)^k=\frac{\frac{3}{5}\left\{1-\left(\frac{3}{5}\right)^{n-1}\right\}}{1-\frac{3}{5}}-(n-1)\left(\frac{3}{5}\right)^n$$

$$=\frac{3}{2}\left\{1-\left(\frac{3}{5}\right)^{n-1}\right\}-(n-1)\left(\frac{3}{5}\right)^n$$

これより，$E=\dfrac{3}{2}\left\{1-\left(\dfrac{3}{5}\right)^{n-1}\right\}-(n-1)\left(\dfrac{3}{5}\right)^n+(n+3)\left(\dfrac{3}{5}\right)^n$

$$=\frac{3}{2}\left\{1+\left(\frac{3}{5}\right)^n\right\}$$

【4】(1)　与式$=\displaystyle\int_0^\pi x\sin x\,dx=\Big[-x\cos x\Big]_0^\pi+\int_0^\pi \cos x\,dx=\pi+\Big[\sin x\Big]_0^\pi=\pi$

(2)　$\dfrac{2k-2}{n}\pi\leqq x\leqq\dfrac{2k-1}{n}\pi$ (kは自然数)のとき，$f_n(x)\geqq0$である。

$T_k=\displaystyle\int_{\frac{2k-2}{n}\pi}^{\frac{2k-1}{n}\pi} f_n(x)\,dx=\int_{\frac{2k-2}{n}\pi}^{\frac{2k-1}{n}\pi} x\sin nx\,dx$とする。

$$T_k=\left[-\frac{1}{n}x\cos nx\right]_{\frac{2k-2}{n}\pi}^{\frac{2k-1}{n}\pi}+\frac{1}{n}\int_{\frac{2k-2}{n}\pi}^{\frac{2k-1}{n}\pi}\cos nx\,dx$$

$$=\frac{2k-1}{n^2}\pi+\frac{2k-2}{n^2}\pi+\frac{1}{n^2}\left[\sin nx\right]_{\frac{2k-2}{n}\pi}^{\frac{2k-1}{n}\pi}=\frac{\pi}{n^2}(4k-3)$$

(i)　$n=2m-1$ (mは自然数)のとき

$$S_n=\sum_{k=1}^{\frac{n+1}{2}} T_k=\sum_{k=1}^{\frac{n+1}{2}}\frac{\pi}{n^2}(4k-3)$$

$$=\frac{\pi}{n^2}\cdot\frac{1}{2}\{1+(2n-1)\}\frac{n+1}{2}$$

$$= \frac{n+1}{2n}\,\pi$$

(ii) $n=2m$ (mは自然数)のとき

$$S_n = \sum_{k=1}^{\frac{n}{3}} T_k = \sum_{k=1}^{\frac{n}{2}} \frac{\pi}{n^2}(4k-3)$$

$$= \frac{\pi}{n^2} \cdot \frac{1}{2}\{1+(2n-3)\}\frac{n}{2}$$

$$= \frac{n-1}{2n}\,\pi$$

$$\lim_{n \to \infty} \frac{n+1}{2n}\,\pi = \lim_{n \to \infty} \frac{1+\dfrac{1}{n}}{2}\,\pi = \frac{\pi}{2}$$

$$\lim_{n \to \infty} \frac{n-1}{2n}\,\pi = \lim_{n \to \infty} \frac{1-\dfrac{1}{n}}{2} = \frac{\pi}{2} \quad \text{より,}$$

$$\lim_{n \to \infty} S_n = \frac{\pi}{2}$$

【中高共通】

【1】次の問いに答えなさい。

(1) 平成20年3月に改訂された中学校学習指導要領教科数学では，高等学校から中学校にいくつかの内容が移行された。このうち，中学校学習指導要領解説数学編に記された具体的な内容を5つ答えなさい。

(2) 次の図において，$\angle \mathrm{APB} = \dfrac{1}{2} \angle \mathrm{AOB}$(円周角の定理)が成り立つことを示しなさい。ただし，Oは円の中心である。

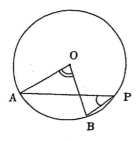

(3) 初項a，公比rの等比数列について，初項から第n項までの和S_nは，

$$S_n = \begin{cases} \dfrac{a(1-r^n)}{1-r} & (r \neq 1) \\ na & (r = 1) \end{cases}$$ で表されることを示しなさい。

(☆☆☆◎◎◎◎)

【2】$P = 2^{320} + 2320$とする。次の問いに答えなさい。ただし，$\log_{10}2 = 0.3010$とする。

(1) Pは何桁の自然数か答えなさい。

(2) Pは，56の倍数であることを示しなさい。

(☆☆☆☆◎◎◎)

【3】 空間において，相異なる4点O(0, 0, 0)，A(a, b, c)，B(b, c, a)，C(c, a, b)がある。

ただし，a, b, cは，$a+b+c=3$を満たす実数とする。

(1)　△ABCは，正三角形であることを示しなさい。

(2)　O，A，B，Cが正四面体の4つの頂点であるとき，この正四面体の一辺の長さを求めなさい。

(3)　(2)において，頂点Aが，点P(1, 1, 1)と点Q(0, 0, 3)を結ぶ線分上にあるとき，a, b, cの値を求めなさい。

(☆☆☆◎◎◎)

【4】 図のように，半径$\dfrac{a}{4}$の円O'が，半径aの円Oの内側をすべることなく回転していくとき，円O'上の定点Pが描く曲線Cを考える。ただしaは正の定数で，点Pの最初の位置を点A(a, 0)とする。

(1)　∠O'OA$=\theta$ ($0\leqq\theta\leqq2\pi$)とするとき，曲線Cは媒介変数θを用いて$x=a\cos^3\theta$，$y=a\sin^3\theta$で表されることを示しなさい。

(2)　曲線Cによって囲まれる部分の面積を求めなさい。

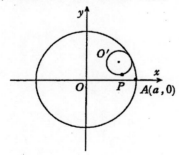

(☆☆☆☆◎◎◎◎)

解答・解説

【中高共通】

【1】(1)　球の表面積と体積，資料の散らばりと代表値，有理数と無理数，二次方程式の解の公式，相似な図形の面積比と体積比　など

(2)　解説参照　　(3)　解説参照

〈解説〉(1)　第1章　3　数学科改訂の要点　イ　中学校数学の内容の改善　参照　他に，数の集合と四則計算の可能性，大小関係を不等式を用いて表すこと，いろいろな事象と関数，標本調査　　(2)　下図のように直径PQを結ぶ。OP＝OBより，△OBPは二等辺三角形　よって，$\angle QOB = 2\angle OPB$…①　同様に，$\angle QOA = 2\angle OPA$…②　①，②より，$\angle AOB = \angle QOB - \angle QOA = 2(\angle OPB - \angle OPA) = 2\angle APB$

$\therefore \quad \angle APB = \dfrac{1}{2}\angle AOB$

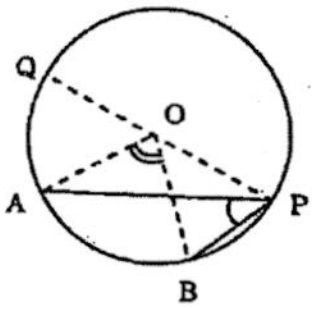

(3)　$r \neq 1$ のとき，$S_n = a + ar + ar^2 + \cdots + ar^{n-1}$…①

$\qquad\qquad rS_n = ar + ar^2 + \cdots + ar^{n-1} + ar^n$…②

①－②より，$(1-r)S_n = a - ar^n$

よって，$S_n = \dfrac{a(1-r^n)}{1-r}$　　$r = 1$ のとき，$S_n = a + a + a + \cdots + a = na$

【2】(1)　97桁　　(2)　解説参照

〈解説〉(1)　$2^{320} < P = 2^{320} + 2320 = 2^{320} + 2^4 \cdot 145 < 2^{320} + 2^4 \cdot 2^8 < 2 \cdot 2^{320} = 2^{321}$

これより，$\log_{10} 2^{320} < \log_{10} P < \log_{10} 2^{321}$　　$320 \log_{10} 2 = 96.32$，$321 \log_{10} 2 = 96.621$ より，$96 < 96.32 < \log_{10} P < 96.621 < 97$　　$\therefore \quad 10^{96} < P < 10^{97}$

よって，Pは97桁の自然数　　(2)　$2^{320} = 2^{3 \cdot 106} \cdot 2^2 = (7+1)^{106} \cdot 4 = (_{106}C_0 \cdot 7^{106} + _{106}C_1 \cdot 7^{105} + \cdots + _{106}C_{105} 7 + _{106}C_{106}) \cdot 4 = 7 \cdot 4(7^{105} + 106 \cdot 7^{104} +$

$\cdots+106)+4\cdots$① $\quad 2320=7\cdot331+3\cdots$② $\quad$ ①+②より， $P=7\{4(7^{105}+106\cdot7^{104}+\cdots+106)+331+1\}$ $\quad$ よって， Pは7の倍数 $\quad$ また， $P=2^3\cdot2^{317}+2^3\cdot290=8(2^{317}+290)$より， Pは8の倍数 $\quad$ したがって， Pは56の倍数である。

【3】 (1) 解説参照 $\quad$ (2) $\dfrac{3\sqrt{2}}{2}$ $\quad$ (3) $a=\dfrac{1}{2}$, $b=\dfrac{1}{2}$, $c=2$

〈解説〉(1) $AB^2=(a-b)^2+(b-c)^2+(c-a)^2$ $\quad BC^2=(b-c)^2+(c-a)^2+(a-b)^2$ $CA^2=(c-a)^2+(a-b)^2+(b-c)^2$ $\quad$ したがって， $AB=BC=CA$ よって， △ABCは正三角形である。

(2) (1)より $AB=BC=CA$ $\quad$ また， $OA^2=OB^2=OC^2=a^2+b^2+c^2$より， $OA=OB=OC$ $\quad$ さらに， $OA^2=AB^2$より，

$a^2+b^2+c^2=(a-b)^2+(b-c)^2+(c-a)^2$

よって， $a^2+b^2+c^2-2ab-2bc-2ca=0\cdots$①

ここで $a+b+c=3$より， $a^2+b^2+c^2+2ab+2bc+2ca=9\cdots$②

①+② $\quad a^2+b^2+c^2=\dfrac{9}{2}=OA^2$ $\quad\therefore\quad OA=\dfrac{3\sqrt{2}}{2}$ $\quad$ よって， 正四面体の一辺の長さは $\dfrac{3\sqrt{2}}{2}$

(3) 線分PQ上に点Aがあるから， $\overrightarrow{OA}=t\overrightarrow{OP}+(1-t)\overrightarrow{OQ}=t(1,\ 1,\ 1)+(1-t)(0,\ 0,\ 3)=(t,\ t,\ 3-2t)$となる$t(0\leqq t\leqq1)$が存在する。$|\overrightarrow{OA}|^2=\dfrac{9}{2}$だから， $t^2+t^2+(3-2t)^2=\dfrac{9}{2}$ $\quad 4t^2-8t+3=0$ $\quad (2t-1)(2t-3)=0$ $\quad 0\leqq t\leqq1$より， $t=\dfrac{1}{2}$ $\quad$ よって， $a=\dfrac{1}{2}$, $b=\dfrac{1}{2}$, $c=2$

【4】 (1) 解説参照 $\quad$ (2) $\dfrac{3}{8}\pi a^2$

〈解説〉(1) 図のように， 円OとO'の接点をQとする。また， x軸正の向きに半直線O'Rをひく。

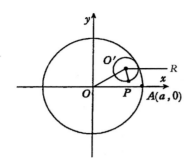

(O'R//OA)　$\overset{\frown}{QA} = \overset{\frown}{QP}$ だから，$a\theta = \dfrac{a}{4}\angle QO'P$　つまり$\angle QO'P = 4\theta$

$\angle QO'R = \theta$ より，$\angle RO'P = -3\theta$

$\overrightarrow{OP} = \overrightarrow{OO'} + \overrightarrow{O'P}$ より，P(x, y)とすると，

$(x, y) = \left(\dfrac{3a}{4}\cos\theta,\ \dfrac{3a}{4}\sin\theta\right) + \left(\dfrac{a}{4}\cos(-3\theta),\ \dfrac{a}{4}\sin(-3\theta)\right) =$

$\dfrac{a}{4}(3\cos\theta + \cos3\theta,\ 3\sin\theta - \sin3\theta) = (a\cos^3\theta,\ a\sin^3\theta)$

(2)　C はx軸，y軸について対称だから，求める面積をS とすると，

$\displaystyle S = 4\int_0^a y\,dx = -4\int_0^{\frac{\pi}{2}} a\sin^3\theta\,(-3a\cos^2\theta\sin\theta)\,d\theta$

$\displaystyle = 12a^2\int_0^{\frac{\pi}{2}}\sin^4\theta\cos^2\theta\,d\theta = 12a^2\int_0^{\frac{\pi}{2}}\left(\dfrac{1-\cos2\theta}{2}\right)^2\left(\dfrac{1+\cos2\theta}{2}\right)d\theta$

$\displaystyle = \dfrac{3}{2}a^2\int_0^{\frac{\pi}{2}}(1-\cos2\theta-\cos^2 2\theta+\cos^3 2\theta)\,d\theta$

$\displaystyle = \dfrac{3}{2}a^2\int_0^{\frac{\pi}{2}}\left(1-\cos2\theta-\dfrac{1+\cos4\theta}{2}+\dfrac{3\cos2\theta+\cos6\theta}{4}\right)d\theta$

$\displaystyle = \dfrac{3}{2}a^2\int_0^{\frac{\pi}{2}}\left(\dfrac{1}{2}-\dfrac{1}{4}\cos2\theta-\dfrac{1}{2}\cos4\theta+\dfrac{1}{4}\cos6\theta\right)d\theta$

$\displaystyle = \dfrac{3}{2}a^2\left[\dfrac{\theta}{2}-\dfrac{1}{8}\sin2\theta-\dfrac{1}{8}\sin4\theta+\dfrac{1}{24}\sin6\theta\right]_0^{\frac{\pi}{2}}$

$= \dfrac{3}{2}a^2\cdot\dfrac{\pi}{4} = \dfrac{3}{8}\pi a^2$

2009年度 　実施問題

【中高共通】

【1】次の問いに答えなさい。

(1) $x=1+\sqrt{5}$ のとき，$A=x^2-2x$，$B=x^4-2x^3-3x^2-5x-6$ とすると，A，Bの式の値を求めなさい，

(2) 連立方程式
$$\begin{cases} x(y+z)=25 \\ y(z+x)=16 \\ z(x+y)=21 \end{cases}$$
を解きなさい。

(☆☆☆○○○)

【2】関数 $f(x)=3\cos^2x+2\sqrt{3}\ \sin x\cos x+\sin^2x$ $(0\leqq x\leqq\dfrac{\pi}{2})$について，次の問いに答えなさい。

(1) $f(x)$を$\sin2x$，$\cos2x$で表しなさい。

(2) $f(x)$の最大値，最小値を求めなさい。そのときのxの値も求めなさい。

(☆☆☆○○○)

【3】$a_1=2$，$a_{n+1}=\dfrac{a_n+3}{a_n-1}$で定められた数列$\{a_n\}$が与えられているとき，次の問いに答えなさい。

(1) 方程式 $x=\dfrac{x+3}{x-1}$ の2つの実数解をα，β $(\alpha>\beta)$とし，

$b_n=\dfrac{a_n-\beta}{a_n-\alpha}$ とおくとき，数列$\{b_n\}$の公比を求めなさい。

(2) 数列$\{a_n\}$の一般項を求めなさい。

(☆☆☆○○○)

【４】連立不等式　$x^2+y^2\leqq1$，$0\leqq z\leqq y^2$を満たす座標空間の点(x, y, z)全体が作る立体をMとするとき，次の問いに答えなさい。

(1)　$y=t$　$(-1\leqq t\leqq1)$とおいて，平面$y=t$によるMの切り口の面積Sを，tを用いて表しなさい。

(2)　(1)を利用して，Mの体積Vを求めなさい。

(☆☆☆◎◎◎)

解答・解説

【中高共通】

【１】(1)　A＝4，B＝$-5-3\sqrt{5}$　　　(2)　$(x, y, z)=(\pm5, \pm2, \pm3)$
(複号同順)

〈解説〉$x=1+\sqrt{5}$ から$x-1=\sqrt{5}$ の両辺を2乗して，$(x-1)^2=5$　$x^2-2x=4$

よって，A＝4

また，Bを，2次式x^2-2x-4で割ると

$B=x^4-2x^3-3x^2-5x-6=(x^2-2x-4)(x^2+1)-3x-2$

ゆえに　$x=1+\sqrt{5}$ を代入して，B＝$-3(1+\sqrt{5})-2=-5-3\sqrt{5}$

(2)　$xy+zx=25\cdots①$，$yz+xy=16\cdots②$，$zx+yz=21\cdots③$　3式の辺々を加えて　$xy+yz+zx=31\cdots④$

①，②，③，④より，$yz=6$，$zx=15$，$xy=10$　3式の辺々をかけて

$(xyz)^2=30^2$　$xyz=\pm30$

ゆえに$x=\pm5$，$y=\pm2$，$z=\pm3$

したがって，$(x, y, z)=(\pm5, \pm2, \pm3)$　(複号同順)

【2】 (1)　$\sqrt{3}\sin2x+\cos2x+2$　　(2)　最大値4　$(x=\dfrac{\pi}{6}$のとき)，最小値1

$(x=\dfrac{\pi}{2}$のとき)

〈解説〉(1)　$2\sin x\cos x=\sin2x$，$\cos^2 x=\dfrac{1+\cos2x}{2}$，$\sin^2 x=\dfrac{1-\cos2x}{2}$

を与式に代入して，

$f(x)=3\dfrac{1+\cos2x}{2}+\sqrt{3}\sin2x+\dfrac{1-\cos2x}{2}=\sqrt{3}\sin2x+\cos2x+2$

(2)　三角関数の合成より

$f(x)=\sqrt{3}\sin2x+\cos2x+2=2\sin\left(2x+\dfrac{\pi}{6}\right)+2$

条件$0\leqq x\leqq\dfrac{\pi}{2}$から，$\dfrac{\pi}{6}\leqq2x+\dfrac{\pi}{6}\leqq\dfrac{7}{6}\pi$となり　$-\dfrac{1}{2}\leqq\sin\left(2x+\dfrac{\pi}{6}\right)\leqq1$

したがって，最大値4　$(x=\dfrac{\pi}{6}$のとき)，最小値1　$(x=\dfrac{\pi}{2}$のとき)

【3】 (1)　公比は-1　　(2)　$a_n=\dfrac{9(-1)^n+1}{3(-1)^n-1}$

〈解説〉(1)　方程式　$x^2-2x-3=$

0　を解いて

$x=3$，-1　　$\alpha=3$，$\beta=-1$　とし，$b_n=\dfrac{a_n+1}{a_n-3}$とすると，

$b_{n+1}=\dfrac{a_{n+1}+1}{a_{n+1}-3}=\dfrac{\dfrac{a_n+3}{a_n-1}+1}{\dfrac{a_n+3}{a_n-1}-3}$

$=\dfrac{a_n+3+(a_n-1)}{a_n+3-3(a_n-1)}$

$=-\dfrac{a_n+1}{a_n-3}=-b_n$

ゆえに，数列$\{b_n\}$の公比は-1

(2)　$b_1=\dfrac{a_1+1}{a_1-3}=-3$　だから，数列$\{b_n\}$は初項-3，公比-1の等比数

列より，$b_n=-3(-1)^{n-1}=3(-1)^n$

よって，$\dfrac{a_n+1}{a_n-3}=3(-1)^n$　から　$a_n=\dfrac{9(-1)^n+1}{3(-1)^n-1}$

【４】(1)　$2t^2\sqrt{1-t^2}$　　　(2)　$\dfrac{\pi}{4}$

〈解説〉(1)　$y=t$　とおくと，条件式から $x^2\leqq1-t^2$

よって，$-\sqrt{1-t^2}\leqq x\leqq\sqrt{1-t^2}$　また，$0\leqq z\leqq t^2$

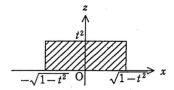

これらを zx 平面に図示すると，図のように長方形になるから，

$S=2t^2\sqrt{1-t^2}$

(2)　$V=\displaystyle\int_{-1}^{1}Sdt=-2\int_{-1}^{1}t^2\sqrt{1-t^2}\,dt=4\int_{0}^{1}t^2\sqrt{1-t^2}\,dt$

ここで，$t=\sin\theta$ とおくと　$dt=\cos\theta\,d\theta$　$t:0\to1$のとき

$\theta:0\to\dfrac{\pi}{2}$

ゆえに，$V=4\displaystyle\int_{0}^{\frac{\pi}{2}}\sin^2\theta\sqrt{1-\sin^2\theta}\,\cos\theta\,d\theta$

$\begin{aligned}
&=4\int_{0}^{\frac{\pi}{2}}\sin^2\theta\cos^2\theta\,d\theta\\
&=\int_{0}^{\frac{\pi}{2}}\sin^2 2\theta\,d\theta\\
&=\int_{0}^{\frac{\pi}{2}}\frac{1-\cos4\theta}{2}d\theta\\
&=\frac{1}{2}\Big[\theta-\frac{1}{4}\sin4\theta\Big]_{0}^{\frac{\pi}{2}}\\
&=\frac{\pi}{4}
\end{aligned}$

2008年度　実施問題

【中高共通】

【1】放物線$y=x^2-2x+1$と直線$y=mx$について，次の問いに答えなさい。

(1) 上の放物線と直線が異なる2点P，Qで交わるためのmの範囲を求めなさい。

(2) mが(1)で求めた範囲を動くとき，2点P，Qの中点Mの軌跡の方程式を求めなさい。

(☆◎◎◎)

【2】曲線C：$y=x^3-2x^2$と直線L：$y=(p^2-1)x$について，次の問いに答えなさい。ただし，$0<p<1$とする。

(1) Cの極値を求め，グラフをかきなさい。

(2) CとLとで囲まれる2つの図形の面積の和Sを定積分で表しなさい。

(3) (2)の定積分を計算して，S$を$p$で表しなさい。

(☆☆☆◎◎◎)

【3】各辺の長さが2である正四面体において，$\overrightarrow{OA}=\overrightarrow{a}$，$\overrightarrow{OB}=\overrightarrow{b}$，$\overrightarrow{OC}=\overrightarrow{c}$とし，辺OA上に点P，辺BC上にQをとるとき，次の問いに答えなさい。

(1) OP：PA$=s$：$(1-s)$，BQ：QC$=t$：$(1-t)$とおくとき，$\overrightarrow{PQ}$を$\overrightarrow{a}$，$\overrightarrow{b}$，$\overrightarrow{c}$，s，tで表しなさい。

(2) $|\overrightarrow{PQ}|$の最小値を求めなさい。また，そのときのs, tの値を求めよ。

(☆☆☆◎◎◎)

【4】nを2以上の自然数とするとき，次の問いに答えなさい。

(1) 不等式$n\log n-n+1<\displaystyle\sum_{k=1}^{n}\log k$を証明しなさい。

(2) 不等式$n\log n-n+1<\log n!<(n+1)\log n-n+1$を利用して，極限

値 $\lim_{n\to\infty}(n!)^{\frac{1}{n^n}}$ を求めなさい。ただし，1から n までの自然数の積を $n!$ で表す。

(☆☆☆○○○)

解答・解説

【中高共通】

【1】(1)　$m<-4,\ 0<m$　　(2)　$y=2x^2-2x$　$(x<-1,\ 1<x)$

〈解説〉(1)　$x^2-2x+1=mx$　より，

$x^2+(-2-m)x+1=0$

$f(x)=x^2+(-2-m)x+1=0$ の判別式をDとおくと，

$D=(-2-m)^2-4==m^2+4m$

放物線 $y=x^2-2x+1$ と直線 $y=mx$ が異なる2点P，Qで交わるためには

D＞0であればよいので，

$D=m^2+4m>0$，$m(m+4)>0$　より，$m<-4,\ 0<m$

(2)　2点P，Qの x 座標を α，β とすると，

$x=\alpha$，β は $x^2+(-2-m)x+1=0$ を満たす。

解と係数の関係より，$\alpha+\beta=2+m$

よって，中点M(X, Y)とおくと，$X=\dfrac{2+m}{2}$　…①

また，Y＝mX にXの値を代入して，$Y=\dfrac{m(2+m)}{2}$　…②

①より，$m=2X-2$　これを②に代入して，

$Y=\dfrac{(2X-2)\{2+(2X-2)\}}{2}=2X^2-2X$

また，①からX＝$1+\dfrac{m}{2}$　(1)より m

<-4 から　X<-1，

$0<m$ から　$1<X$

178

よって，中点Mの軌跡の方程式は

$y=2x^2-2x \quad (x<-1, \ 1<x)$

【2】(1)　極大値0，極小値$-\dfrac{32}{27}$

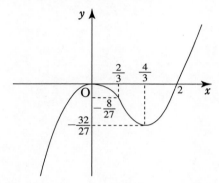

(2)　$S=\displaystyle\int_{-p+1}^{p+1} \{-x^3+2x^2+(p^2-1)x\}dx+\int_0^{-p+1} \{x^3-2x^2-(p^2-1)x\}dx$

(3)　$S=-\dfrac{1}{4}p^4+2p^3-\dfrac{1}{2}p^2+\dfrac{1}{12}$

〈解説〉(1)　$f(x)=x^3-3x$とおくと

$f'(x)=3x^2-4x=x(3x-4)$

$f'(x)=0$となるxは$x=0, \ \dfrac{4}{3}$である。

$f''(x)=6x-4 \quad f''(x)=0$となる$x$は$x=\dfrac{2}{3}$である。

グラフは$x<\dfrac{2}{3}$で上に凸，$\dfrac{2}{3}<x$で下に凸となる。

増減表は

x		0		$\dfrac{4}{3}$	
$f'(x)$	$+$	0	$-$	0	$+$
$f(x)$	↗	0	↘	$-\dfrac{32}{27}$	↗

よって，極大値は0，極小値は$-\dfrac{32}{27}$である。

(2)　$0<p<1$ より　$-1<p^2-1<0$　なので，直線lは原点を通り，傾き

が-1より大きく，0より小さい直線になる。

曲線Cと直線Lの交点を求める。

$x^3-2x^2=(p^2-1)x$　$\Leftrightarrow$　$x(x-p-1)(x+p-1)=0$

交点のx座標は　0，$p+1$，$-p+1$である。

$0<p<1$ より，$0<-p+1<p+1$

よって，下図の斜線部の面積の和がSになるので，

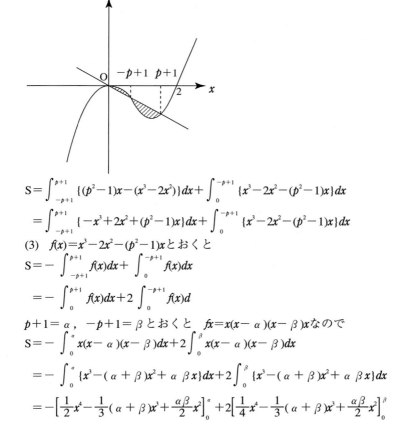

$$S=\int_{-p+1}^{p+1}\{(p^2-1)x-(x^3-2x^2)\}dx+\int_{0}^{-p+1}\{x^3-2x^2-(p^2-1)x\}dx$$

$$=\int_{-p+1}^{p+1}\{-x^3+2x^2+(p^2-1)x\}dx+\int_{0}^{-p+1}\{x^3-2x^2-(p^2-1)x\}dx$$

(3)　$f(x)=x^3-2x^2-(p^2-1)x$ とおくと

$$S=-\int_{-p+1}^{p+1}f(x)dx+\int_{0}^{-p+1}f(x)dx$$

$$=-\int_{0}^{p+1}f(x)dx+2\int_{0}^{-p+1}f(x)d$$

$p+1=\alpha$，$-p+1=\beta$ とおくと　$fx=x(x-\alpha)(x-\beta)x$ なので

$$S=-\int_{0}^{\alpha}x(x-\alpha)(x-\beta)dx+2\int_{0}^{\beta}x(x-\alpha)(x-\beta)dx$$

$$=-\int_{0}^{\alpha}\{x^3-(\alpha+\beta)x^2+\alpha\beta x\}dx+2\int_{0}^{\beta}\{x^3-(\alpha+\beta)x^2+\alpha\beta x\}dx$$

$$=-\left[\frac{1}{2}x^4-\frac{1}{3}(\alpha+\beta)x^3+\frac{\alpha\beta}{2}x^2\right]_{0}^{\alpha}+2\left[\frac{1}{4}x^4-\frac{1}{3}(\alpha+\beta)x^3+\frac{\alpha\beta}{2}x^2\right]_{0}^{\beta}$$

$$=\frac{1}{12}\alpha^4-\frac{1}{6}\alpha^3\beta-\frac{1}{6}\beta^4+\frac{1}{3}\alpha\beta^3=\frac{1}{12}\alpha^3(\alpha-2\beta)-\frac{1}{6}\beta^3(\beta-2\alpha)$$

$\alpha=p+1$, $\beta=-p+1$を代入して，

$$S=\frac{1}{12}(p+1)^3(3p-1)+\frac{1}{6}(-p+1)^3(3p+1)$$

$$=-\frac{1}{4}p^4+2p^3-\frac{1}{2}p^2+\frac{1}{12}$$

【3】(1) $\overrightarrow{PQ}=-s\overrightarrow{a}+(1-t)\overrightarrow{b}+t\overrightarrow{c}$ (2) 最小値$\sqrt{2}$，$s=\frac{1}{2}$，

$t=\frac{1}{2}$

〈解説〉 $\overrightarrow{OP}=s\overrightarrow{a}$，$\overrightarrow{OQ}=(1-t)\overrightarrow{b}+t\overrightarrow{c}$

$\overrightarrow{PQ}=\overrightarrow{OQ}-\overrightarrow{OP}=(1-t)\overrightarrow{b}+t\overrightarrow{c}-s\overrightarrow{a}$

(2) $\overrightarrow{PQ}$が$\overrightarrow{OA}$にも$\overrightarrow{BC}$にも垂直なとき$|\overrightarrow{PQ}|$は最少になる。

$\overrightarrow{OA}=\overrightarrow{a}$，$\overrightarrow{BC}=\overrightarrow{c}-\overrightarrow{b}$なので，

$\overrightarrow{PQ}\cdot\overrightarrow{OQ}=\{-s\overrightarrow{a}+(1-t)\overrightarrow{b}+t\overrightarrow{c}\}\cdot\overrightarrow{a}$

$\qquad=-s\overrightarrow{a}\cdot\overrightarrow{a}+(1-t)\overrightarrow{b}\cdot\overrightarrow{a}+t\overrightarrow{c}\cdot\overrightarrow{a}$

$\qquad=-s\cdot2\cdot2+(1-t)\cdot2\cdot2\cdot\cos60°+t\cdot2\cdot2\cdot\cos60°$

$\qquad=-4s+2$

$-4s+2=0$より，$s=\frac{1}{2}$

$\overrightarrow{PQ}\cdot\overrightarrow{BC}=\{-s\overrightarrow{a}+(1-t)\overrightarrow{b}+t\overrightarrow{c}\}\cdot(\overrightarrow{c}-\overrightarrow{a})$

$\qquad=-s\overrightarrow{a}\cdot\overrightarrow{c}+s\overrightarrow{a}\cdot\overrightarrow{a}+(1-t)\overrightarrow{b}\cdot\overrightarrow{c}+(1-t)\overrightarrow{b}\cdot\overrightarrow{a}$

$\qquad\quad+t\overrightarrow{c}\cdot\overrightarrow{c}-t\overrightarrow{c}\cdot\overrightarrow{a}$

$\qquad=-s\cdot2\cdot2+s\cdot2\cdot2+(1-t)2\cdot2\cdot\cos60°+(1-t)2\cdot2\cdot\cos60°$

$\qquad\quad+t\cdot2\cdot2-t\cdot2\cdot2\cdot\cos60°$

$\qquad=4-2t$

$4-2t=0$より，$t=\frac{1}{2}$

$s=\frac{1}{2}$，$t=\frac{1}{2}$より，点Pは辺OAの，点Qは辺BCの中点

よって，下図により，△QOAはQO＝QAの二等辺三角形になる。

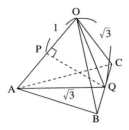

よって，PQ＝$\sqrt{(\sqrt{3})^2-1^2}=\sqrt{2}$　なので

$|\overrightarrow{PQ}|$の最小値は　$\sqrt{2}$

【４】(1)　解説参照　　(2)　1

〈解説〉(1)　$f(n)=\displaystyle\sum_{k=1}^{n}\log k-n\log n+n-1$

$\qquad\qquad =\log 1+\log 2+\cdots\log n-(\log n+\log n+\cdots+\log n)+n-1$

$\qquad\qquad =\log\dfrac{1}{n}+\log\dfrac{2}{n}+\cdots+\log\dfrac{n}{n}+n-1$

$\qquad\qquad =\log\dfrac{1\cdot 2\cdot\cdots\cdot n}{n\cdot n\cdot\cdots\cdot n}+n-1$

$n=2$のとき

$f(2)=\log\dfrac{1\cdot 2}{2\cdot 2}+2-1=\log\dfrac{1}{2}+1$

$\log\dfrac{1}{10}+1<\log\dfrac{1}{2}+1$　より　$0<\log\dfrac{1}{2}+1$

よって，$n=2$のとき不等式は成り立つ。

$\quad(n+1)\log(n+1)-(n+1)+1-(n\log n-n+1)$

$=n\{\log(n+1)-\log n\}+\log(n+1)-1$

$=n\log\left(1+\dfrac{1}{n}\right)+\log(n+1)-1$

$2<n$より　$1<1+\dfrac{1}{n}<2<10$

よって　$n\log\left(1+\dfrac{1}{n}\right)<0,$

$n\log\left(1+\dfrac{1}{n}\right)+\log(n+1)-1<\log(n+1)$

$n=2$で不等号が成り立ち，nの値が1増えることによる式の値の増加量

が左辺より右辺の方が大きいので,

不等式　$n\log n - n + 1 < \displaystyle\sum_{k=1}^{n} \log k$　は成り立つ。

(2)　$10^{n\log n - n + 1} < n\,! < 10^{(n+1)\log n - n + 1}$

$10^{\frac{\log n}{n} - \frac{1}{n} + \frac{1}{n^2}} < (n\,!)^{\frac{1}{n^2}} < 10^{\frac{n+1}{n^2}\log n - \frac{1}{n} + \frac{1}{n^2}}$

$\displaystyle\lim_{n\to\infty} 10^{\frac{\log n}{n}} \cdot 10^{-\frac{1}{n}} \cdot 10^{\frac{1}{n^2}} < \lim_{n\to\infty} (n\,!)^{\frac{1}{n^2}} < \lim_{n\to\infty} 10^{\frac{n+1}{n^2}\log n} \cdot 10^{-\frac{1}{n}} + 10^{\frac{1}{n^2}}$

$\displaystyle\lim_{n\to\infty} 10^{\frac{\log n}{n}} < \lim_{n\to\infty} (n\,!)^{\frac{1}{n^2}} < \lim_{n\to\infty} 10^{\frac{n+1}{n^2}\log n}$

関数の増加の速さは　$n^2 \gg n \gg \log n$　なので,

$\displaystyle\lim_{n\to\infty} \frac{\log n}{n} = 0,$

$\displaystyle\lim_{n\to\infty} \frac{n+1}{n^2}\log n = \lim_{n\to\infty} (\frac{\log n}{n} + \frac{\log n}{n^2}) = 0$

よって,　$\displaystyle\lim_{n\to\infty} 10^{\frac{\log n}{n}} = \lim_{n\to\infty} 10^0 = 1$

$\displaystyle\lim_{n\to\infty} 10^{\frac{n+1}{n^2}\log n} = \lim_{n\to\infty} 10^0 = 1$

なので,　極限値　$\displaystyle\lim_{n\to\infty} (n\,!)^{\frac{1}{n^2}} = 1$

2007年度　実施問題

【中高共通】

【1】次の問いに答えなさい。

(1)　整数a，bに対して，$[a，b]$を$[a，b]=a+b\sqrt{2}$で定義する。$[a，-b]\times[b，a]=[a，b]$を満たす整数a，bを求めなさい。

(2)　$f(x)=2\sqrt{3}\sin x+3\cos\left(x+\dfrac{\pi}{3}\right)+1 (0\leqq x\leqq\pi)$の最大値と最小値を求めなさい。

(☆☆◎◎)

【2】正数の数列$\{x_n\}$の初項から第n項までの和をS_nとおくと，x_nとS_nの間に$S_n=\dfrac{1}{2}\left(x_n+\dfrac{1}{x_n}\right)(n=1，2，3\cdots)$の関係が成り立つとき

(1)　x_1，x_2，x_3を求めなさい。

(2)　s_nをnの式で表しなさい。

(3)　x_nをnの式で表しなさい。

(4)　$\displaystyle\lim_{n\to\infty}x_n$を求めなさい。

(☆☆☆◎◎◎)

【3】空間の直交軸に対して，3点A，B，Cの座標はそれぞれ$(2，0，0)$，$(0，2，0)$，$(0，0，1)$とする。次の問いに答えなさい。

(1)　$\angle ACB=\theta$として$\sin\theta$および三角形ABCの面積Sを求めなさい。

(2)　原点Oから三角形ABCの平面αに垂線OHをひき，$\overrightarrow{OH}$の向きの単位ベクトルの成分を求めなさい。

(3)　三角形ABC，三角形AOCの平面をそれぞれα，βとするとき，α，βのなす角をφとして，$\cos\varphi$を求めなさい。

(☆☆☆◎◎◎)

【4】 $0 \leqq x \leqq \pi$ の範囲における関数$y = \sin x$のグラフをCとし，x軸と曲線C とで囲まれた図形をAとする。Cをx軸の正の方向に$a(>0)$だけ平行移動した曲線によって図形Aの面積を2等分するようにしたい。次の問いに答えなさい。

(1) 図形Aの面積を求めなさい。

(2) 定数aの値を求めなさい。

(☆☆☆◎◎◎)

解答・解説

【中高共通】

【1】 (1) $(a, b) = (0, 0), (0, -1)$ (2) 最大値$\sqrt{3} + 1\left(x = \dfrac{\pi}{6}\right)$

最小値$-\dfrac{1}{2}(x = \pi)$

〈解説〉(1) $(a - \sqrt{2}\,b)(b + \sqrt{2}\,a) = a + \sqrt{2}\,b$

$(a^2 - b^2 - b)\sqrt{2} - a(b+1) = 0$

$\sqrt{2}$ は無理数，$a^2 - b^2 - b$, $a(b+1)$は整数なので

$\begin{cases} a^2 - b^2 - b = 0 & ① \\ a(b+1) = 0 & ② \end{cases}$

②から$a = 0$ 又は$b = -1$

①から $a = 0$のとき $b = 0, -1$

　　　　$b = -1$のとき $a = 0$

∴ $(a, b) = (0, 0), (0, -1)$

(2) $f(x) = 2\sqrt{3}\sin x + 3\cos\left(x + \dfrac{\pi}{3}\right) + 1$ $(0 \leqq x \leqq \pi)$

$= 2\sqrt{3}\sin x + 3\left(\dfrac{1}{2}\cos x - \dfrac{\sqrt{3}}{2}\sin x\right) + 1$

$$= \frac{\sqrt{3}}{2}\sin x + \frac{3}{2}\cos x + 1$$

$$= \sqrt{3}\left(\frac{1}{2}\sin x + \frac{\sqrt{3}}{2}\cos x\right) + 1$$

$$= \sqrt{3}\sin\left(x + \frac{\pi}{3}\right) + 1 \quad \text{—①}$$

$0 \leqq x \leqq \pi$ より　$\frac{\pi}{3} \leqq x + \frac{\pi}{3} \leqq \frac{4}{3}\pi$

$x + \frac{\pi}{3} = \frac{\pi}{2}$ のとき，即ち $x = \frac{\pi}{6}$ のとき　$\sin(x + \frac{\pi}{3}) = 1$ で最大となるから，①は $\sqrt{3} + 1$

また，$x + \frac{\pi}{3} = \frac{4}{3}\pi$，即ち $x = \pi$ のとき　$\sin\left(x + \frac{\pi}{3}\right) = -\frac{\sqrt{3}}{2}$ で最小となるから，①は $-\frac{1}{2}$

【２】(1)　$x_1 = 1$　　$x_2 = -1 + \sqrt{2}$　　$x_3 = -\sqrt{2} + \sqrt{3}$　　(2)　$S_n = \sqrt{n}$

(3)　$x_n = -\sqrt{n-1} + \sqrt{n}$　　(4)　0

〈解説〉(1)　$x_1 = S_1 = \frac{1}{2}\left(x_1 + \frac{1}{x_1}\right)$

$$x_1{}^2 = 1$$

$x_1 > 0$ より

$x_1 = 1$

$S_2 = x_1 + x_2 = \frac{1}{2}\left(x_2 + \frac{1}{x_2}\right)$

$1 + x_2 = \frac{1}{2}\left(x_2 + \frac{1}{x_2}\right)$

$x_2{}^2 + 2x_2 - 1 = 0$

$x_2 = -1 \pm \sqrt{2}$

$x_2 > 0$ より

$x_2 = -1 + \sqrt{2}$

$$S_3 = x_1 + x_2 + x_3 = \frac{1}{2}\left(x_3 + \frac{1}{x_3}\right)$$

$$1 + (-1 + \sqrt{2}) + x_3 = \frac{1}{2}\left(x_3 + \frac{1}{x_3}\right)$$

$$x_3^2 + 2\sqrt{2}\,x_3 - 1 = 0$$

$$x_3 = -\sqrt{2} \pm \sqrt{3}$$

$x_3 > 0$ より $x_3 = -\sqrt{2} + \sqrt{3}$

(2) $S_1 = 1$

$$S_2 = 1 + (-1 + \sqrt{2}) = \sqrt{2}$$

$$S_3 = 1 + (-1 + \sqrt{2}) + (-\sqrt{2} + \sqrt{3}) = \sqrt{3}$$

$$\vdots$$
$$\vdots$$

$$S_n = \sqrt{n} \ \cdots\cdots ①$$

①が成り立つことを帰納法で証明する。

(i) $n=1$ のとき $S_1 = 1 = \sqrt{1}$ 成立

(ii) $n=k$ のとき ①が成り立つとすると $S_k = \sqrt{k}$ $(k=1,\ 2,\ \cdots,\ n)$

$n=k+1$ のとき

$$S_{k+1} = S_k + x_{k+1} = \sqrt{k} + x_{k+1} = \frac{1}{2}\left(x_{k+1} + \frac{1}{x_{k+1}}\right)$$

$$x_{k+1}^2 + 2\sqrt{k}\,x_{k+1} - 1 = 0$$

$$x_{k+1} = -\sqrt{k} \pm \sqrt{k+1}$$

$x_{k+1} > 0$ より $x_{k+1} = -\sqrt{k} + \sqrt{k+1}$

$\therefore$ $S_{k+1} = \sqrt{k} + (-\sqrt{k} + \sqrt{k+1}) = \sqrt{k+1}$

これは $n=k+1$ のときにも成り立つ。

(i)(ii)から任意の自然数 n に対して①が成り立つ。

(3) $x_1 = 1$

$$x_2 = -1 + \sqrt{2}$$

$$x_3 = -\sqrt{2} + \sqrt{3}$$

$$\vdots$$
$$\vdots$$

$x_n = -\sqrt{n-1} + \sqrt{n} \cdots ②$

②が成り立つことを帰納法で証明する。

(i)　$n=1$のとき　$x_1=1$　で成立

(ii)　$n=k$のとき②が成立するとすると　$x_k = -\sqrt{k-1} + \sqrt{k}$

(2)から$x_{k+1} = -\sqrt{k} + \sqrt{k+1}$
$$= -\sqrt{(k+1)-1} + \sqrt{k+1}$$

これは$n=k+1$のときも②が成り立つことを示している。

以上(i)(ii)から，任意の自然数nに対して②は成り立つ。

(4)　$\displaystyle \lim_{n \to \infty} x_n = \lim_{n \to \infty} (-\sqrt{n-1} + \sqrt{n}) = \lim_{n \to \infty} \frac{(\sqrt{n} - \sqrt{n-1})(\sqrt{n} + \sqrt{n-1})}{\sqrt{n} + \sqrt{n-1}}$

$\displaystyle = \lim_{n \to \infty} \frac{1}{\sqrt{n} + \sqrt{n+1}} = 0$

【３】(1)　$\sin\theta = \dfrac{2\sqrt{6}}{5}$　$S = \sqrt{6}$　　(2)　$\left(\dfrac{\sqrt{6}}{6}, \ \dfrac{\sqrt{6}}{6}, \ \dfrac{\sqrt{6}}{3} \right)$

(3)　$\dfrac{\sqrt{6}}{6}$

〈解説〉

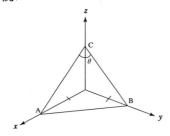

$AC = BC = \sqrt{2^2 + 1^2} = \sqrt{5}$　　$AB = 2\sqrt{2}$

$$\cos\theta = \frac{(\sqrt{5})^2 + (\sqrt{5})^2 - (2\sqrt{2})^2}{2 \cdot \sqrt{5} \cdot \sqrt{5}} = \frac{1}{5}$$

$$\therefore\ \sin\theta = \sqrt{1-\left(\frac{1}{5}\right)^2} = \frac{2\sqrt{6}}{5}$$

$$S = \frac{1}{2}AC\cdot BC\cdot\sin\theta = \frac{1}{2}\sqrt{5}\times\sqrt{5}\times\frac{2\sqrt{6}}{5} = \sqrt{6}$$

(2) H(a, b, c)とすると，$\vec{CH}=(a,\ b,\ c-1)$　$\vec{CA}=(2,\ 0,\ -1)$

$\vec{CB}=(0,\ 2,\ -1)$

Hは△ABCの平面上にあるので，

$\vec{CH}=s\vec{CA}+t\vec{CB}$

$(a,\ b,\ c-1)=s(2,\ 0,\ -1)+t(0,\ 2,\ -1)$

$\therefore\ a=2s,\ b=2t,\ c=-s-t+1$

CA⊥CHより　$2\times s+(-s-t+1)\times(-1)=0$

CB⊥CHより　$2t\times2+(-s-t+1)\times(-1)=0$

これを解いて$s=t=\frac{1}{6}$

よってH$\left(\frac{1}{3},\ \frac{1}{3},\ \frac{2}{3}\right)$

$\vec{OH}$の向きの単位ベクトルは

$$\vec{e}=\frac{1}{\sqrt{\left(\frac{1}{3}\right)^2+\left(\frac{1}{3}\right)^2+\left(\frac{2}{3}\right)^2}}\left(\frac{1}{3},\ \frac{1}{3},\ \frac{2}{3}\right)=\left(\frac{\sqrt{6}}{6},\ \frac{\sqrt{6}}{6},\ \frac{\sqrt{6}}{3}\right)$$

(3)　αの法線ベクトル$\vec{u}=\vec{OH}=\left(\frac{1}{3},\ \frac{1}{3},\ \frac{2}{3}\right)$

βの法線ベクトル$\vec{v}=(0,\ 2,\ 0)$

α，βのなす角をφとすると，それは$\vec{u}$と$\vec{v}$のなす角に等しいから

$$\cos\varphi=\frac{(\vec{u},\ \vec{v})}{|\vec{u}||\vec{v}|}=\frac{\frac{1}{3}\times2}{\sqrt{\frac{6}{9}}\times\sqrt{4}}=\frac{\sqrt{6}}{6}$$

【４】(1)　2　　(2)　$\dfrac{\pi}{3}$

〈解説〉(1)

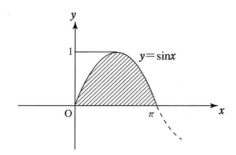

$S = \displaystyle\int_0^\pi \sin x$

$ = \Bigl[-\cos x\Bigr]_0^\pi$

$ = 2$

(2)

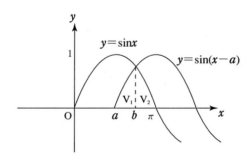

$y = \sin x$ を x 軸に $a(>0)$ だけ平行移動させたときの式は $y = \sin(x-a)$ となる。

その交点の x 座標を b とすると

$\sin b = \sin(b-a)$

また，$\sin b = \sin(\pi - b)$ より

$b - a = \pi - b$

$b = \dfrac{\pi + a}{2}$

つまり図のV_1とV_2は面積が等しいから，

題意から$V_1 = V_2 = \dfrac{1}{2}$ $(\because V_1 + V_2 = 1)$

$V_2 = \dfrac{1}{2} = \displaystyle\int_b^\pi \sin x \, dx = \Big[-\cos x\Big]_b^\pi = 1 + \cos b$

$\therefore \quad \cos b = -\dfrac{1}{2} \quad \therefore \quad \sin b = \dfrac{\sqrt{3}}{2} \quad (\because b < \pi)$

次に$V_1 = \dfrac{1}{2} = \displaystyle\int_a^b \sin(x-a) \, dx$

$\qquad\qquad = \Big[-\cos(x-a)\Big]_a^b$

$\qquad\qquad = -\cos(b-a) + 1$

$\therefore \quad \cos(b-a) = \dfrac{1}{2}$

$\cos b \cdot \cos a + \sin b \cdot \sin a = \dfrac{1}{2}$

$-\dfrac{1}{2} \cos a + \dfrac{\sqrt{3}}{2} \sin a = \dfrac{1}{2}$

$\sin\!\left(a + \dfrac{5}{6}\pi\right) = -\dfrac{1}{2}$

$\therefore \quad a + \dfrac{5}{6}\pi = -\dfrac{\pi}{6}, \quad \dfrac{7}{6}\pi$

$a > 0$より $\quad a = \dfrac{\pi}{3}$

2006年度　　**実施問題**

【中高共通】

【１】　次の各問に答えなさい。

(1)　$\sum_{l=1}^{10}\left\{\sum_{k=1}^{10}(3k+l)\right\}$ を計算し，値を求めなさい。

(2)　複素数平面上で，原点を中心とし半径2の円に内接する正方形ABCDがある。弧AB上を動く点Pから4点A，B，C，Dまでの距離の積の最大値を求めなさい。

(☆☆☆◎◎◎)

【２】　次の各問に答えなさい。ただし，[x]はxを越えない最大の整数を表す。

(1)　[$\log_2 21$]の値を求めなさい。

(2)　[$\log_3 x$]＝[$\log_3(x+2)$]＝aを満たす正の数xの範囲を求めなさい。ただし，aは自然数とする。

(☆☆☆◎◎◎)

【３】　関数$y＝f(x)$が，$y＝x\dfrac{dy}{dx}+\dfrac{1}{2}\left(\dfrac{dy}{dx}\right)^2$を満たしている。ただし，関数$y＝f(x)$は$x$の多項式である。

(1)　関数$y＝f(x)$の次数を求めなさい。

(2)　このような関数$y＝f(x)$をすべて求めなさい。

(☆☆☆◎◎◎)

【４】　△OABにおいて，OA＝5，OB＝4，∠AOB＝60°とする。OAを$m：n$の比に内分する点をC，Aから辺OBにおろした垂線の足をDとし，ADとBCの交点をPとする。$\overrightarrow{\text{OA}}＝\vec{a}$，$\overrightarrow{\text{OB}}＝\vec{b}$として，次の各問に答えなさい。

192

(1) $\overrightarrow{\mathrm{OD}}$ を $\vec{a}$, $\vec{b}$ を用いて表しなさい。

(2) $\overrightarrow{\mathrm{OP}}$ を $\vec{a}$, $\vec{b}$, m, nを用いて表しなさい。

(3) OP⊥ABとなるとき, m：nの比を求めなさい。

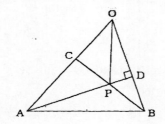

(☆☆☆◎◎◎)

【5】 半径5cmの球を半分に切った形の容器に, 図のようにV_0cm³の水が $h$cmの高さまで入っている。この水を, 底面の半径が2cm, 口の半径が3cm, 高さが5cmの円すい台の形のコップにいっぱいまで入れるとまだ容器に27πcm³残る。このとき次の各問に答えなさい。

(1) コップの体積Vを求めなさい。

(2) 水面の高さhを求めなさい。

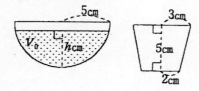

(☆☆☆◎◎◎)

解答・解説

【中高共通】

【１】(1)　$\displaystyle\sum_{l=1}^{10}\left\{\sum_{k=1}^{10}(3k+1)\right\}=\sum_{l=1}^{10}\left(\frac{3}{2}\cdot10\cdot11+10l\right)$

$\displaystyle\qquad\qquad\qquad\qquad=\sum_{l=1}^{10}\left(165+10l\right)$

$\displaystyle\qquad\qquad\qquad\qquad=165\times10+10\times\frac{1}{2}\times10\times11$

$\displaystyle\qquad\qquad\qquad\qquad=2200$

(2)　A＝2，B＝2i，C＝－2，D＝－2i，P＝z＝2(cosθ＋$i$sinθ)

(ただし　0≦θ≦90°) としてもよい。

PA・PB・PC・PD＝$|z-2||z-2i||z+2||z+2i|$

$\qquad\qquad\qquad=|(z-2)(z-2i)(z+2)(z+2i)|$

$\qquad\qquad\qquad=|z^4-16|$

$\qquad\qquad\qquad=|16(\cos4\theta+i\sin4\theta-1)|$

$\qquad\qquad\qquad=16$

$\qquad\qquad\qquad=16\sqrt{2(1-\cos4\theta)}$

$\qquad\qquad\qquad=32$

$\qquad\qquad\qquad=32\sin2\theta$

つまりθ＝45°の時，最大値32をとる。

【２】(1)　$\log_2 16<\log_2 21<\log_2 32$　より

$4<\log_2 21<5$

∴　$[\log_2 21]=4$

(2)　$[\log_3 x]=a$　より　$3^a\leqq x<3^{a+1}$…①

$[\log_3(x+2)]=a$　より　$3^a\leqq x+2<3^{a+1}$…②

①，②より　$3^a\leqq x<3^{a+1}-2$

【3】(1) $f(x)$ の次数を n とする。

(i) $n \geqq 3$ のとき， $f(x) = \displaystyle\sum_{k=0}^{n} a_k x^k$ とおくと， $(a_n \neq 0)$

$$y - x\frac{dy}{dx} = \sum_{k=0}^{n} a_k x^k - x \sum_{k=1}^{n} k a_k x^{k-1}$$

$$= \sum_{k=0}^{n} a_k x^k - \sum_{k=1}^{n} k a_k x^k$$

$$= (a_n - n a_n)x^n + \cdots\cdots$$

$a_n - n a_n \neq 0$ より $y - x\dfrac{dy}{dx}$ は n 次式である。

一方， $\dfrac{1}{2}\left(\dfrac{dy}{dx}\right)^2 = \dfrac{1}{2}\left(\displaystyle\sum_{k=1}^{n} k a_k x^{k-1}\right)^2 = n^2 a_n^2 x^{2(n-1)} + \cdots\cdots$

より $\dfrac{1}{2}\left(\dfrac{dy}{dx}\right)^2$ は $2(n-1)$ 次式である。

$n \geqq 3$ ゆえに $2(n-1) > n$ つまり等式は成立しない。

(ii) $n = 0$ のとき， $f(x) = c$ とおける。これを代入すると，

$c = 0 + 0$ ∴ $c = 0$

(iii) $n = 1$ のとき，$f(x) = ax + b$ $(a \neq 0)$ とおける。これを代入すると，

$ax + b = ax + \dfrac{1}{2}a^2$ これが恒等的に成立するには， $b = \dfrac{1}{2}a^2$

(iv) $n = 2$ のとき， $f(x) = ax^2 + bx + c$ $(a \neq 0)$ とおける。これを代入すると，

$$ax^2 + bx + c = x(2ax + b) + \frac{1}{2}(2ax + b)^2$$

$$\Leftrightarrow ax^2 + bx + c = (2a^2 + 2a)x^2 + (b + 2ab)x + \frac{1}{2}b^2$$

これが恒等的に成立するには，

$\{a = 2a^2 + 2a,\ b = b + 2ab,\ c = \dfrac{1}{2}b^2\} \Leftrightarrow \{a = -\dfrac{1}{2},\ b = 0,\ c = 0\}$

以上から， $n = 0,\ 1,\ 2$ のときは，等式 $y = x\dfrac{dy}{dx} + \dfrac{1}{2}\left(\dfrac{dy}{dx}\right)^2$ を成立させる多項式 $y = f(x)$ は存在する。

∴ 0次または1次または2次

(2)　(1)より　$f(x)=-\dfrac{1}{2}x^2$　または　$f(x)=ax+\dfrac{1}{2}a^2$　$(a\neq 0)$　または

$f(x)=0$

$\Leftrightarrow$　$f(x)=-\dfrac{1}{2}x^2$　または　$f(x)=ax+\dfrac{1}{2}a^2$　$(a$は任意定数$)$

【4】(1)　$\overrightarrow{OD}=k\overrightarrow{b}$ とおける。$(k\neq 0)$

$\overrightarrow{AD}\perp\overrightarrow{OD}$　より

$\overrightarrow{AD}\cdot\overrightarrow{OD}=0$　$\Leftrightarrow$　$(k\overrightarrow{b}-\overrightarrow{a})\cdot k\overrightarrow{b}=0$

$\Leftrightarrow$　$k^2|\overrightarrow{b}|^2-k\overrightarrow{a}\cdot\overrightarrow{b}=0$

$\Leftrightarrow$　$k^2\cdot 16-k\cdot 5\cdot 4\cdot\cos 60°=0$

$\Leftrightarrow$　$16k^2-10k=0$

$\Leftrightarrow$　$8k\left\{k-\dfrac{5}{8}\right\}=0$　　$\therefore$　$k=\dfrac{5}{8}$

以上から，　　$\overrightarrow{OD}=\dfrac{5}{8}\overrightarrow{b}$

(2)　メネラウスの定理より

$\dfrac{m}{n}\cdot\dfrac{3}{8}\cdot\dfrac{PA}{PD}=1$　$\therefore$　$PA:PD=8n:3m$

$\therefore$　$\overrightarrow{OP}=\dfrac{3m\overrightarrow{a}+8n\cdot\dfrac{5}{8}\overrightarrow{b}}{8n+3m}=\dfrac{3m\overrightarrow{a}+5n\overrightarrow{b}}{(8n+3m)}$

(3)　$\overrightarrow{OP}\perp\overrightarrow{AB}$

$\Leftrightarrow$　$\overrightarrow{OP}\cdot\overrightarrow{AB}=0$

$\Leftrightarrow$　$\dfrac{3m\overrightarrow{a}+5n\overrightarrow{b}}{(8n+3m)}\cdot(\overrightarrow{b}-\overrightarrow{a})=0$

$\Leftrightarrow$　$-3m|\overrightarrow{a}|^2+5n|\overrightarrow{b}|^2+(3m-5n)\overrightarrow{a}\cdot\overrightarrow{b}=0$

$\Leftrightarrow$　$-75m+80n+30m-50n=0$

$\Leftrightarrow$　$\dfrac{m}{n}\cdot\dfrac{3}{2}$

$\therefore$　$m:n=2:3$

【5】 (1)

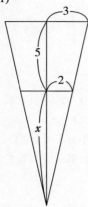

図のような図形を考えると，

$3 : 2 = 5 + x : x$

$\Leftrightarrow \quad x = 10$

$\therefore \quad V = 3^2 \pi \cdot 15 - 2^2 \pi \cdot 10 = \dfrac{95}{3} \pi$

(2) 題意から $\quad V_0 = 27 \pi + \dfrac{95}{3} \pi = \dfrac{176}{3} \pi \cdots ①$

一方 $\quad V_0 = \dfrac{1}{2} \cdot \dfrac{4 \pi}{3} \cdot 5^3 - \displaystyle\int_{h-5}^{0} \pi (\qquad)^2 dt$

$= \dfrac{250}{3} \pi + 25(h-5) \pi - \dfrac{1}{3}(h-5)^3 \pi \cdots ②$

①，②より $\quad (h-5)^3 - 75(h-5) - 74 = 0$

$\Leftrightarrow \quad (h-4)(h^2 - 11h - 44) = 0$

$\Leftrightarrow \quad h = 4, \ \dfrac{11 \pm \sqrt{297}}{2}$

$0 < h < 5$ より $\quad h = 4$

2005年度 ｜ 実施問題

【中高共通】

【１】次の各問いに答えなさい。

(1)　トランプのスペード，ハート，ダイヤ，クラブのそれぞれ1，2，3，4のカードを袋に入れ，この袋から無作為に5枚のカードを取り出すとき，2種類の数字だけが取り出される確率を求めなさい。

(2)　次の3つの数を，理由を述べて，左から小さい順に並べなさい。

$1.5, \quad {}^4\sqrt{5}, \quad \log_4 9$

(3)　次の極限値を求めなさい。

$$\lim_{n \to \infty} \frac{1^2+2^2+3^2+4^2+\cdots+n^2}{n^3}$$

(☆☆☆◎◎◎◎)

【２】整式 x^n-1 を次の各式で割ったときの余りの整式を求めなさい。（n は自然数とする）

(1)　$(x-1)(x-2)$

(2)　$(x-2)^2$

(☆☆☆◎◎◎)

【３】半径Rの円に内接するAB＝ACの二等辺三角形ABCがある。∠BAC＝θ とするとき，

(1)　△ABCの面積Sを，R，θ で表しなさい。

(2)　Sの最大値とそのときの θ の値を，$\dfrac{dS}{d\theta}$ を計算し増減表を用いて求めなさい。

(☆☆☆☆◎◎◎)

【４】$\overrightarrow{OA}=(1, 1, 1)$, $\overrightarrow{OB}=(2, 1, -2)$, $\overrightarrow{OC}=(7, -3, -7)$ を3辺とする平行六面体について，

(1)　$\overrightarrow{OA}$, $\overrightarrow{OB}$ を2辺とする平行四辺形の面積を求めなさい。

(2)　この平行六面体の体積を求めなさい。

（☆☆☆◎◎◎◎）

【5】次の各問いに答えなさい。

(1)　不定積分 $\displaystyle\int\qquad dx$ を $\qquad +x=t$ と置き換えることによって求めなさい。

(2)　放物線 $y=\dfrac{1}{2}x^2+\dfrac{1}{2}$ の $0\leqq x\leqq 2$ の部分の曲線の長さを求めなさい。

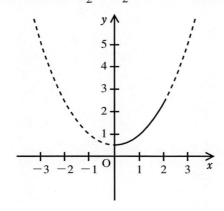

（☆☆☆☆◎◎◎◎）

解答・解説

【中高共通】

【1】(1)　$\dfrac{1}{13}$　(2)　$\sqrt[4]{5}<1.5<\log_4 9$　(3)　$\dfrac{1}{3}$

〈解説〉(1)　16枚のカードから5枚取り出す→$_{16}C_5$

2種類の数字8枚から5枚取り出す→$_8C_5$

4種類の数字から2種類を選ぶ選び方→$_4C_2$

求める確率は，$\dfrac{{}_8C_5\times{}_4C_2}{{}_{16}C_5}=\dfrac{\dfrac{8\cdot7\cdot6}{3\cdot2}\times\dfrac{4\cdot3}{2}}{\dfrac{16\cdot15\cdot14\cdot13\cdot12}{5\cdot4\cdot3\cdot2\cdot1}}=\dfrac{1}{13}$

(2)

$\left.\begin{array}{l}(1.5)^4=5.0625\\[4pt](\sqrt[4]{5}\,)^4=5\end{array}\right\}\Rightarrow\sqrt[4]{5}<1.5$

$\begin{aligned}1.5&=\log_4 4^{1.5}\\&=\log_4 4^{\frac{3}{2}}\\&=\log_4 2^3\\&=\log_4 8<\log_4 9\end{aligned}$

したがって，$\sqrt[4]{5}<1.5<\log_4 9$

(3) $\begin{aligned}1^2+2^2+3^2+4^2+\cdots+n^2&=\sum_{k=1}^{n}k^2\\&=\frac{1}{6}n(n+1)(2n+1)\\&=\frac{1}{6}(2n^3+3n^2+n)\\&=\frac{1}{3}n^3+\frac{1}{2}n^2+\frac{1}{6}n\end{aligned}$

したがって，

$\begin{aligned}\lim_{n\to\infty}\frac{1^2+2^2+3^2+4^2+\cdots+n^2}{n^3}&=\lim_{n\to\infty}\frac{\frac{1}{3}n^3+\frac{1}{2}n^2+\frac{1}{6}n}{n^3}\\&=\lim_{n\to\infty}\left(\frac{1}{3}+\frac{1}{2n}+1\right)\\&=\frac{1}{3}\end{aligned}$

【２】(1) $(2^n-1)x-2^n+1$ (2) $n\cdot2^{n-1}\cdot x+2^n(1-n)-1$

〈解説〉(1) 割った時の商を$P(x)$，余りを$ax+b$とすると，

$x^n-1=(x-1)(x-2)\cdot P(x)+ax+b$と表せる

$x=1$の時

$1-1=a+b$———①

$a+b=0$

200

$x=2$の時

$2^n-1=2a+b$ ——②

①, ②より

$$a+b=0$$
$$-)\ 2a+b=2^n-1$$
$$-a\quad=-2^n+1$$
$$a=2^n-1$$
$$b=-2^n+1$$

よって, 余り$ax+b$は, $ax+b=(2^n-1)x-2^n+1$

(2) 商を$P(x)$, 余りを$ax+b$とする

$x^n-1=(x-2)^2 \cdot P(x)+ax+b$

$x=2$の時

$2^n-1=2a+b$ ——①

両辺を微分して, $x=2$とした時,

$n \cdot x^{n-1}=2(x-2)P'(x)+a$

$n \cdot 2^{n-1}=a$ ——②

①, ②より

$2^n-1=2 \cdot n2^{n-1}+b$

$2^n-1=n \cdot 2^n+b$

$b=2^n-1-n \cdot 2^n$

$=2^n(1-n)-1$

よって余り, $ax+b$は

$ax+b=n \cdot 2^{n-1} \cdot x+2^n(1-n)-1$

【3】(1) $S=R^2\sin\theta(1+\cos\theta)$ (2) Sの最大値, $S=\dfrac{3\sqrt{3}}{4}R^2$

その時のθ, $\theta=60°$

〈解説〉(1) $S=\dfrac{1}{2}AB \cdot AC \cdot \sin\theta$ $(0°<\theta<180°)$

$\angle ABC=\angle ACB=\alpha$とすると,

$\alpha=\dfrac{180-\theta}{2}=90-\dfrac{\theta}{2}$

正弦定理より

$$\frac{AB}{\sin \alpha} = \frac{AC}{\sin \alpha} = 2R$$

$$AB = AC = 2R\sin \alpha$$

$$= 2R\sin\left(90 - \frac{\theta}{2}\right)$$

$$= 2R\cos\frac{\theta}{2}$$

$$S = \frac{1}{2} \cdot 4R^2\cos^2\frac{\theta}{2} \cdot \sin \theta$$

$$= 2R^2\frac{1 + \cos \theta}{2}\sin \theta$$

$$= R^2\sin \theta (1 + \cos \theta)$$

(2) $\quad S = R^2\sin \theta + R^2\sin \theta \cdot \cos \theta$

$$= R^2\sin \theta + \frac{1}{2}R^2\sin2 \theta$$

$$\frac{dS}{d\theta} = R^2\cos \theta + R^2\cos2 \theta$$

$$= R^2(2\cos^2 \theta + \cos \theta - 1)$$

$$= R^2(2\cos \theta - 1)(\cos \theta + 1)$$

$\dfrac{dS}{d\theta} = 0$のとき, $\cos \theta = \dfrac{1}{2}$, -1

$\theta = 60°$, $180°$

$0° < \theta < 180°$ より

θ	$0°$	$\cdots$	$60°$	$\cdots$	$180°$
$\dfrac{dS}{d\theta}$		$+$	0	$-$	
S		$\nearrow$	max	$\searrow$	

よってSは, $\theta = 60°$ の時

最大値$S = R^2\sin60° (1 + \cos60°)$

$$= R^2\frac{\sqrt{3}}{2} \cdot \frac{3}{2}$$

$$= \frac{3\sqrt{3}}{4}R^2 となる。$$

【4】(1) $\sqrt{26}$ 　　(2) $\sqrt{2782}$

〈解説〉(1) 　$|\overrightarrow{OA}| = \sqrt{3}$, 　$|\overrightarrow{OB}| = 3$, 　$\overrightarrow{OA} \cdot \overrightarrow{OB} = 2+1-2 = 1$

　　　　$\overrightarrow{OB}$ と $\overrightarrow{OA}$ の間の角を θ とすると,

　　　　$\cos\theta = \dfrac{1}{\sqrt{3} \cdot 3} = \dfrac{\sqrt{3}}{9}$, 　$\sin\theta = \dfrac{\sqrt{78}}{9}$

　　　　平行四辺形の面積Sは,

　　　　$S = \cancel{2} \cdot \dfrac{1}{\cancel{2}} \sqrt{3} \cdot \cancel{3} \cdot \dfrac{\sqrt{78}}{\cancel{9}3} = \sqrt{26}$

　　(2) 　$|\overrightarrow{OC}| = \sqrt{49+9+49} = \sqrt{107}$

　　　　平行六面体の体積Vは,

　　　　$V = \sqrt{26} \times \sqrt{107}$

　　　　　$= \sqrt{2782}$

【5】(1) 　$\dfrac{1}{2}(x\sqrt{x^2+1} + \log|x+\sqrt{x^2+1}|)$

　　(2) 　$\sqrt{5} + \dfrac{1}{2}\log|2+\sqrt{5}|$

〈解説〉(1) 　$x+\sqrt{x^2+1} = t$ とおくと

　　　　$\sqrt{x^2+1} = t-x$

　　　　両辺を2乗する

　　　　　$x^2+1 = t^2-2tx+x^2$

　　　　　$x = \dfrac{t^2-1}{2t}$

　　　　　$dx = \dfrac{2t \cdot 2t-(t^2-1)\cdot 2}{4t^2}dt$

　　　　　　$= \dfrac{t^2+1}{2t^2}dt$

　　　　$\sqrt{x^2+1} = t-\dfrac{t^2-1}{2t} = \dfrac{t^2+1}{2t}$

　　　　$\displaystyle\int\sqrt{x^2+1}\,dx = \int\dfrac{t^2+1}{2t} \cdot \dfrac{t^2+1}{2t^2}dt$

　　　　　　$= \dfrac{1}{4}\displaystyle\int\left(t+\dfrac{2}{t}+\dfrac{1}{t^3}\right)dt$

　　　　　　$= \dfrac{1}{4}\left(\dfrac{1}{2}t^2+2\log|t|-\dfrac{1}{2t^2}\right)$

$$= \frac{1}{4} \left\{ \frac{1}{2} \left(x + \sqrt{x^2+1} \right)^2 + 2\log \mid x + \sqrt{x^2+1} \mid - \frac{1}{2(x+\sqrt{x^2+1})^2} \right\}$$

$$= \frac{1}{2} \left(x \sqrt{x^2+1} + \log \mid x + \sqrt{x^2+1} \mid \right)$$

(2)　$y = \frac{1}{2}x^2 + \frac{1}{2}$

$\frac{dy}{dx} = x$

曲線の長さ $\ell = \int_a^b \sqrt{1+f(x)^2} \, dx$ より

$\ell = \int_0^2 \sqrt{1+x^2} \, dx$

$= \left[\frac{1}{2} \left(x\sqrt{1+x^2} + \log \mid x + \sqrt{1+x^2} \mid \right) \right]_0^2$

$= \left\{ \frac{1}{2} \left(2 \cdot \sqrt{1+4} + \log \mid 2 + \sqrt{1+4} \mid \right) \right\} - 0$

$= \sqrt{5} + \frac{1}{2}\log \mid 2 + \sqrt{5} \mid$

2004年度　実施問題

【中高共通】

【1】 1, 2, 2^2, 2^3, ・・・, 2^n(g)のおもりが1つずつある。そのうちのいくつかを用いて，578(g)のものをはかりたい。どのおもりを用いればよいか答なさい。

(☆☆◎◎◎◎)

【2】 正多面体の種類をすべてあげなさい。また，それぞれについて，一辺の長さをaとして表面積を求めなさい。このとき，必要であれば $\sin72° = \dfrac{\sqrt{10+2\sqrt5}}{4}$ を用いなさい。

（解）

正多面体の名称	表　面　積

(☆☆☆☆◎◎)

【3】 0でない整数x, yに対して，yがxでわりきれるとき$x∠y$と書く。このとき，次の問いに答えなさい。

(1)　次の(a)，(b)の成立しない例をそれぞれあげなさい。

(a)　$x \angle y$　で　$y \angle x$　のとき　$y = x$

(b)　$x \angle y$，$x = y$，$y \angle x$　のうち少なくとも1つは成立する。

(2)　$x \angle y$　と　$y \angle x$　が同時に成立するとき$x \sim y$と書く。$x \angle 1364$となる整数xの個数をnとするとき，$n \sim m$となる整数mをすべて求めなさい。

(☆◎◎◎)

【4】1からはじめて，すべての自然数を横に1列に並べるとき，34788番目の数字は何か答えなさい。

(注)　12345678910111213···と並べる。例えば12番目の数字は1，17番目の数字は3である。

(☆☆◎◎◎)

【5】pを，$0 \leqq p \leqq 1$とする。次の問いに答えなさい。

(1)　$x \geqq 0$のとき$(1+x)p \geqq 1 + px + \dfrac{p(p-1)}{2}x^2$を証明しなさい。

(2)　$|x|$が十分小さいとき，近似式$(1+x)^p \fallingdotseq 1 + px + \dfrac{p(p-1)}{2}x^2$（$p$は定数）が成り立つ。この近似式を用いて　　　の近似値を求めなさい。

(☆☆☆◎◎)

【6】底の半径4，高さ2の円柱の容器に水が満たしてある。底の平面が水平面と45°をなすまで傾けたとき，容器内に残っている水の体積を求めなさい。

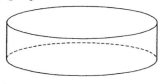

(☆☆☆◎◎◎)

解答・解説

【中高共通】

【1】 2, 2^6, 2^9

〈解説〉578を2の巾乗展開することを考える。

578を越えない最大の2^nは2^9なので

$578 = 2^9 + 66$

次に，66を越えない最大の2^nは2^6なので

$578 = 2^9 + 2^6 + 2$

(注意) 2^nを2^{n-1}以下の2の巾乗の和で表わす場合，いずれかを複数個用いることに注意したい。

【2】 正四面体 $\sqrt{3}\,a^2$

正六面体 $6a^2$

正八面体 $2\sqrt{3}\,a^2$

正十二面体 $\dfrac{3(5+\sqrt{5})\sqrt{10+2\sqrt{5}}}{4}a^2$

正二十面体 $5\sqrt{3}\,a^2$

〈解説〉正多面体が上記の5個しかないことは，幾何学の基本である。

正十二面体

各面は正五角形である。一辺の長さがa，中心から頂点までをbとする。

余弦定理より

$a^2 = \dfrac{5-\sqrt{5}}{2}b^2$ より $b^2 = \dfrac{5+\sqrt{5}}{10}a^2$

正五角形の面積Sは

$S = 5 \times \dfrac{1}{2}b^2 \sin 72°$

$= \dfrac{5}{2} \times \dfrac{5+\sqrt{5}}{10}a^2 \times \dfrac{\sqrt{10+2\sqrt{5}}}{4}$

【３】(1) (a) $x=1$, $y=-1$など$|x|=|y|$で, x, yが異符号のもの

(b) $x=2$, $y=3$など

(2) $m=24$, -24

〈解説〉(1) (b) $\overline{x\angle y\vee x=y\vee y\angle x}\Leftrightarrow\overline{x\angle y}\wedge\overline{x=y}\wedge\overline{y\angle x}$ である。

(2) $1364=2^2\times11\times31$より

$n=3\times2\times2\times2=24$

$n\sim m$より求める。

【４】7

〈解説〉1桁の数を全て並べると9項あるので末番は9番目

2桁の数を全て並べると180項あるので末番は189番目

3桁の数を全て並べると2700項あるので末番は2889番目

4桁の数を全て並べると36000項あるので末番は38889番目

よって34788番目は4桁群の中にある

$34788-2889=31899=4\times7974+3$であるから, 4桁群の数の7975番の数の十の位の数である。よって

$7975+999=8974$

8974の十の位なので7

【５】(1) $(x+1)^p$のMaclaurin展開を考えると

$$(x+1)^p=1+px+\frac{p(p-1)}{2!}x^2+\frac{p(p-1)(p-2)}{3!}x^3+\cdots+$$

$$\frac{p(p-1)(p-2)\cdots(p-n+1)}{n!}x^2+R \quad R：剰余項$$

よって $(x+1)^p\geqq1+px+\frac{p(p-1)}{2}x^2$

(2) 10.196

〈解説〉(2) $\sqrt[3]{1060}=(1000+60)^{\frac{1}{3}}$

$$=1000^{\frac{1}{3}}\left(1+\frac{3}{50}\right)^{\frac{1}{3}}$$

$$\doteqdot10\times\left\{1+\frac{1}{3}\times\frac{3}{50}+\frac{1}{2}\times\frac{1}{3}\times\left(-\frac{2}{3}\right)\times \quad 3^2 \quad \right|$$

$$= 10 \times \left(1 + \frac{1}{50} - \frac{1}{2500}\right)$$

$$= 10.196$$

【6】 $24\sqrt{3} - \dfrac{32\pi}{3}$

〈解説〉

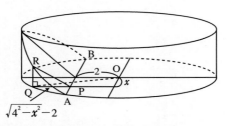

$\sqrt{4^2 - x^2} - 2$

　この溶器を線分ABに垂直な平面で切ったとき，水の残っている部分の切り口は直角二等辺三角形PQRとなる。図より，直角二等辺三角形PQRの一辺は $\sqrt{4^2 - x^2} - 2$ となる。

$$\frac{V}{2} = \int_0^{2\sqrt{3}} \frac{1}{2}(\sqrt{4^2 - x^2} - 2)^2 dx$$

$$V = \int_0^{2\sqrt{3}} (20 - x^2 - 4\sqrt{4^2 - x^2}) dx$$

$$= \left[20x - \frac{1}{3}x^3\right]_0^{2\sqrt{3}} - 4\int_0^{2\sqrt{3}} \sqrt{4^2 - x^2}\, dx$$

$$= 32\sqrt{3} - 4\int_0^{2\sqrt{3}} \sqrt{4^2 - x^2}\, dx$$

$x = 4\cos\theta$ とおくと

　　$x : 0 \to 2\sqrt{3}$, 　$\theta : \dfrac{\pi}{2} \to \dfrac{\pi}{6}$

　　$dx = -4\sin\theta\, d\theta$ より

$$V = 32\sqrt{3} + 4^3 \int_{\frac{\pi}{2}}^{\frac{\pi}{6}} \sin^2\theta\, d\theta$$

$$= 32\sqrt{3} + 32 \int_{\frac{\pi}{2}}^{\frac{\pi}{6}} (1 - \cos 2\theta)\, d\theta$$

$$=32\sqrt{3}+32\left[\left(\theta-\frac{1}{2}\sin2\theta\right)\right]_{\frac{\pi}{2}}^{\frac{\pi}{6}}$$

$$=24\sqrt{3}-\frac{32}{3}\pi$$

（注意）

$\displaystyle\int_{0}^{2\sqrt{3}}\qquad dx$ の値は，下図の斜線部分の面積を表すから

$$\int_{0}^{2\sqrt{3}}\qquad dx=4^{2}\pi+\frac{2\sqrt{3}\times2}{2}$$

$$=\frac{8}{3}\pi+2\sqrt{3}$$

である。

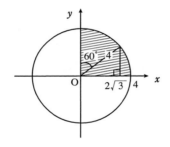

第 3 部

チェックテスト

過去の全国各県の教員採用試験において出題された問題を分析し作成しています。実力診断のためのチェックテストとしてご使用ください。

数学科

/100点

【1】 x^3+x^2y-x-y を因数分解せよ。(2点)

【2】 m を整数とする。二次方程式 $x^2-(m+1)x-m+1=0$ の2つの解がともに整数となるように、定数 m の値を定めよ。(2点)

【3】 x, y, z および n を自然数とするとき、次の各問いに答えよ。

(各2点　計6点)

(1) 不等式 $x+y \leqq 5$ を満たす自然数の組 (x, y) の個数を求めよ。

(2) 不等式 $x+y \leqq n$ を満たす自然数の組 (x, y) の個数を n の式で表せ。

(3) 不等式 $x+y+z \leqq n$ を満たす自然数の組 (x, y, z) の個数を n の式で表せ。

【4】 $u=x+y$, $v=xy$ とするとき、$x^n+y^n (n=1, 2, 3, \cdots)$ は、u, v の多項式で表されることを証明せよ。(4点)

【5】 Oを頂点とし、正方形ABCDを底面とする四角すいO−ABCDにおいて、AB=OA=OB=OC=OD=1、辺CDを4：5に内分する点をP、Pから平面OABに引いた垂線と平面OABとの交点をQとする。また、$\overrightarrow{OA} = \vec{a}$, $\overrightarrow{OB} = \vec{b}$, $\overrightarrow{OC} = \vec{c}$ とする。次の各問いに答えよ。

(各2点　計4点)

(1) $\overrightarrow{OP}$ を $\vec{a}$, $\vec{b}$, $\vec{c}$ で表せ。

(2) $\overrightarrow{PQ}$ を $\vec{a}$, $\vec{b}$, $\vec{c}$ で表せ。

【6】 複素数 $z=\cos 240° + i\sin 240°$ について、$z^n=z$ を満たす自然数 $n(1 \leqq n \leqq 8)$ をすべて求めよ。(3点)

【7】 あるゲームでAがBに勝つ確率は常に$\frac{1}{2}$で一定とする。このゲーム
を繰り返し，先に4勝した方を優勝者とする。ただし，1回のゲームで
は必ず勝負がつくものとする。次の各問いに答えよ。（各2点　計4点）
(1)　4回目で優勝者が決まる確率を求めよ。
(2)　6回目でAが優勝する確率を求めよ。

【8】 6個の文字S，E，N，S，E，Iを横一列に並べる。次の各問いに答え
よ。（各2点　計4点）
(1)　この並べ方は全部で何通りあるか求めよ。
(2)　SとSが隣り合わず，EとEも隣り合わないような並べ方は，何通
りあるか求めよ。

【9】 次の図のような長方形ABCDの対角線AC，BDの交点をEとする。
△BCDを対角線BDで折り返したときの辺BC′と対角線ACの交点をFと
する。BF＝4，CF＝6のとき，下の各問いに答えよ。（各4点　計8点）

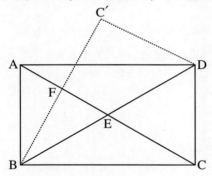

(1)　EFの長さを求めよ。
(2)　長方形ABCDの面積を求めよ。

【10】 $a_1=a_2=1$, $a_{n+2}=a_{n+1}+a_n$ $(n=1, 2, 3, \cdots)$ で定められる数列 $\{a_n\}$ について，次の各問いに答えよ。(各4点　計8点)

(1)　一般項 a_n を求めよ。

(2)　数列 $\left\{\dfrac{\log a_n}{n}\right\}$ の極限値を求めよ。

【11】 $A=\begin{pmatrix} 6 & 6 \\ -2 & -1 \end{pmatrix}$, $P=\begin{pmatrix} -3 & 2 \\ 2 & -1 \end{pmatrix}$ とする。次の各問いに答えよ。

(各3点　計6点)

(1)　$B=P^{-1}AP$ とするとき，B を求めよ。

(2)　A^n を求めよ。

【12】 次の各問いに答えよ。(各3点　計6点)

(1)　$\displaystyle\int_0^a xe^{-x}dx$ を求めよ。ただし，$a>0$ とする。

(2)　$\displaystyle\int_0^\infty xe^{-x}dx$ を求めよ。ただし，$\displaystyle\lim_{t\to\infty}\dfrac{t}{e^t}=0$ とする。

【13】 関数 $y=x^3-4x$ について，次の各問いに答えよ。(各4点　計8点)

(1)　点 $(0, -2)$ を通って，関数 $y=x^3-4x$ のグラフに接する直線の方程式を求めよ。

(2)　関数 $y=x^3-4x$ のグラフと(1)で求めた直線で囲まれた部分の面積を求めよ。

【14】 次の各問いに答えよ。(各4点　計8点)

(1)　曲線 $y=x\sin x$ $(0\leqq x\leqq 2\pi)$ の，原点O以外の点における接線のうち，Oを通るものの方程式を求めよ。

(2)　(1)において，接点Pが第4象限にあるとき，線分OPと曲線で囲まれた部分の面積を求めよ。

【15】 1辺の長さが1の正方形のマスがn^2個正方形状に並べられた図形をS_nとする。次の図は図形S_2を表す。この図形S_2には「1辺の長さ1の正方形4個と，1辺の長さ2の正方形1個の，合計5個の異なる正方形が含まれる」と考えるとき，下の各問いに答えよ。（各2点　計6点）

図

(1) 図形S_4に含まれる異なる正方形の個数を求めよ。

(2) 図形S_nに含まれる1辺の長さがk ($1 \leqq k \leqq n$) の正方形の個数を，nとkとを用いて表せ。

(3) 図形S_nに含まれる異なる正方形の個数を求めよ。

【16】 次の各問いに答えよ。（各2点　計12点）

(1) 2次方程式　$x^2-2(m+1)x+m+3=0$　が異なる2つの負の実数解をもつような定数mの値の範囲を求めよ。

(2) 円　$x^2+y^2=25$　上の点$(3,-4)$における接線の方程式を求めよ。

(3) 「$x+y>2$かつ$xy>1$」は「$x>1$かつ$y>1$」であるための何条件か。

(4) 正の整数x, y, zが，$x+y+z=12$を満たすとき，(x, y, z)の組は何組あるか。

(5) $(x-2y)^7$を展開したときのx^4y^3の係数を求めよ。

(6) 焦点が$(3,0)$, $(-3,0)$で，点$(5,4)$を通る双曲線の方程式を求めよ。

【17】中学校受験者は(1)，高等学校受験者は(2)について答えよ。

（各1点　計5点）

(1)　次の文は，中学校新学習指導要領(平成29年3月告示)「数学」の第2学年の内容の一部である。文中の各空欄に適する語句を答えよ。ただし，同じ問いの空欄には，同じ解答が入るものとする。

D　データの活用

(1)　データの分布について，数学的活動を通して，次の事項を身に付けることができるよう指導する。

ア　次のような知識及び技能を身に付けること。

(ｱ)　四分位範囲や(　①　)の必要性と意味を理解すること。

(ｲ)　コンピュータなどの情報手段を用いるなどしてデータを整理し(　①　)で表すこと。

イ　次のような思考力，判断力，表現力等を身に付けること。

(ｱ)　四分位範囲や(　①　)を用いてデータの(　②　)を比較して読み取り，(　③　)的に考察し判断すること。

(2)　不確定な事象の起こりやすさについて，(　④　)を通して，次の事項を身に付けることができるよう指導する。

ア　次のような知識及び技能を身に付けること。

(ｱ)　多数回の試行によって得られる確率と関連付けて，(　⑤　)を基にして得られる確率の必要性と意味を理解すること。

(ｲ)　簡単な場合について確率を求めること。

イ　次のような思考力，判断力，表現力等を身に付けること。

(ｱ)　同様に確からしいことに着目し，(　⑤　)を基にして得られる確率の求め方を考察し表現すること。

(ｲ)　確率を用いて不確定な事象を捉え考察し表現すること。

---

(2)　次の文は，高等学校新学習指導要領(平成30年3月告示)「数学」の目標である。文中の各空欄に適する語句を答えよ。ただし，同じ問いの空欄には，同じ解答が入るものとする。

> 　数学的な見方・考え方を働かせ，(　①　)を通して，数学的に考える資質・能力を次のとおり育成することを目指す。
> (1)　数学における基本的な概念や原理・法則を(　②　)的に理解するとともに，事象を数学化したり，数学的に解釈したり，数学的に(　③　)・処理したりする技能を身に付けるようにする。
> (2)　数学を活用して事象を論理的に考察する力，事象の本質や他の事象との関係を認識し(　④　)的・発展的に考察する力，数学的な表現を用いて事象を簡潔・明瞭・的確に(　③　)する力を養う。
> (3)　数学のよさを認識し積極的に数学を活用しようとする態度，粘り強く考え(　⑤　)に基づいて判断しようとする態度，問題解決の過程を振り返って考察を深めたり，評価・改善したりしようとする態度や創造性の基礎を養う。

【18】次の問題を以下のように解答した生徒に対し，解答の誤りに気付かせるとともに，正しい解答へと導くために，あなたはどのような指導を行うか，答えよ。(4点)

> 問題　6冊の異なる本を，2冊ずつ3組に分ける方法は何通りあるか，求めなさい。

> 解答　6冊から2冊を選ぶ方法は $_6C_2$ 通り
> 　残りの4冊から2冊を選ぶ方法は $_4C_2$ 通り
> 　残りの2冊を最後の1組とする。
> 　よって，分ける方法は全部で
> 　$_6C_2 \times _4C_2 = 90$[通り]

解答・解説

【1】 $(x+1)(x-1)(x+y)$

解説 $x^3+x^2y-x-y=x^2(x+y)-(x+y)$
$\qquad\qquad\qquad = (x^2-1)(x+y)$
$\qquad\qquad\qquad = (x+1)(x-1)(x+y)$

【2】 $m=1, -7$

解説 $x^2-(m+1)x-m+1=0$ の二つの解を α, β $(\alpha \leqq \beta)$ とすると,
解と係数の関係から, $\alpha+\beta=m+1$ …①, $\alpha\beta=-m+1$ …②
①, ②より, $\alpha+\beta+\alpha\beta=2$
$(\alpha+1)(\beta+1)=3$
$\alpha+1, \beta+1$ は整数なので, $\alpha+1=1, \beta+1=3$ …④
または, $\alpha+1=-3, \beta+1=-1$ …⑤
④のとき, $\alpha=0, \beta=2, m=1$
⑤のとき, $\alpha=-4, \beta=-2, m=-7$
よって, $m=1, -7$

【3】 (1) 10個 (2) $\dfrac{n(n-1)}{2}$ (3) $\dfrac{n}{6}(n-1)(n-2)$

解説 (1) $x+y\leqq5$ を満たす自然数の組 (x, y) は

(4, 1),
(3, 1), (3, 2),
(2, 1), (2, 2), (2, 3),
(1, 1), (1, 2), (1, 3), (1, 4)

よって, $1+2+3+4=10$ 〔個〕

(2) $x+y\leqq n$ を満たす自然数の組 (x, y) の個数は

$1+2+3+\cdots\cdots+(n-1)$

$=\displaystyle\sum_{k=1}^{n-1}k=\dfrac{n(n-1)}{2}$

(3)　x, y, zは自然数であり，$z \le n-x-y$より

　$1 \le z \le n-2$　……①

ここで，$x+y \le n$を満たす自然数の組(x, y)の個数をa_nとすると

　$z=m$のとき，自然数の組(x, y, m)の個数はa_{n-m}と表すことができる。

よって，①より，求める自然数の組の個数は，

　$\displaystyle\sum_{m=1}^{n-2} a_{n-m} = a_2 + a_3 + a_4 + \cdots\cdots + a_{n-1}$となる。

　$a_1 = 0$より

　$a_2 + a_3 + a_4 + \cdots\cdots + a_{n-1}$

　$\displaystyle = \sum_{k=1}^{n-1} \frac{k(k-1)}{2}$

　$\displaystyle = \frac{1}{2} \sum_{k=1}^{n-1} (k^2 - k)$

　$\displaystyle = \frac{n}{6}(n-1)(n-2)$

【4】　数学的帰納法で証明する。

　[1]　$n=1$のとき，$x+y=u$

$n=2$のとき，$x^2+y^2 = u^2-2v$よりx^n+y^nは，u, vの多項式で表される。

　[2]　$n=k$, $k+1$のとき，x^k+y^k, $x^{k+1}+y^{k+1}$がu, vの多項式で表されると仮定すると，

$n=k+2$のとき，

$x^{k+2}+y^{k+2} = (x+y)(x^{k+1}+y^{k+1}) - xy(x^k+y^k)$より

$n=k+2$のとき，$x^{k+2}+y^{k+2}$はu, vの多項式で表される。

[1]，[2]により，すべての自然数nについて，x^n+y^nはu, vの多項式で表される。

|解|説|　こういった自然数nを用いた数式の証明では，数学的帰納法を用いる場合が多い。

【5】(1)　$\overrightarrow{OP} = \dfrac{4}{9} \vec{a} - \dfrac{4}{9} \vec{b} + \vec{c}$　　(2)　$\overrightarrow{PQ} = -\dfrac{1}{3} \vec{a} + \dfrac{2}{3} \vec{b} - \vec{c}$

|解|説|(1)　$\overrightarrow{AB} = \vec{b} - \vec{a}$

219

$$\overrightarrow{OD} = \overrightarrow{OC} + \overrightarrow{CD}$$

$$= \overrightarrow{OC} + \overrightarrow{BA}$$

$$= \overrightarrow{OC} - \overrightarrow{AB}$$

$$= \vec{a} - \vec{b} + \vec{c}$$

$$\overrightarrow{OP} = \frac{5\vec{c} + 4\overrightarrow{OD}}{9} = \frac{4\vec{a} - 4\vec{b} + 9\vec{c}}{9}$$

よって，$\overrightarrow{OP} = \dfrac{4}{9}\vec{a} - \dfrac{4}{9}\vec{b} + \vec{c}$

(2)　点Qは平面OAB上にあるので

$$\overrightarrow{OQ} = s\overrightarrow{OA} + t\overrightarrow{OB} = s\vec{a} + t\vec{b} \quad (s,\ t\text{は実数})$$

$$\overrightarrow{PQ} = \overrightarrow{OQ} - \overrightarrow{OP} = \left(s - \frac{4}{9}\right)\vec{a} + \left(t + \frac{4}{9}\right)\vec{b} - \vec{c}$$

$|\vec{a}| = |\vec{b}| = |\vec{c}| = 1$, $\vec{a} \cdot \vec{b} = \vec{b} \cdot \vec{c} = 1 \cdot 1 \cdot \cos 60° = \dfrac{1}{2}$,

$\vec{a} \cdot \vec{c} = 0$, PQ⊥OA, PQ⊥OBより

$$\overrightarrow{PQ} \cdot \vec{a} = \left(s - \frac{4}{9}\right)|\vec{a}|^2 + \left(t + \frac{4}{9}\right)\vec{a} \cdot \vec{b} - \vec{a} \cdot \vec{c}$$

$$= s - \frac{4}{9} + \frac{1}{2}\left(t + \frac{4}{9}\right) = 0$$

$\therefore\ 2s + t = \dfrac{4}{9}$　…①

$$\overrightarrow{PQ} \cdot \vec{b} = \left(s - \frac{4}{9}\right)\vec{a} \cdot \vec{b} + \left(t + \frac{4}{9}\right)|\vec{b}|^2 - \vec{b} \cdot \vec{c}$$

$$= \frac{1}{2}\left(s - \frac{4}{9}\right) + t + \frac{4}{9} - \frac{1}{2} = 0$$

$\therefore\ s + 2t = \dfrac{5}{9}$　…②

①，②より　$s = \dfrac{1}{9}$, $t = \dfrac{2}{9}$

よって，$\overrightarrow{PQ} = -\dfrac{1}{3}\vec{a} + \dfrac{2}{3}\vec{b} - \vec{c}$

【6】 $n=1$, 4, 7

解説 $z^n=z$より，$(\cos240°+i\sin240°)^n=\cos240°+i\sin240°$　ド・モアブル

の定理より，$\cos(240°\times n)+i\sin(240°\times n)=\cos240°+i\sin240°$　よって，

$240°\times n=240°+360°\times k$ (kは整数)　$n=1+\dfrac{3}{2}k$　ここで，nが自然数で

あるから，kは偶数で，$1\leqq n\leqq8$から，$1\leqq1+\dfrac{3}{2}k\leqq8$

∴　$0\leqq k\leqq\dfrac{14}{3}$　よって，$k=0$, 2, 4　このとき，$n=1$, 4, 7

【7】 (1)　$\dfrac{1}{8}$　　(2)　$\dfrac{5}{32}$

解説 (1)　4回目で優勝者が決まる場合は，Aが4回目で優勝する場合と

Bが4回目で優勝する場合がある。その確率は$\left(\dfrac{1}{2}\right)^4$であるから求める確

率は　$2\left(\dfrac{1}{2}\right)^4=\dfrac{1}{8}$

(2)　6回目でAが優勝する場合は，5回目までにAが3回勝っていること

である。

　　　この場合は　${}_5C_3=\dfrac{5\times4\times3}{3\times2\times1}=10$通りである。

　　　求める確率は　$10\times\left(\dfrac{1}{2}\right)^6=10\times\dfrac{1}{64}=\dfrac{5}{32}$

【8】 (1)　180通り　　(2)　84通り

解説 (1)　6個の文字　S, E, N, S, E, I　を横一列に並べるとき，

その並べ方は　$\dfrac{6!}{2!\times2!}=\dfrac{6\times5\times4\times3\times2\times1}{2\times2}$

　　　　　　　　　　　　　　　$=3\times5\times4\times3=180$〔通り〕

(2)　SとSが隣り合うのを⬚Ｓとすると

⬚Ｓ, E, N, E, Iの並べ方は　$\dfrac{5!}{2!}=5\times4\times3=60$

同様に，⬚Ｅ, S, N, S, Iの並べ方は

$\dfrac{5!}{2!}=5\times4\times3=60$

また，$\boxed{S}$，$\boxed{E}$，N，Iの並べ方は　4！＝4×3×2×1＝24

したがって，SとSが隣り合うまたはEとEが隣り合う場合は

$\quad$2×60－24＝120－24＝96

よって，SとSが隣り合わず，EとEも隣り合わないような並べ方は

180－96＝84〔通り〕である。

【9】(1)　EF＝$\dfrac{8}{3}$　(2)　$\dfrac{25\sqrt{7}}{3}$

$\boxed{解\ 説}$ (1)　△FBEと△FCBにおいて，∠BFE＝∠CFB(共通)…①

長方形ABCDを対角線BDで折り返しているから

∠FBE＝∠EBC…②

Eは長方形の対角線の交点なのでEB＝EC

よって∠EBC＝∠ECB…③

②，③より∠FBE＝∠FCB…④

①，④より，2組の角がそれぞれ等しいので△FBE∽△FCB

したがって，BF：CF＝EF：BF

4：6＝EF：4，6EF＝16　∴　EF＝$\dfrac{8}{3}$

(2)　(1)よりEF＝$\dfrac{8}{3}$なので，CE＝CF－EF＝6－$\dfrac{8}{3}$＝$\dfrac{10}{3}$

長方形なのでAE＝BE＝CE＝DE＝$\dfrac{10}{3}$

△FBE∽△FCBで，BF：CF＝BE：CBだから4：6＝$\dfrac{10}{3}$：CB

$\quad$∴　CB＝5

また直角三角形ABCは，AC＝$\dfrac{20}{3}$，BC＝5なので

三平方の定理より

$\quad$AB＝$\sqrt{\left(\dfrac{20}{3}\right)^2-5^2}=\sqrt{\dfrac{400-225}{9}}=\dfrac{5\sqrt{7}}{3}$

よって，長方形ABCDの面積は，

$\quad\dfrac{5\sqrt{7}}{3}\times5=\dfrac{25\sqrt{7}}{3}$

【10】 (1) $a_n = \dfrac{1}{\sqrt{5}}\left\{\left(\dfrac{1+\sqrt{5}}{2}\right)^n - \left(\dfrac{1-\sqrt{5}}{2}\right)^n\right\}$

(2) $\log\dfrac{1+\sqrt{5}}{2}$

解説 (1) $x^2=x+1$ すなわち $x^2-x-1=0$ の解を α, β ($\alpha < \beta$) とすると,

$\alpha = \dfrac{1-\sqrt{5}}{2}$, $\quad \beta = \dfrac{1+\sqrt{5}}{2}$

また, 解と係数の関係より $\alpha+\beta=1$, $\alpha\beta=-1$ となり,

$a_{n+2}=(\alpha+\beta)a_{n+1}-\alpha\beta a_n$

したがって

$\begin{cases} a_{n+2}-\alpha a_{n+1}=\beta(a_{n+1}-\alpha a_n)\cdots\text{①} \\ a_{n+2}-\beta a_{n+1}=\alpha(a_{n+1}-\beta a_n)\cdots\text{②} \end{cases}$

$a_1=a_2=1$ より

$\begin{cases} a_{n+1}-\alpha a_n=\beta^{n-1}(a_2-\alpha a_1)=(1-\alpha)\beta^{n-1}\cdots\text{③} \\ a_{n+1}-\beta a_n=\alpha^{n-1}(a_2-\beta a_1)=(1-\beta)\alpha^{n-1}\cdots\text{④} \end{cases}$

ここで, $\alpha+\beta=1$ だから, $1-\alpha=\beta$, $1-\beta=\alpha$

③-④より

$(\beta-\alpha)a_n=\beta^n-\alpha^n$

$\therefore \quad a_n=\dfrac{1}{\sqrt{5}}\left\{\left(\dfrac{1+\sqrt{5}}{2}\right)^n-\left(\dfrac{1-\sqrt{5}}{2}\right)^n\right\}$

(2) (1)より, $\log a_n=\log\dfrac{1}{\sqrt{5}}\left\{\left(\dfrac{1+\sqrt{5}}{2}\right)^n-\left(\dfrac{1-\sqrt{5}}{2}\right)^n\right\}$

$\qquad\qquad\qquad =\log\dfrac{1}{\sqrt{5}}\left(\dfrac{1+\sqrt{5}}{2}\right)^n\left\{1-\left(\dfrac{1-\sqrt{5}}{1+\sqrt{5}}\right)^n\right\}$

したがって

$\dfrac{\log a_n}{n}=\dfrac{1}{n}\log\dfrac{1}{\sqrt{5}}+\log\dfrac{1+\sqrt{5}}{2}+\dfrac{1}{n}\log\left\{1-\left(\dfrac{1-\sqrt{5}}{1+\sqrt{5}}\right)^n\right\}$

ここで, $\left|\dfrac{1-\sqrt{5}}{1+\sqrt{5}}\right|<1$ だから

$\qquad \lim_{n\to\infty}\dfrac{1}{n}\log\left\{1-\left(\dfrac{1-\sqrt{5}}{1+\sqrt{5}}\right)^n\right\}=0$

ゆえに

$$\lim_{n \to \infty} \frac{\log a_n}{n} = \log \frac{1+\sqrt{5}}{2}$$

【11】 (1) $B = \begin{pmatrix} 2 & 0 \\ 0 & 3 \end{pmatrix}$

(2) $A^n = \begin{pmatrix} -3 \times 2^n + 4 \times 3^n & -3 \times 2^{n+1} + 2 \times 3^{n+1} \\ 2^{n+1} - 2 \times 3^n & 2^{n+2} - 3^{n+1} \end{pmatrix}$

解説 (1) $P^{-1} = \dfrac{1}{3-4} \begin{pmatrix} -1 & -2 \\ -2 & -3 \end{pmatrix} = \begin{pmatrix} 1 & 2 \\ 2 & 3 \end{pmatrix}$ であるから

$B = \begin{pmatrix} 1 & 2 \\ 2 & 3 \end{pmatrix} \begin{pmatrix} 6 & 6 \\ -2 & -1 \end{pmatrix} \begin{pmatrix} -3 & 2 \\ 2 & -1 \end{pmatrix} = \begin{pmatrix} 2 & 4 \\ 6 & 9 \end{pmatrix} \begin{pmatrix} -3 & 2 \\ 2 & -1 \end{pmatrix}$

$= \begin{pmatrix} 2 & 0 \\ 0 & 3 \end{pmatrix}$

(2) $B^n = (P^{-1}AP)(P^{-1}AP)(P^{-1}AP) \cdots (P^{-1}AP)$　（n個の積）

$\qquad = P^{-1}A^n P$

ここで,

$B^n = \begin{pmatrix} 2^n & 0 \\ 0 & 3^n \end{pmatrix}$

だから,

$A^n = PB^n P^{-1} = \begin{pmatrix} -3 & 2 \\ 2 & -1 \end{pmatrix} \begin{pmatrix} 2^n & 0 \\ 0 & 3^n \end{pmatrix} \begin{pmatrix} 1 & 2 \\ 2 & 3 \end{pmatrix}$

$= \begin{pmatrix} -3 \cdot 2^n & 2 \cdot 3^n \\ 2^{n+1} & -3^n \end{pmatrix} \begin{pmatrix} 1 & 2 \\ 2 & 3 \end{pmatrix}$

$= \begin{pmatrix} -3 \cdot 2^n + 4 \cdot 3^n & -3 \cdot 2^{n+1} + 2 \cdot 3^{n+1} \\ 2^{n+1} - 2 \cdot 3^n & 2^{n+2} - 3^{n+1} \end{pmatrix}$

【12】 (1) $-\dfrac{a}{e^a} - \dfrac{1}{e^a} + 1$　　(2) 1

解説 (1) $\displaystyle \int_0^a xe^{-x}dx = \left[-xe^{-x} \right]_0^a + \int_0^a e^{-x}dx = -\frac{a}{e^a} + \left[-e^{-x} \right]_0^a$

$\qquad\qquad\qquad = -\dfrac{a}{e^a} - \dfrac{1}{e^a} + 1$

(2) $I_a = \displaystyle \int_0^a xe^{-x}dx (a>0)$ とおくと,　$\displaystyle \int_0^\infty xe^{-x}dx = \lim_{a \to \infty} I_a$ であり,

$$\lim_{a\to\infty}\frac{a}{e^a}=0, \quad \lim_{a\to\infty}\frac{1}{e^a}=0だから, \quad \int_0^\infty xe^{-x}dx=1$$

【13】 (1) $y=-x-2$ (2) $\dfrac{27}{4}$

解説 (1) $y=x^3-4x$より, $y'=3x^2-4$

関数$y=x^3-4x$のグラフと求める直線との接点の座標を(a, a^3-4a)とおくと, 求める直線の方程式は,

$y=(3a^2-4)(x-a)+a^3-4a$

  $=(3a^2-4)x-3a^3+4a+a^3-4a$

  $=(3a^2-4)x-2a^3$

この直線が, 点$(0, -2)$を通るので,

$-2=-2a^3$

 $a^3=1$

 $a=1$

よって, 求める直線は, $y=-x-2$

(2) 関数$y=x^3-4x$のグラフと直線$y=-x-2$の共有点のx座標を求めると,

$x^3-4x=-x-2$

$x^3-3x+2=0$

$(x-1)^2(x+2)=0$

よって, $x=1, -2$

よって, 求める面積は,

$$\int_{-2}^1 \{(x^3-4x)-(-x-2)\}dx$$

$$=\int_{-2}^1 (x-1)^2(x+2)dx$$

$$=\int_{-2}^1 (x-1)^3dx+3\int_{-2}^1 (x-1)^2dx$$

$$=\left[\frac{1}{4}(x-1)^4\right]_{-2}^1+\left[(x-1)^3\right]_{-2}^1$$

$$=-\frac{81}{4}+27$$

$$=\frac{27}{4}$$

【14】 (1) $y=x$, $y=-x$ (2) $-1+\dfrac{9}{8}\pi^2$

解 説 (1) $y'=\sin x+x\cos x$ より

接点を $(t,\ t\sin t)$ とすると

$0<t\leqq2\pi$ であり

接線は

$\quad y=(\sin t+t\cos t)(x-t)+t\sin t$

$\therefore\quad y=(\sin t+t\cos t)x-t^2\cos t$

これが原点を通るので

$0=-t^2\cos t$

$0<t\leqq2\pi$ より

$\cos t=0$

$\therefore\quad t=\dfrac{\pi}{2},\ \dfrac{3}{2}\pi$

よって $t=\dfrac{\pi}{2}$ のとき, $y=x$

$t=\dfrac{3}{2}\pi$ のとき, $y=-x$

(2) (1)の中で条件を満たすのは

接点 $\left(\dfrac{3}{2}\pi,\ -\dfrac{3}{2}\pi\right)$, 接線 $y=-x$ のときである。

また $0\leqq x\leqq\dfrac{3}{2}\pi$ において

$x\sin x-(-x)=x\sin x+x$

$\qquad\qquad\qquad=x(\sin x+1)\geqq0$

よって, $x\sin x\geqq-x$ であり

等号が成り立つのは $x=0,\ \dfrac{3}{2}\pi$ のときである。

よって, 求める面積は,

$$\int_0^{\frac{3}{2}\pi} \{x\sin x - (-x)\}\,dx = \int_0^{\frac{3}{2}\pi} x\sin x\,dx + \int_0^{\frac{3}{2}\pi} x\,dx$$

$$= \left[-x\cos x\right]_0^{\frac{3}{2}\pi} - \int_0^{\frac{3}{2}\pi} (-\cos x)\,dx + \left[\frac{1}{2}x^2\right]_0^{\frac{3}{2}\pi}$$

$$= 0 + \left[\sin x\right]_0^{\frac{3}{2}\pi} + \left(\frac{9}{8}\pi^2 - 0\right)$$

$$= -1 + \frac{9}{8}\pi^2$$

【15】 (1) 30〔個〕　　(2) $(n+1-k)^2$〔個〕　　(3) $\dfrac{1}{6}n(n+1)(2n+1)$〔個〕

解説　(1)　1辺の長さが4の正方形の個数が1^2個

1辺の長さが3の正方形の個数が2^2個

1辺の長さが2の正方形の個数が3^2個

1辺の長さが1の正方形の個数が4^2個だから

求める正方形の個数は

$1^2+2^2+3^2+4^2=30$〔個〕

(2)　(1)と同様に考えると，

1辺の長さが$k\,(1\leqq k\leqq n)$の正方形の個数は

$(n+1-k)^2$〔個〕

(3)　求める正方形の個数をP_nとおくと，

$$P_n = \sum_{k=1}^{n} (n+1-k)^2$$

$$= \sum_{k=1}^{n} \{(n+1)^2 - 2(n+1)k + k^2\}$$

$$= (n+1)^2 n - 2(n+1)\cdot\frac{1}{2}n(n+1) + \frac{1}{6}n(n+1)(2n+1)$$

$$= \frac{1}{6}n(n+1)(2n+1)\quad〔個〕$$

【16】 (1)　$-3<m<-2$　　(2)　$3x-4y=25$　　(3)　必要(条件)

(4)　55〔組〕　　(5)　-280　　(6)　$\dfrac{x^2}{5}-\dfrac{y^2}{4}=1$

解説 (1) i) 判別式 $D>0$

$\dfrac{D}{4}=(m+1)^2-(m+3)$

$=m^2+m-2$

$=(m+2)(m-1)>0$

∴ $m<-2,\ 1<m$

ii) 軸<0 すなわち $m+1<0$ ∴ $m<-1$

iii) $f(x)=x^2-2(m+1)x+m+3$ とするとき，$f(0)>0$ すなわち $m+3>0$

∴ $m>-3$

i)，ii)，iii)より，$-3<m<-2$

(2) 円 $x^2+y^2=r^2$ 上の点 $(x_1,\ y_1)$ における接線の方程式は

$x_1x+y_1y=r^2\ (r>0)$

(3) それぞれの真理集合をP，Qとして，xy 平面上に図示すると，

P⊃Qであるから，必要条件。

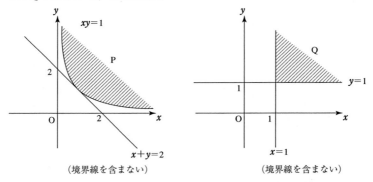

（境界線を含まない）　　　　　（境界線を含まない）

(4) 12個並んだ○の間から2か所を選んで仕切りを入れて3つの部分に分け，それぞれの○の個数を $x,\ y,\ z$ とすると，求める整数の組 $(x,\ y,\ z)$ と 1対1に対応する。

よって，${}_{11}\mathrm{C}_2=55$〔組〕

(5) 展開式の一般項は，${}_7\mathrm{C}_r x^{7-r}(-2y)^r={}_7\mathrm{C}_r(-2)^r x^{7-r}y^r$

$7-r=4$ より $r=3$

よって，求める係数は，${}_7\mathrm{C}_3(-2)^3=-280$

(6) 双曲線の方程式を $\dfrac{x^2}{a^2}-\dfrac{y^2}{b^2}=1(a>0,\ b>0)$ とおくと,

焦点が $(3,\ 0)$, $(-3,\ 0)$ だから, $\sqrt{a^2+b^2}=3\cdots$①

点 $(5,\ 4)$ を通るから, $\dfrac{25}{a^2}-\dfrac{16}{b^2}=1\cdots$②

①より, $b^2=9-a^2\cdots$①′

②より, $a^2b^2=25b^2-16a^2\cdots$②′

①′を②′に代入して, $a^2(9-a^2)=25(9-a^2)-16a^2$

$a^4-50a^2+225=0$

$(a^2-5)(a^2-45)=0$

①′より, $0<a^2<9$　　∴　$a^2=5$, $b^2=4$

よって, 双曲線の方程式は, $\dfrac{x^2}{5}-\dfrac{y^2}{4}=1$

【17】(1)　①　箱ひげ図　②　分布の傾向　③　批判　④　数学的活動　⑤　場合の数　(2)　①　数学的活動　②　体系　③　表現　④　統合　⑤　数学的論拠

解説　(1)　日常生活や社会における不確定な事象は数学の考察の対象であり, その起こりやすさの程度を数値で表現し把握するなど, 不確定な事象の起こりやすさの傾向を読み取り表現することができるようにすることが大切である。指導に当たっては, 不確定な事象を扱うというこの領域の特性に配慮し, 正解を求めることができるということだけでなく, 生徒が自分の予測や判断について根拠を明らかにして説明できるようにする。　(2)　高等学校数学科の目標は, 平成28 年12月の中央教育審議会答申の内容を踏まえるとともに, 高等学校における数学教育の意義を考慮し, 小学校算数科及び中学校数学科の目標との一貫性を図って示された。今回の改訂では, 算数科・数学科において育成を目指す資質・能力を, 「知識及び技能」, 「思考力, 判断力, 表現力等」, 「学びに向かう力, 人間性等」の三つの柱に沿って明確化し, 各学校段階を通じて, 実社会等との関わりを意識した数学的活動の充実等を図っている。高等学校数学科の目標についても, 「知識及

び技能」,「思考力, 判断力, 表現力等」,「学びに向かう力, 人間性等」の三つの柱で整理して示した。

【18】〈解答例〉「6冊の異なる本a, b, c, d, e, fを2冊ずつ本棚の上段, 中段, 下段におく方法は何通りありますか」という問題のときは, 上段におく方法は $_6C_2$通り, 中段には $_4C_2$, 残りは $_2C_2=1$ であり, $_6C_2 \times _4C_2 \times 1 = 90$〔通り〕でよい。

しかし, 上, 中, 下段がないとき, すなわち2冊を3組に分けるときは, 上, 中, 下の区別がないので, 6通りのおき方(上中下), (上下中), (中上下), (中下上), (下上中), (下中上)は同じおき方となるから,

$$\frac{_6C_2 \times _4C_2 \times 1}{6} = \frac{90}{6} = 15 \text{〔通り〕となる。}$$

解説 題材として上中下段のある本棚に2冊ずつに分ける問題とした。

第4部

数学科マスター

数と式

（数学科マスター）

(1) 複素数（$i^2 = -1$）

a, b, c, dが実数のとき，

加法：$(a+bi)+(c+di)=(a+c)+(b+d)i$

減法：$(a+bi)-(c+di)=(a-c)+(b-d)i$

乗法：$(a+bi)(c+di)=(ac-bd)+(bc+ad)i$

除法：$\dfrac{a+bi}{c+di}=\dfrac{(a+bi)(c-di)}{(c+di)(c-di)}=\dfrac{ac+bd}{c^2+d^2}+\dfrac{bc-ad}{c^2+d^2}i$

（ただし，$c \neq 0$ または $d \neq 0$）

(2) n進位取り記数法

例えば10進法の527は，

$500+20+7=5 \cdot 10^2+2 \cdot 10+7$である。

これを7進法に直すには，

$$527=75 \cdot 7+2$$
$$=(10 \cdot 7+5) \cdot 7+2$$
$$=\{(1 \cdot 7+3) \cdot 7+5\} \cdot 7+2$$
$$=1 \cdot 7^3+3 \cdot 7^2+5 \cdot 7+2$$

```
7) 527
7)  75   余り2
7)  10   余り5
    1   余り3
```

したがって，$527=1352_{(7)}$

小数の場合，例えば0.625を2進法で表すと，

$0.625=\dfrac{5}{8}=\dfrac{2^2+1}{2^3}=\dfrac{1}{2}+\dfrac{0}{2^2}+\dfrac{1}{2^3}=0.101_{(2)}$

(3) 公約数と公倍数

a. 最大公約数と最小公倍数

2整数a，bの最大公約数をG，最小公倍数をLと表すと，$ab=GL$

これは整式においても同様。

b. ユークリッド互除法

最大公約数を求める方法で，次の定理が基本である。

$\dfrac{a}{b}$ の整数部分を q，a，b の最大公約数を (a, b) と表せば

$(a, b) = (a - qb, b)$

〔証明〕 d を a，b の最大公約数とし，$a = qb + r$ (q：商，r：余り) とおけば，
d は $a - qb$，b の公約数であるから，d は $(a - qb, b)$ の約数である。

ここで，$(a - qb, b)$ 即ち r，b の最大公約数を d' とすれば，
$a = r + qb$ であるから，d' は a の約数であり，d の約数である。

したがって，$d = d'$

例えば，1804と328の最大公約数は，$1804 = 5 \cdot 328 + 164$
さらに，$328 = 2 \cdot 164 + 0$ であるから，
求める解は164である。

(4) 剰余の定理と因数分解

a. 剰余の定理：整式 $P(x)$ を $x - \alpha$ で割った余りは，$P(\alpha)$ である。

b. 因数定理：整式 $P(x)$ を $x - \alpha$ で割り切れる必要十分条件は，
$P(\alpha) = 0$ である。

したがって，$x^3 + ax^2 - x - 2$ が $x + 1$ で割り切れるように定数 a を定めると

$P(x) = x^3 + ax^2 - x - 2$　より

$P(-1) = a - 2$

ゆえに，$a = 2$

また，この整式を因数に分解すると，

$(x + 1)(x - 1)(x + 2)$ となる。

(5) 因数分解の公式

$a^3 + b^3 = (a + b)(a^2 - ab + b^2)$

$a^3 - b^3 = (a - b)(a^2 + ab + b^2)$

$a^3 + b^3 + c^3 - 3abc = (a + b + c)(a^2 + b^2 + c^2 - ab - bc - ca)$

233

(6) 方程式の解法

  a. 2次方程式

    2次方程式 $ax^2+bx+c=0(a \neq 0)$ の解は，

$$x=\frac{-b \pm \sqrt{b^2-4ac}}{2a}$$

    いま，$D=b^2-4ac$（判別式）と置くと，次の関係が成り立つ。

    (i) $D>0 \rightleftarrows$ 異なる2つの実数解をもつ。

    (ii) $D=0 \rightleftarrows$ 重解をもつ。

    (iii) $D<0 \rightleftarrows$ 異なる2つの虚数解をもつ。

  2次方程式は，解の公式によって必ず解を求めることができるが，因数分解によるほうが簡単な場合がある。

  また，実係数の方程式が複素数を解にもつときは，共役複素数も解である。

b. 高次方程式の解法には，

  (i) 因数定理を利用し，因数分解による方法

  (ii) 置き換えにより，2次方程式に還元して解く方法

    などがある。

  また，3次方程式 $ax^3+bx^2+cx+d=0(a \neq 0)$ の解を α，β，γ とおくと，解と係数の関係は，

$$ax^3+bx^2+cx+d=a(x-\alpha)(x-\beta)(x-\gamma) \quad より$$

$$\alpha+\beta+\gamma=-\frac{b}{a}$$

$$\alpha\beta+\beta\gamma+\gamma\alpha=\frac{c}{a}$$

$$\alpha\beta\gamma=-\frac{d}{a}$$

実践演習問題

【1】 $x^3 + ax^2 + bx - 10 = 0$ の1つの解が $1 + 3i$ であるとき，この方程式の実数解を求めよ。ただし，a，bとも実数である。

【2】 方程式 $2x^3 - 3x^2 - a = 0$ の実数解の個数を求めよ。

【3】 $x^3 = a(x-1)(x-2)(x-3) + b(x-1)(x-2) + c(x-1) + d$ が x の恒等式のとき，a，b，c，dの値を求めよ。

【4】 $3x^4 - x^3 - 8x^2 - x + 3 = 0$ を解け。

【5】 方程式 $\sqrt{x+2} = x$ を生徒に解かせたところ，両辺を2乗して $x + 2 = x^2$ とし，整理して $x^2 - x - 2 = (x-2)(x+1) = 0$ とし，$x = 2$，-1 という解答をした。
  (1) この解答の間違っているところはどこか。
  (2) この生徒に，自分の間違いを理解させるための説明を1つ述べよ。

【6】 $3x^2 + 6x - 4 = 0$ の2つの解を α，β とするとき，次の式の値を求めよ。
  (1) $\alpha^2 + \beta^2$ (2) $(\alpha - 2)(\beta - 2)$

【7】 x の整式 $3x^3 + ax^2 + bx + 6$ を $x^2 - 2x - 1$ で割ると，余りが $5x + 2$ になるという。このとき，a，b の値を求めよ。

【8】 $x + y = 1$，$xy = 1$ のとき，x^3 の値を求めよ。

【9】 $xy + 2x - 3y = 9$ を満たす整数 x，y の値を求めよ。

【10】 2進法で表された数 0.101を10進法で表すと0.[イ][ロ][ハ]となる。空欄イ，ロ，ハに適当な数字を記入せよ。

【11】 正の整数Nを4進法で表すと，abcとなり，6進法で表すとpqrとなる。a，b，cとp，q，rの関係が$a+b+c=p+q+r$であるとき，Nを10進法で表せ。

【12】 $x=\sqrt{3-2\sqrt{2}}$ のときx^2+2x-1の値を求めよ。

【13】 実数係数の3次方程式$x^3+ax^2+bx+c=0$は$1+\sqrt{2}i$を解にもつ。また，この方程式と$x^2+ax+8=0$がただ1つの解を共有する。このときの係数a，b，cの値を求めよ。

【14】 $3a^2+2ab-b^2-14a-6b+16$を因数分解せよ。

【15】 $x^3-2x^2y-2x^2z+xy^2-3xz^2+2xyz$を因数分解せよ。

【16】 $x+\dfrac{1}{x}=3$のとき，$x^3-4x^2-\dfrac{4}{x^2}+\dfrac{1}{x^3}$の値を求めよ。

【17】 0でない実数a，b，cのあいだに，$a^2=bc$，$b^2=ca$，$c^2=ab$の関係がある。
　　このとき，$\dfrac{b}{a}+\dfrac{a}{b}$の値を求めよ。

【18】 2進法11011と4進法20311を3進法で表せ。

━━━━━━━━ **解答・解説** ━━━━━━━━

【1】 1

解説 $x=1+3i$を与式に代入する。
$$(1+3i)^3+a(1+3i)^2+b(1+3i)-10=0$$

$1+9\,i-27-27\,i+a\,(1+6\,i-9)+b\,(1+3\,i)-10=0$

$(-8\,a+b-36)+(6\,a+3\,b-18)\,i=0$

a, bは実数だから，

$$\begin{cases} -8\,a+b-36=0\cdots① \\ 6\,a+3\,b-18=0\cdots② \end{cases}$$

①$-$②$\times\dfrac{1}{3}$ より，$a=-3$, $b=12$

よって，与式は　$x^3-3\,x^2+12\,x-10=0$

$(x-1)(x^2-2\,x+10)=0$

ゆえに，$x=1$, $x=1\pm3\,i$

したがって，実数解は1

【2】 $a<-1$, $0<a$のとき1個，$a=-1$, 0のとき2個，

$-1<a<0$のとき 3個

解説 $2x^3-3x^2-a=0$　より　$2x^3-3x^2=a$

これは，連立方程式

$$\begin{cases} y=2x^3-3x^2=x^2(2x-3) & ……① \\ y=a & ……② \end{cases}$$

と同値であるから，①，②のグラフの交点の個数が，与えられた方程式の実数解の個数に等しい。

①より　$y'=6x^2-6x=6x(x-1)$

$y'=0$のとき　$x=0$, 1

よって，$x=0$のとき　極大値0

$x=1$のとき　極小値-1

したがって，①のグラフは次頁の図のようになり，次の結果が求まる。

$$\begin{cases} 0<a のとき1個 \\ a=0 のとき2個 \\ -1<a<0 のとき3個 \\ a=-1 のとき2個 \\ a<-1 のとき1個 \end{cases}$$

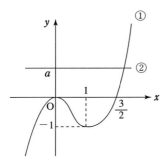

【3】 $a=1$, $b=6$, $c=7$, $d=1$

解 説 与式はxについての恒等式であるから，$x=0$，1，2，3を代入して

$$\begin{cases} -6a+2b-c+d=0 \\ d=1 \\ c+d=8 \\ 2b+2c+d=27 \end{cases}$$

これを解いて，$a=1$，$b=6$，$c=7$，$d=1$

（別解） 与式より

$$x^3=ax^3+(-6a+b)x^2+(11a-3b+c)x-6a+2b-c+d$$

恒等式の性質より

$$\begin{cases} a=1 \\ -6a+b=0 \\ 11a-3b+c=0 \\ -6a+2b-c+d=0 \end{cases}$$

よって，$a=1$，$b=6$，$c=7$，$d=1$

【4】 $x = -1,\ \dfrac{7 \pm \sqrt{13}}{6}$

解説 与式 $= 3(x^4 + 1) - (x^2 + 1)x - 8x^2$

$\qquad\qquad = 3(x^4 - 2x^2 + 1) - (x^2 + 2x + 1)x$

$\qquad\qquad = 3(x^2 - 1)^2 - (x + 1)^2 x$

$\qquad\qquad = (3(x - 1)^2 - x)(x + 1)^2$

$\qquad\qquad = (x + 1)^2(3x^2 - 7x + 3)$

【5】 (1) $\sqrt{x + 2} = x$ において，左辺 $\geqq 0$ であるから，右辺 $\geqq 0$

よって，$x \geqq 0$ でなくてはならない。

したがって，$x = -1$ は解でない。

(2) $\sqrt{x + 2} = x$ と $x + 2 = x^2$ は同値ではない。

$\sqrt{x + 2} = -x$ も両辺を平方すると $x + 2 = x^2$ になる。

例えば，$x = 1$ のとき，この両辺を平方すると

$\qquad\qquad x^2 = 1$ となり，$x = \pm 1$

となって，$x = -1$ が出てくる。

【6】 (1) $\dfrac{20}{3}$ (2) $\dfrac{20}{3}$

解説 解と係数の関係から，

$\qquad \alpha + \beta = -\dfrac{6}{3} = -2,\ \ \alpha\beta = -\dfrac{4}{3}$

(1) $\alpha^2 + \beta^2 = (\alpha + \beta)^2 - 2\alpha\beta$

$\qquad\qquad = (-2)^2 - 2 \cdot \left(-\dfrac{4}{3}\right) = 4 + \dfrac{8}{3} = \dfrac{20}{3}$

(2) $(\alpha - 2)(\beta - 2) = \alpha\beta - 2(\alpha + \beta) + 4$

$\qquad\qquad = \left(-\dfrac{4}{3}\right) - 2 \cdot (-2) + 4 = -\dfrac{4}{3} + 8 = \dfrac{20}{3}$

【7】 $a=-10$, $b=10$

解 説 $3x^3+ax^2+bx+6=(x^2-2x-1)(px+q)+5x+2$　……①

とおくと，x^3の係数が3，定数項が6であることに着目して

　　$p=3$, $q=-4$

と分かる。

　　よって，①の右辺を展開して

　　$(x^2-2x-1)(3x-4)+5x+2=3x^3-10x^2+10x+6$

　　ゆえに，$a=-10$, $b=10$

【8】 $x^3=-1$

解 説 $x+y=1$, $xy=1$より y を消去すると

　　　　　　　$x(1-x)=1$

　　ゆえに，$x^2-x+1=0$

　　両辺に　$x+1$をかけて

　　　　　　　$(x+1)(x^2-x+1)=0$

　　　　　　　$x^3+1=0$

　　ゆえに，$x^3=-1$

【9】 $\begin{cases}x=6\\y=-1\end{cases}$, $\begin{cases}x=4\\y=1\end{cases}$, $\begin{cases}x=2\\y=-5\end{cases}$, $\begin{cases}x=0\\y=-3\end{cases}$

解 説 $xy+2x-3y-9=0$

　　より　$(x-3)(y+2)+6-9=0$

　　　　　$(x-3)(y+2)=3$

　　ここで，$x-3$, $y+2$は整数より

　　　　$(x-3,\ y+2)=(3,\ 1),\ (1,\ 3),\ (-1,\ -3),\ (-3,\ -1)$

　　ゆえに，

　　　　$(x,\ y)=(6,\ -1),\ (4,\ 1),\ (2,\ -5),\ (0,\ -3)$

　　(注意)　$xy+2x-3y=(x-3)(y+2)+6$

　　と変形するとき，x, yの係数2，-3に着目すると早い。

一般に $xy+mx+ny=(x+n)(y+m)-mn$

である。この変形は整数問題でよく行うことが多い。

【10】 イ＝6，ロ＝2，ハ＝5

解 説 2進法$0.101=0+\dfrac{1}{2^1}+\dfrac{0}{2^2}+\dfrac{1}{2^3}=\dfrac{1}{2}+\dfrac{1}{8}=\dfrac{5}{8}=0.625$

【11】 48または49または50または51

解 説 $N=4^2\times a+4\times b+c=16\,a+4\,b+c$

$N=6^2\times p+6\times q+r=36\,p+6\,q+r$

ゆえに，$16\,a+4\,b+c=36\,p+6\,q+r\cdots$①

①と$a+b+c=p+q+r$　より

$15\,a+3\,b=35\,p+5\,q$

　　　ゆえに，$15\,a+3\,b=5(7\,p+q)$

a, b, p, qは整数であるので，左辺が5の倍数になるためには$0\leqq b\leqq3$

より　$b=0$

　また，$1\leqq a\leqq3$, $1\leqq p\leqq5$, $0\leqq q\leqq5$なので

　$a=3$, $p=1$, $q=2$

これらを①に代入して　$c=r$

　c, rも整数で$0\leqq r=c\leqq3$より　$c=r=0$, 1, 2, 3

　　　$N=48$, 49, 50, 51

【12】 0

解 説 $x=\sqrt{3-2\sqrt{2}}=\sqrt{(\sqrt{2}-1)^2}=\sqrt{2}-1$

　よって，$x+1=\sqrt{2}$

　両辺を平方して

　　　　　　$x^2+2x+1=2$

　ゆえに，$x^2+2x-1=0$

【13】 $a=-6$, $b=11$, $c=-12$

解 説 $x^3+ax^2+bx+c=0$は実数係数であることから, $1+\sqrt{2}\,i$と共役な $1-\sqrt{2}\,i$も解にもつ。残りの解をαとすると

$$\{x-(1+\sqrt{2}\,i)\}\{x-(1-\sqrt{2}\,i)\}(x-\alpha)=0$$
$$x^3-(2+\alpha)x^2+(3+2\alpha)x-3\alpha=0$$

ゆえに, $a=-(2+\alpha)$, $b=3+2\alpha$, $c=-3\alpha$

$x^2+ax+8=0$の係数も実数であるから, もし$1+\sqrt{2}\,i$を解にもつとしたら, $1-\sqrt{2}\,i$も解となり, ただ1つの解を共有することに反する。よって, 共通解はα

$x=\alpha$を代入して $\alpha^2+a\alpha+8=0$

これに$a=-(2+\alpha)$を代入して整理すると $\alpha=4$

ゆえに, $a=-6$, $b=11$, $c=-12$

【14】 $(3a-b-8)(a+b-2)$

解 説 $3a^2+2ab-b^2-14a-6b+16$

$=3a^2+2(b-7)a-(b^2+6b-16)$

$=3a^2+2(b-7)a-(b+8)(b-2)$

$=(3a-b-8)(a+b-2)$

$$
\begin{array}{llll}
3 & \diagdown & -(b+8) & \rightarrow & -b-8 \\
1 & \diagup & (b-2) & \rightarrow & \underline{3b-6}\,(+ \\
& & & & 2b-14
\end{array}
$$

(注意) 与式をaの2次式とみて, 2次の項, 1次の項, 定数項と整理することがポイントである。

【15】 $x(x-y+z)(x-y-3z)$

解 説 $x^3-2x^2y-2x^2z+xy^2-3xz^2+2xyz$

$=x(x^2-2xy-2xz+y^2-3z^2+2yz)$

$=x\{x^2-2(y+z)x+(y+3z)(y-z)\}$

$=x(x-y+z)(x-y-3z)$

【16】 -10

解説 $x^3-4x^2-\dfrac{4}{x^2}+\dfrac{1}{x^3}=\left(x^3+\dfrac{1}{x^3}\right)-4\left(x^2+\dfrac{1}{x^2}\right)$

$\qquad\qquad\qquad =\left(x+\dfrac{1}{x}\right)^3-3\left(x+\dfrac{1}{x}\right)-4\left\{\left(x+\dfrac{1}{x}\right)^2-2\right\}$

$\qquad\qquad\qquad =3^3-3\cdot3-4(3^2-2)=27-9-4\cdot7=-10$

【17】 2

解説 $a^2=bc,\ \ b^2=ca,\ \ c^2=ab$

の両辺を加えると

$\qquad\qquad a^2+b^2+c^2=bc+ca+ab$

$\qquad 2a^2+2b^2+2c^2-2bc-2ca-2ab=0$

$\qquad (a-b)^2+(b-c)^2+(c-a)^2=0$

$a,\ b,\ c$は実数であるから

$\qquad a-b=b-c=c-a=0$

ゆえに，$a=b=c$

よって，$\dfrac{b}{a}+\dfrac{a}{b}=1+1=2$

(注意) $a,\ b$が実数で，$(a-b)^2=0$

のとき，$(a-b)^2\geqq0$　より　$a-b=0$

である。

【18】 $11011\to3$進法で1000，$20311\to3$進法で202221

解説 $11011_{(2)}=2^4\times1+2^3\times1+2^1\times1+2^0\times1$

$\qquad\qquad =16+8+2+1=27=3^3\times1=1000_{(3)}$

$20311_{(4)}=4^4\times2+4^3\times0+4^2\times3+4^1\times1+4^0\times1$

$\qquad =512+48+4+1$

$\qquad =565$

$\qquad =3^5\times2+3^3\times2+3^2\times2+3^1\times2+1$

$\qquad =202221_{(3)}$

図形①

　主に初等幾何的な内容を含んだ平面図形・空間図形をとりあげた。この分野はそれ自体独立したものとみるよりも，数学の全範囲にさりげなく登場する性格のものである。基本的な視点として，常に考慮すべきであろう。

①　中点連結定理　三角形ABCにおいて辺AB，ACの中点をそれぞれM，Nとすると，

$$MN/\!/BC, \quad MN = \frac{BC}{2}$$

②　三角形の五心（重心・外心・垂心・内心・傍心）
　　正三角形の重心・外心・垂心・内心は一致する。またこの四心のいずれか二つが一致する三角形は正三角形である。

③　内角の2等分線　三角形ABCにおいて∠Aの2等分線と辺BCとの交点をDとするとAB：AC＝BD：DC

④メネラウスの定理　三角形ABCを1つの直線で切り，辺BC，CA，ABまたはその延長との交点をP，Q，Rとすれば

$$\frac{BP}{PC} \cdot \frac{CQ}{QA} \cdot \frac{AR}{RB} = 1$$

　　逆に，△ABCの3辺BC，CA，ABまたはその延長上の点をP，Q，Rとするとき，外分点が奇数個であって，かつ上式が成り立てば，3点P，Q，Rは一直線上にある。

⑤　パップスの定理　三角形ABCにおいて，辺BCの中点をMとすれば，

$$AB^2 + AC^2 = 2(AM^2 + BM^2)$$

⑥　接弦定理　円の弦ABと，その一端Aからひいた接線ATとのつくる角∠BATは，その角の内にある弧ABに対する円周角∠APBに等しい。

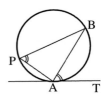

⑦　方べきの定理　2弦AB，CDの交点をPとすると，

PA・PB＝PC・PD

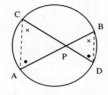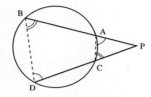

また，4点A，B，C，Dが1つの円の上にあるためには，任意の1点Pに対してPA・PB＝PC・PDであることが必要十分である。

⑧　トレミーの定理　四角形ABCDが円に内接しているなら，

AB・CD＋BC・DA＝AC・BD

（証）∠BAD内に∠BAE＝∠CADとなるようにAEをひき，BDとの交点をEとする。

△ABEと△ACDは相似であるから，

AB：AC＝BE：CDより

AB・CD＝AC・BE

△BACと△EADは相似であるから，

BC：ED＝AC：ADより

BC・DA＝AC・DE

以上2式を加えて，結論の式が出る。

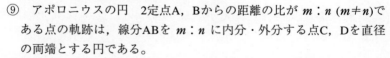

⑨　アポロニウスの円　2定点A，Bからの距離の比が $m:n$ $(m \neq n)$である点の軌跡は，線分ABを $m:n$ に内分・外分する点C，Dを直径の両端とする円である。

⑩　弧度法による角を θ とし，中心角 θ，半径 r の扇形の弧の長さを l，面積をSとおくと，$l=r\theta$，$S=\dfrac{1}{2}r^2\theta$

⑪　三角形ABCにおいてBC＝a，CA＝b，AB＝cとおくと，

(a)　正弦定理　$\dfrac{a}{\sin A}=\dfrac{b}{\sin B}=\dfrac{c}{\sin C}=2R$（$R$は外接円の半径）

(b)　余弦定理　$a^2=b^2+c^2-2bc\cos A$

(c)　面積 $= \dfrac{1}{2} bc \sin A$

面積 $= \sqrt{s(s-a)(s-b)(s-c)}$ 　　ただし，$s = \dfrac{1}{2}(a+b+c)$

実践演習問題

【1】 △ABCの外心をO，重心をG，垂心をH，BCの中点をMとすると，

(1) AH＝2OMであることを示せ。

(2) O，G，Hは一直線上にあって，OG：GH＝1：2であることを示せ。

【2】 直角三角形ABCの辺AB，ACの外側に，辺AB，ACを1辺とする正三角形PAB，QACをつくる。BQとCPの交点をSとするとき，点Aが△PQSの内心であることを証明せよ。

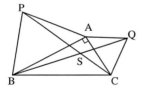

【3】 円に内接する正三角形ABCがある。図のように点Pを弧BC上にとると，AP＝BP＋CPとなることを証明せよ。

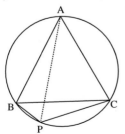

246

【4】 2定点A，Bからの距離の2乗の和が$PA^2＋PB^2＝k^2$ (k は定数) であるような点Pの軌跡を求めよ。

【5】 正四面体の隣り合った面がなす角の余弦を求めよ。

【6】 1辺の長さが6の正四面体A-BCDにおいて，辺AB上にAE＝4となる点E，辺AD上にAF＝4となるFをとる。このとき，下の各問いに答えよ。

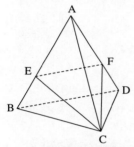

(1) △CEFの面積を求めよ。
(2) 立体C-BDFEの体積は立体A-CEFの体積の何倍か。

━━━━━━━━ 解答・解説 ━━━━━━━━

【1】 (1) 外接円の直径CODをひくと

DB⊥BC，AH⊥BC より DB // AH

DA⊥AC，BH⊥AC より DA // BH

よって，四辺形AHBDは平行四辺形になる。

ゆえに，AH＝DB ……①

また，△BCDにおいて，CO＝OD，CM＝MB より 2OM＝DB ……②

①，②より AH＝2OM

(2) OHとAMとの交点をG′とすると，AH // OMと(1)より

△AG′H∽△MG′O となり

MG′：G′A＝OG′：G′H＝OM：AH＝1：2

よって，点G′は△ABCの重心Gに一致する。

図形 ①

ゆえに，3点O，G，Hは一直線上にあって，OG：GH＝1：2

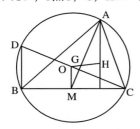

【2】 △APC，△ABQ，△APQはすべて合同となるので，∠APC＝∠APQ，
∠AQB＝∠AQP　よってAは△PQSの内心となる。

【3】 図のようにBP＝QPとなるようにQをAP上にとる。△PBQは
∠QPB＝∠ACB＝60°で，BP＝QPなので正三角形。∴　BQ＝BP
△BAQと△BCPにおいて，AB＝CB，BQ＝BPと
∠ABQ＝60°−∠QBC＝∠CBPであることから，△BAQ≡△BCP
ゆえに，AQ＝CP　よってBP＋CP≡QP＋AQ＝AP

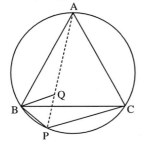

解説 AP上にBP＝QPとなる点Pをとることがポイントである。

【4】 ABの中点をOとするとパップスの定理より，

$PA^2 + PB^2 = 2(OP^2 + OA^2) = k^2$

OA＝a とおけばOP＝$\sqrt{\dfrac{k^2 - 2a^2}{2}}$

よって，PはOを中心，$\sqrt{\dfrac{k^2-2a^2}{2}}$ を半径とする円の周上にある。

（逆証略）

【5】 正四面体ABCDの辺BCの中点をMとすると，$\angle\mathrm{AMD}=\theta$ が隣り合う二つの面のなす角である。

　Aから平面BCDに下ろした垂線をAHとおくと，Hは△BCDの重心になり，点HはDM上にあって

$$\mathrm{MH}=\frac{1}{3}\mathrm{DM}=\frac{1}{3}\mathrm{AM}$$

ゆえに，

$$\cos\theta=\frac{\mathrm{MH}}{\mathrm{AM}}=\frac{1}{3}$$

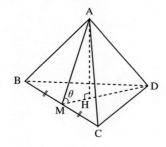

【6】（1）$\mathrm{EF}=\mathrm{AE}=\mathrm{AF}=4$，$\mathrm{BE}=6-4=2$

　　よって，△BCEにおいて

$$\mathrm{CE}^2=6^2+2^2-2\cdot6\cdot2\cos60°=28$$

　　EFの中点をMとすると，$\mathrm{CE}=\mathrm{CF}$ より

$$\mathrm{CM}^2=\mathrm{CE}^2-\mathrm{EM}^2=28-4=24$$

　　ゆえに，$\mathrm{CM}=2\sqrt{6}$

　　よって，$\triangle\mathrm{CEF}=\dfrac{1}{2}\cdot4\cdot2\sqrt{6}=4\sqrt{6}$

（2）立体C-BDFEの体積と，立体A-CEFの体積の比は，四角形BDFEの面積と△AEFの面積の比に等しい。

AE＝AF＝4より　　AE＝AF＝$\dfrac{4}{6}$AB＝$\dfrac{2}{3}$AB

よって，

　　　　△AEF＝$\left(\dfrac{2}{3}\right)^2$△ABD＝$\dfrac{4}{9}$△ABD

　　　四角形BDFE＝△ABD－△AEF＝△ABD－$\dfrac{4}{9}$△ABD＝$\dfrac{5}{9}$△ABD

よって，

　　　　四角形BDFE：△AEF＝$\dfrac{5}{9}$：$\dfrac{4}{9}$＝5：4

ゆえに，$\dfrac{5}{4}$倍

図形②

　「図形①」では主に初等幾何を扱った。今回は幾何を座標系の中で扱う。3次元空間における直線・球面・平面と，2次元空間における2次曲線がその中心である。また複素数平面での幾何への応用についても，問題の中で紹介する。

①空間図形

1. 直線 $\dfrac{x-x_1}{a} = \dfrac{y-y_1}{b} = \dfrac{z-z_1}{c}$

　　方向ベクトル $(a,\ b,\ c)$ が単位ベクトルのとき，これを方向余弦という。このとき直線上の2点をA，Bとし，$\overrightarrow{AB} /\!/ (a,\ b,\ c)$ とすれば，$\overrightarrow{AB}$ と $x,\ y,\ z$ 軸とのなす角 $\alpha,\ \beta,\ \gamma$ は，

　　$a=\cos\alpha,\ \ b=\cos\beta,\ \ c=\cos\gamma$

となっている。これが方向余弦の意味である。

2. 2直線の平行，垂直

　　方向ベクトルの垂直，平行に帰結される。なお，2直線が平行でなく，しかも交わらないときはこれをねじれの位置 "twisted position" にあるという。2直線 $l_1,\ l_2$ が交わらないとき，これら2直線間の距離については，$l_1,\ l_2$ 上にそれぞれ動点 P，Q をとり PQ⊥l_1 と PQ⊥l_2 としたときの線分PQの長さをもって定義する。

3. 空間の3点 $A_i(x_i,\ y_i,\ z_i),\ (i=1,\ 2,\ 3)$ が定める平面 $\overrightarrow{A_1A_2}$ と $\overrightarrow{A_1A_3}$ の両方に垂直な方向が，求める平面の法線ベクトルとなる。外積ベクトル $\overrightarrow{A_1A_2} \times \overrightarrow{A_1A_3}$ の計算が実用上便利である。

4. 球面

中心 $(a,\ b,\ c)$，半径 r の球面については

$$(x-a)^2+(y-b)^2+(z-c)^2=r^2$$

がその方程式である。この球面の中心を $A(a,\ b,\ c)$，球面上の一点をPとするとき，$\overrightarrow{AP}$ はPにおける接平面の法線ベクトルになってい

る。$P(x_1, y_1, z_1)$とすると，Pにおける接平面は，

$$(x_1-a)(x-a)+(y_1-b)(y-b)+(z_1-c)(z-c)=r^2$$

また，平面$\pi : p_1x+q_1y+r_1z=d$と上の球面とが交わっているとき，切り口の円の半径は$\sqrt{r^2-d^2}$

ただし，

$$d=\frac{|p_1a+q_1b+r_1c-d|}{\sqrt{p_1^2+q_1^2+r_1^2}} \quad (点(a, b, c)と平面\pi との距離)$$

である。

5．錐面

　　錐面については，体積や断面積を求めたりする出題がほとんどである。座標空間において直線$\frac{x}{a}+\frac{z}{b}=1$，$y=0$があるとき，

$$(z-b)^2=\frac{b^2}{a^2}(x^2+y^2) \ が，直線を母線とする直円錐の方程式である。$$

6．その他の座標系

　　デカルト直交座標(x, y, z)だけを扱う必要はない。問題に応じていろいろな座標を用いるのがよい。

　　$x=a\sin u\cos v,\ y=a\sin u\sin v,\ z=a\cos u$

は球面座標と呼ばれる。

②平面上の2次曲線

座標平面上の2次方程式

　$F(x, y)=ax^2+2bxy+cy^2+2dx+2ey+f=0$

が定義する図形を2次曲線という。

1．適当な平行移動 $x=X+x_0$，$y=Y+y_0$ により，

　　$F=aX^2+2bXY+bY^2+g=0$

の形になる。さらに，

　　$X=\varepsilon \cos \theta - \eta \sin \theta$

　　$Y=\varepsilon \sin \theta + \eta \cos \theta$

と変換し，ε，ηの係数が0となるようにθを選ぶことにより，いわゆる2次曲線の標準形へと変形される。

(a) 楕円

　2定点 F，F′ よりの距離の和が一定な点 P の軌跡を楕円といい，F，F′ をその焦点という。

　標準形は $\dfrac{x^2}{a^2} + \dfrac{y^2}{b^2} = 1$　$(a>0,\ b>0)$

(b) 双曲線

　2定点 F，F′ よりの距離の差が一定な点 P の軌跡を双曲線という。

　標準形は $\dfrac{x^2}{a^2} - \dfrac{y^2}{b^2} = 1$　$(a>0,\ b>0)$

(c) 放物線

　1定点を F，g は F を通らない定直線とする。F，g からの距離が等しい点 P の軌跡を放物線という。F を焦点，g を準線という。

　標準形は $y^2 = 4px$

2. 離心率

　離心率 e とは，簡単に言えば楕円・双曲線の形状を決定する値である。今それぞれの標準形において，焦点を F$(\pm k,\ 0)$ とすると，$ae = k$ を満たす e が離心率であり，

楕円においては，　　$e = \dfrac{k}{a} = \dfrac{\sqrt{a^2 - b^2}}{a}$

双曲線においては，$e = \dfrac{k}{a} = \dfrac{\sqrt{a^2 + b^2}}{a}$

である。中心からの焦点の離れ具合を表しており，離心率の名はそこからきている。

③複素数と幾何

　平面上の点 P に複素数 z を対応させ，さらに複素数を作用素と考えれば，

1. r が実数のとき，rz は OP を r 倍に相似拡大した点

2. i を虚数単位とすると，iz は OP を原点中心に $\dfrac{\pi}{2}$ 回転した点

をそれぞれ表す。

実践演習問題

[1] 座標空間において，3点$A\left(\dfrac{1}{a}, 0, 0\right)$，$B\left(0, \dfrac{1}{b}, 0\right)$，$C\left(0, 0, \dfrac{1}{c}\right)$がある。

平面ABCが中心$\left(\dfrac{1}{r}, \dfrac{1}{r}, \dfrac{1}{r}\right)$，半径$\dfrac{1}{r}$の球面に接しているとする。

ただし，$a>0$，$b>0$，$c>0$，$a+b+c<r$とする。次の問いに答えよ。

(a) rをa，b，cの式で表せ。

(b) 三角形ABCの面積が$\dfrac{\sqrt{3}}{2}$であるとき，$r≧3+\sqrt{3}$であること示せ。

[2] 点$(1, 2, 3)$を通りベクトル$(1, -1, 2)$に垂直な平面をαとする。次の問いに答えよ。

(a) αの方程式を求めよ。

(b) 2点$(2, 1, 3)$，$(3, 2, 1)$を通る直線と，平面αとの交点の座標を求めよ。

[3] 座標空間において，3点 $A(1, 2, 0)$，$B(2, 0, 1)$，$C(0, 1, 1)$が与えられている。四面体OABCの体積を求めよ。

[4] △ABC において，AB，AC をそれぞれ斜辺とする直角二等辺三角形 ABD，ACE を△ABC の外側に作る。BC の中点を M とすれば，MD＝ME，MD⊥ME であることを証明せよ。

[5] 座標平面上で楕円 $x^2+4y^2=5$ をCとする。ある直線がCの2つの焦点を結ぶ線分上で交わり，またCとは2点で交わっている。さらにこの2交点の x 座標の差の絶対値が1であるというとき，この直線を求めよ。ただし，この直線は点$(0, 2)$を通るものとする。

■■■■ 解答・解説 ■■■■

【1】 (a)　平面 ABC の方程式は，$ax+by+cz=1$
　　　球の中心からの距離が $\dfrac{1}{r}$ であるから

$$\frac{\left|\dfrac{a}{r}+\dfrac{b}{r}+\dfrac{c}{r}-1\right|}{\sqrt{a^2+b^2+c^2}}=\frac{1}{r}$$

$a+b+c<r$ より $r-(a+b+c)=\sqrt{a^2+b^2+c^2}$

以上より　$r=(a+b+c)+\sqrt{a^2+b^2+c^2}$

　　(b)　原点より平面 ABC に下ろした垂線の長さは $\dfrac{1}{\sqrt{a^2+b^2+c^2}}$ これに
△ABC の面積をかけて3で割れば四面体 OABC の体積に等しい。
一方この体積は OA×OB×OC の $\dfrac{1}{6}$ に等しいから，

$$\frac{1}{3}\cdot\frac{\sqrt{3}}{2}\cdot\frac{1}{\sqrt{a^2+b^2+c^2}}=\frac{1}{6abc}\qquad \sqrt{3}\,abc=\sqrt{a^2+b^2+c^2}$$

一方相加・相乗平均から
$a^2+b^2+c^2\geqq 3\sqrt[3]{a^2b^2c^2}$ であるから $abc\geqq 1$
再び相加・相乗平均から
$r=\sqrt{a^2+b^2+c^2}+(a+b+c)\geqq \sqrt{3}\sqrt[3]{abc}+3\sqrt[3]{abc}$
$abc\geqq 1$ であるから，$r\geqq 3+\sqrt{3}$

【2】 (a)　$(1,\ -1,\ 2)$ は平面 α の法線ベクトルになっているから α の方程
式は，
　　$(1,\ -1,\ 2)\cdot(x-1,\ y-2,\ z-3)=0$
　　$(x-1)-(y-2)+2(z-3)=0$
　　$x-y+2z-5=0$

　　(b)　2点$(2,\ 1,\ 3),\ (3,\ 2,\ 1)$を通る直線の方程式は，
$$\frac{x-2}{3-2}=\frac{y-1}{2-1}=\frac{z-3}{1-3}$$
　　これらの値をtとすることで，交点は $(t+2,\ t+1,\ -2t+3)$ とおける

図形②

からαの方程式に代入すると，$t=\dfrac{1}{2}$

ゆえに交点は $\left(\dfrac{5}{2},\ \dfrac{3}{2},\ 2\right)$

【3】平面 ABC を π とする。

$$\overrightarrow{AB}=(1,\ -2,\ 1)$$
$$\overrightarrow{AC}=(-1,\ -1,\ 1)$$
$$\overrightarrow{AB}\times\overrightarrow{AC}=\left(\begin{vmatrix}-2&1\\-1&1\end{vmatrix}\begin{vmatrix}1&1\\1&-1\end{vmatrix}\begin{vmatrix}1&-2\\-1&-1\end{vmatrix}\right)$$
$$=(-1,\ -2,\ -3)$$

π の方程式は，

$$-1(x-1)-2(y-2)-3(z-0)=0$$
$$x+2y+3z-5=0$$

O より π までの距離は，$\dfrac{|-5|}{\sqrt{1^2+2^2+3^2}}=\dfrac{5}{\sqrt{14}}$

つぎに

$$\left|\overrightarrow{AB}\right|^2=1+4+1=6$$
$$\left|\overrightarrow{AC}\right|^2=1+1+1=3$$
$$\overrightarrow{AB}\cdot\overrightarrow{AC}=-1+2+1=2$$

$$\triangle ABC=\dfrac{1}{2}\left|\overrightarrow{AB}\right|\left|\overrightarrow{AC}\right|\sin\theta=\dfrac{1}{2}\left|\overrightarrow{AB}\right|\left|\overrightarrow{AC}\right|\sqrt{1-\cos^2\theta}\quad(\angle A=\theta)$$
$$=\dfrac{1}{2}\left|\overrightarrow{AB}\right|\left|\overrightarrow{AC}\right|\sqrt{1-\left(\dfrac{\overrightarrow{AB}\cdot\overrightarrow{AC}}{|\overrightarrow{AB}||\overrightarrow{AC}|}\right)^2}$$
$$=\dfrac{1}{2}\sqrt{|\overrightarrow{AB}|^2|\overrightarrow{AC}|^2-(|\overrightarrow{AB}|\cdot|\overrightarrow{AC}|)^2}$$
$$=\dfrac{1}{2}\sqrt{6\cdot3-2^2}=\dfrac{\sqrt{14}}{2}$$

ゆえに，$V=\dfrac{1}{3}\cdot\dfrac{5}{\sqrt{14}}\cdot\dfrac{\sqrt{14}}{2}=\dfrac{5}{6}$

【4】 A，B，C，D，E に複素数 a，b，c，d，e を対応させると，M には $\dfrac{b+c}{2}$ が対応する。

DB を $\dfrac{\pi}{2}$ 回転させたものがDAであるから，$i(b-d)=a-d$

ゆえに，$d=\dfrac{a-ib}{1-i}=\dfrac{a+b+i\,(a-b)}{2}$

同様に EA を $\dfrac{\pi}{2}$ 回転させたものが EC であるから，$i(a-e)=c-e$

ゆえに，$e=\dfrac{c-ia}{1-i}=\dfrac{c+a+i\,(c-a)}{2}$

よって，MD，ME はそれぞれ

$d-m=d-\dfrac{b+c}{2}=\dfrac{a-c+i\,(a-b)}{2}$

$e-m=e-\dfrac{b+c}{2}=\dfrac{a-b+i\,(c-a)}{2}$

ゆえに，$d-m=i(e-m)$

これは MD＝ME，MD⊥ME を表す。

【5】 C より $\dfrac{x^2}{\left(\sqrt{5}\right)^2}+\dfrac{y^2}{\left(\dfrac{\sqrt{5}}{2}\right)^2}=1$

ゆえに焦点の座標は，$\left(\pm\dfrac{\sqrt{15}}{2},\ 0\right)$

P(0，2)を通る直線は，$y=mx+2$ とかける。これと連立させて，

$(4m^2+1)x^2+16mx+11=0$

2つの解を α，β として $|\alpha-\beta|=1$ とおくと，解と係数の関係を用いて，

$$\begin{cases} (\alpha-\beta)^2=(\alpha+\beta)^2-4\alpha\beta=1 \\[2mm] \alpha+\beta=-\dfrac{16m}{4m^2+1} \\[2mm] \alpha\beta=\dfrac{11}{4m^2+1} \end{cases}$$

より　$16m^4-72m^2+45=0$

$$(4m^2-15)(4m^2-3)=0$$

ゆえに，$m=\pm\dfrac{\sqrt{15}}{2}$，$\pm\dfrac{\sqrt{3}}{2}$

よって，x 軸との交点は，

$$\left(\mp\dfrac{4}{\sqrt{15}},\ 0\right),\ \left(\mp\dfrac{4}{\sqrt{3}},\ 0\right)$$

そして $|x|\leqq\dfrac{\sqrt{15}}{2}$ であるから，題意に合うのは $\left(\mp\dfrac{4}{\sqrt{15}},\ 0\right)$

よって，適するのは，$y=\pm\dfrac{\sqrt{15}}{2}x+2$

関　数

　ここでは初等関数について扱うことにする。ただし微積分に関する演習は後に微積分としてまとめて取り上げることにし，ここでは広く関数としての演習を扱う。

　初等関数とは一般に解析的な式で表される関数であり，有理関数や無理関数などのいわゆる代数関数と，それ以外の超越関数に分けることができる。超越関数で重要なものとして，三角関数・指数関数・対数関数や双曲線関数，およびそれらの逆関数などがあげられる。複素関数論によれば，代数関数については代数学の基本定理が，超越関数についてはオイラーの公式 $e^{iz}=\cos z+i\sin z$ がその中核であるといえる。特にオイラーの公式は指数関数・三角関数そして虚数単位が一体となる，極めて美しい式である。ここでの演習は実数の範囲が主であるから詳細に触れることはないが，教師を志す方なら当然背景として踏まえていただきたい。

① 代数関数

(a)　有理整関数

　$y=f(x)$ が n 次の多項式で表されているとき，$f(x)$ を有理整関数とよぶ。$f(x)=0$ は n 次の代数方程式であり，複素数の範囲で必ず n 個の解をもつ。このことを代数学の基本定理とよぶ。高等学校の範囲では，方程式の問題は複素数まで考えるが，関数としては実数までで考える。関数を調べるには微積分の知識が必要になる。ここでは主に3次関数や2次曲線を扱った問題を掲げた。

(b)　有理分数関数

　2つの有理整関数の商として表される関数を有理分数関数という。有理整関数と合わせて，一般に有理関数と呼ばれる。

(c)　無理関数

　無理関数のうち最も簡単なのは，奇数指数のべき関数 $y=x^n$ の逆関数である。

② 超越関数

指数関数・対数関数・三角関数はそれぞれ以下のような級数展開をもつ。

$$e^x = 1 + \frac{x}{1!} + \frac{x^2}{2!} + \frac{x^3}{3!} + \cdots + \frac{x^n}{n!} + \cdots$$

$$\sin x = x - \frac{x^3}{3!} + \frac{x^5}{5!} - \cdots + \frac{(-1)^{n-1} x^{2n-1}}{(2n-1)!} + \cdots$$

$$\cos x = 1 - \frac{x^2}{2!} + \frac{x^4}{4!} - \cdots + \frac{(-1)^n x^{2n}}{(2n)!} + \cdots$$

$|x| < 1$ において

$$\log(1+x) = x - \frac{1}{2}x^2 + \frac{1}{3}x^3 + \cdots + \frac{(-1)^{n-1}}{n}x^n + \cdots$$

詳細は微積分に譲ることになるので，ここでは一般的な関数としての性質を復習しておく。

(a) 指数関数

正の数 a が1でないとき a^p（p は有理数）が定義される。a^x（x は任意の実数）については，x に収束する有理数の単調列 $\{p_n\}$ をとり，$n \to \infty$ の場合の $\{ap_n\}$ の極限として定義する。a^x について指数法則が成り立つ。

$$a^p \cdot a^q = a^{p+q}$$
$$(a^p)^q = a^{pq}$$
$$(ab)^p = a^p b^p$$

指数関数 $f(x) = a^x$ は $a > 1$ のとき単調増加，$0 < a < 1$ のとき単調減少である。微分については $(a^x)' = a^x \log_e a$　である。

(b) 対数関数

$p = a^q$ のとき，$q = \log_a p$ と表し，q を，a を底とする p の対数という。$a = 10$，e の場合にそれぞれ常用対数，自然対数という。e は

$$e = \lim_{n \to \infty} \left(1 + \frac{1}{n}\right)^n$$

で定義される超越数である。指数関数 $y = a^x$ の逆関数としての

$y=\log_a x$ を対数関数という。$(a>0,\ a\neq 1,\ x>0,\ y>0)$

$\log_a(xy)=\log_a x+\log_a y$

$\log_a x^p=p\log_a x$

$\log_a x=\dfrac{\log_b x}{\log_b a}\quad (b>0,\ b\neq 1)$

が基本公式である。微分については、 $\left(\log_a x\right)'=\dfrac{1}{x\log_e a}$

(c) 三角関数

加法定理はその証明法も含めてしっかりと理解しておく。

$\sin(\alpha\pm\beta)=\sin\alpha\cos\beta\pm\cos\alpha\sin\beta$

$\cos(\alpha\pm\beta)=\cos\alpha\cos\beta\mp\sin\alpha\sin\beta$

$\tan(\alpha\pm\beta)=\dfrac{\tan\alpha\pm\tan\beta}{1\mp\tan\alpha\cdot\tan\beta}$

$\alpha=\beta$ とすることにより倍角公式が得られる。

$\sin 2\alpha=2\sin\alpha\cos\alpha$

$\cos 2\alpha=\cos^2\alpha-\sin^2\alpha=2\cos^2\alpha-1=1-2\sin^2\alpha$

これから半角公式も得られる。

$\sin^2\alpha=\dfrac{1-\cos 2\alpha}{2}$

$\cos^2\alpha=\dfrac{1+\cos 2\alpha}{2}$

和・積の公式も重要である。

$\sin\alpha+\sin\beta=2\sin\dfrac{\alpha+\beta}{2}\cos\dfrac{\alpha-\beta}{2}$

$\sin\alpha-\sin\beta=2\cos\dfrac{\alpha+\beta}{2}\sin\dfrac{\alpha-\beta}{2}$

$\cos\alpha+\cos\beta=2\cos\dfrac{\alpha+\beta}{2}\cos\dfrac{\alpha-\beta}{2}$

$\cos\alpha-\cos\beta=-2\sin\dfrac{\alpha+\beta}{2}\sin\dfrac{\alpha-\beta}{2}$

微分については

$(\sin x)'=\cos x$

$(\cos x)'=-\sin x$

261

$$(\tan x)' = \frac{1}{\cos^2 x}$$

(d)　双曲線関数

$$\sinh x = \frac{e^x - e^{-x}}{2}$$

$$\cosh x = \frac{e^x + e^{-x}}{2}$$

三角関数と似た，以下のような性質がある。

$\cosh^2 x - \sinh^2 x = 1$

$\sinh(x \pm y) = \sinh x \cosh y \pm \cosh x \sinh y$

$(\sinh x)' = \cosh x$

$(\cosh x)' = \sinh x$

　　双曲線関数という名は，$\cosh^2 x - \sinh^2 x = 1$ により，$(\cosh x, \sinh x)$ が双曲線 $x^2 - y^2 = 1$ 上の点になることによる。

実践演習問題

【1】 $x^{n+1} - 1 = 0$ の解を 1, a_1, a_2, $\cdots$, a_n とすると $(1-a_1)(1-a_2)\cdots(1-a_n)$ の値を求めよ。ただしnは自然数とする。

【2】 2つの関数 $y = ax^2 + bx + c$ と $y = mx + n$ があり，この交点の x 座標を α，β とするとき，この2つの関数に囲まれた部分の面積が $S = \frac{|a|}{6}(\beta - \alpha)^3$ となることを示せ。ただし，$\alpha < \beta$ とする。

【3】 $a > 1$ のとき，$\log_a(\log_a(\log_a x)) > 0$ を解け。

【4】 $X = \sin\theta$ として $\sin 5\theta$ を X を使って表せ。

【5】 $2 \leq x \leq 4$ で定義された関数 $f(x) = (\log_a x)^2 - \log_a x^2 + 5$ において，

(a) $a=\dfrac{1}{2}$ のとき，$f(x)$ の最大値・最小値を求めよ。

(b) $a=2\sqrt[3]{4}$ のとき，$f(x)$ の最大値・最小値を求めよ。

【6】 座標平面上の曲線 $\sqrt{x}+\sqrt{y}=2$ を原点の周りに $\dfrac{\pi}{4}$ 回転したときの方程式を求めよ。

【7】 a，b は正の整数で $\log(a-3)$，$\log(4-b)$ の相加平均が $\log\sqrt{5}$ であるとき，a，b の値を求めよ。ここの対数は常用対数とする。

━━━━━ **解答・解説** ━━━━━

【1】 $x^{n+1}-1=(x-1)(x^n+x^{n-1}+\cdots+1)=0$ の解が 1，a_1，a_2，$\cdots$，a_n なので
$x^{n+1}-1=(x-1)(x-a_1)(x-a_2)\cdots(x-a_n)$　と表せる。
よって，$(x-a_1)(x-a_2)\cdots(x-a_n)=x^n+x^{n-1}+\cdots+1$
$x=1$ を代入して　　$(1-a_1)(1-a_2)\cdots(1-a_n)=n$

【2】 $ax^2+bx+c=mx+n$ より，$ax^2+(b-m)x+(c-n)=0$
よって，$\alpha+\beta=-\dfrac{b-m}{a}$，また，$\alpha\beta=\dfrac{c-n}{a}$
ゆえに，$b-m=-a(\alpha+\beta)$，$c-n=a\alpha\beta$
$a>0$ とすると，

$$S=\int_{\alpha}^{\beta}\left(mx+n-ax^2-bx-c\right)dx$$

$$=\left[-a\dfrac{x^3}{3}+(m-b)\dfrac{x^2}{2}+(n-c)x\right]_{\alpha}^{\beta}$$

$$=-\dfrac{a}{3}\left(\beta^3-\alpha^3\right)+\dfrac{m-b}{2}\left(\beta^2-\alpha^2\right)+(n-c)(\beta-\alpha)$$

$$=-\dfrac{a}{3}\left(\beta^3-\alpha^3\right)+\dfrac{a(\beta+\alpha)}{2}\left(\beta^2-\alpha^2\right)-a\alpha\beta(\beta-\alpha)$$

$$=\dfrac{a}{6}(\beta-\alpha)^3$$

関　数

同様に $a<0$ のとき, $S=-\dfrac{a}{6}(\beta-\alpha)^3$

以上より $S=\dfrac{|a|}{6}(\beta-\alpha)^3$

(別解)

$$S=\int_{\alpha}^{\beta}\left|ax^2+bx+c-mx-n\right|dx$$

$$=\int_{\alpha}^{\beta}\left|a(x-\alpha)(x-\beta)\right|dx$$

$$=|a|\left|\int_{\alpha}^{\beta}(x-\alpha)\{(x-\alpha)-(\beta-\alpha)\}dx\right|$$

$$=|a|\left|\int_{\alpha}^{\beta}\{(x-\alpha)^2-(\beta-\alpha)(x-\alpha)\}dx\right|$$

$$=|a|\left|\left[\dfrac{1}{3}(x-\alpha)^3-\dfrac{1}{2}(\beta-\alpha)(x-\alpha)^2\right]_{\alpha}^{\beta}\right|$$

$$=|a|\left|\dfrac{1}{3}(\beta-\alpha)^3-\dfrac{1}{2}(\beta-\alpha)^3\right|$$

$$=\dfrac{|a|}{6}(\beta-\alpha)^3$$

【3】 $a>1$ より $\log_a(\log_a x)>1$, よって, $\log_a x>a$　したがって, $x>a^a$

【4】 $\sin 5\theta=\sin(3\theta+2\theta)$

$\qquad\qquad=\sin 3\theta\cos 2\theta+\cos 3\theta\sin 2\theta$

$\sin 3\theta\cos 2\theta=\sin(2\theta+\theta)\cdot(1-2\sin^2\theta)$

$\qquad\qquad=(\sin 2\theta\cos\theta+\cos 2\theta\sin\theta)(1-2\sin^2\theta)$

$\qquad\qquad=\{2\sin\theta\cos^2\theta+(1-2\sin^2\theta)\sin\theta\}(1-2\sin^2\theta)$

$\qquad\qquad=\{2\sin\theta(1-\sin^2\theta)+(1-2\sin^2\theta)\sin\theta\}(1-2\sin^2\theta)$

$\qquad\qquad=X(8X^4-10X^2+3)$

また, $\cos 3\theta\sin 2\theta=2X(4X^4-5X^2+1)$

以上より, $\sin 5\theta=X(16X^4-20X^2+5)$

【5】 $\log_a x = X$ とおくと，$f(x)=X^2-2X+5$　これを改めて $g(X)$ とおく。

(a)　$a=\dfrac{1}{2}$ のとき，$2\leqq x\leqq 4$ より

$\log_a 2\geqq X\geqq\log_a 4$　すなわち，$-1\geqq X\geqq-2$

$g(X)=(X-1)^2+4$ であるから $g(-2)=13$ が最大値，$g(-1)=8$ が最小

値である。すなわち，$x=4$ のとき最大値13，$x=2$ のとき最小値8

(b)　$a=2\sqrt[3]{4}$ のとき $\log_a 2\leqq X\leqq\log_a 4$　　すなわち $\dfrac{3}{5}\leqq X\leqq\dfrac{6}{5}$

ゆえに，$g(X)$ は $X=\dfrac{3}{5}$ のとき最大値 $g\left(\dfrac{3}{5}\right)=\dfrac{104}{25}$，$X=1$ のとき最

小値4。ゆえに，$x=2$ のとき最大値 $\dfrac{104}{25}$，$x=2\sqrt[3]{4}$ のとき最小値4

【6】 原点の周りの各 θ の回転を $R(\theta)$ と表し，

$\sqrt{x}+\sqrt{y}=2$ 上の点 P$(x,\ y)$ を $\dfrac{\pi}{4}$ 回転した点を $(X,\ Y)$ とする。

$\begin{pmatrix} X \\ Y \end{pmatrix}=R(\theta)\begin{pmatrix} x \\ y \end{pmatrix}$, $\begin{pmatrix} x \\ y \end{pmatrix}=R(-\theta)\begin{pmatrix} X \\ Y \end{pmatrix}$

ここで $\theta=\dfrac{\pi}{4}$ とすれば，

$x=\dfrac{X+Y}{\sqrt{2}}$, $y=\dfrac{-X+Y}{\sqrt{2}}$ ……①

$\sqrt{x}+\sqrt{y}=2$ から $0\leqq x\leqq 4$, $0\leqq y\leqq 4$

ゆえに，$0\leqq X+Y\leqq 4\sqrt{2}$　　$0\leqq-X+Y\leqq 4\sqrt{2}$

$\sqrt{x}+\sqrt{y}=2$ を平方して，$x+y+2\sqrt{xy}=4$

$2\sqrt{xy}=4-x-y$ をさらに平方して，$4xy=(4-x-y)^2$

上式に①を代入して整理すると

$Y=\dfrac{\sqrt{2}}{8}X^2+\sqrt{2}$ $(-2\sqrt{2}\leqq X\leqq 2\sqrt{2})$

【7】 真数が正であることより $a>3$, $b<4$

$\dfrac{1}{2}\{\log(a-3)+\log(4-b)\}=\log\sqrt{5}$

$\log(a-3)(4-b)=2\log\sqrt{5}=\log 5$

ゆえに, $(a-3)(4-b)=5$

a, bは正の整数であるから,

$a-3=1$, $4-b=5$ または $a-3=5$, $4-b=1$

真数条件を満たすものは

$a=8$, $b=3$

ベクトル・行列

数学科
マスター

① ベクトル

ベクトル空間とはすなわち線形空間のことである。平面上の有向線分の全体を考え，その方向と大きさが同じものを同一視すれば，その商空間はベクトル空間となる。n次元ユークリッド空間は自然にベクトル空間となる。

1. 一次独立

2つのベクトル$\vec{a}$, $\vec{b}$を選んだとき，実数p, qに対し$p\vec{a}+q\vec{b}=\vec{0}$が成り立つとする。このとき$p=q=0$が導かれるならば，$\vec{a}$, $\vec{b}$は一次独立であるという。そうでないとき$\vec{a}$, $\vec{b}$は一次従属であるという。

2. 位置ベクトル

線分ABの両端の位置ベクトルがそれぞれ$\vec{a}$, $\vec{b}$で表されるとき，ABをm：nに内分する点Cの位置ベクトルは$\vec{c}=\dfrac{n\vec{a}+m\vec{b}}{m+n}$である。

3. 内積

Vをベクトル空間とし，x, $y \in V$とする。

$x \cdot y \in R$がベクトル空間から実数への双線形写像であり以下の条件を満たすとき，$x \cdot y$を内積とよび，Vは内積空間とよばれる。

○ $x \cdot x \geqq 0$であり，とくに$x=0$のときのみ$x \cdot x=0$

○ $x \cdot y=y \cdot x$

○ $(a_1 x_1+a_2 x_2) \cdot y=a_1(x_1 \cdot y)+a_2(x_2 \cdot y)$

$\sqrt{x \cdot x}$によりノルムを定義すれば，Vはノルム空間になる。また$x \cdot y=0$のときxとyとは直交するという。ユークリッド平面において正規直交系をとった場合，ベクトル$\vec{a}$, $\vec{b}$の成分がそれぞれ(a_1, a_2), (b_1, b_2)ならば，$\vec{a} \cdot \vec{b}=a_1 b_1+a_2 b_2$はcanonicalな内積となる。

② 行列

　3×3行列程度ならその行列式・逆行列はいつでも計算できるようにしておくことである。また新課程から一次変換はなくなったが，平面上の変換のもっとも基本である線形変換の表現として重要であるため，ここでは演習として用意した。

1. 直交行列

　　$n×n$行列Aが直交行列であるとは，$A^tA＝E$であることをいう。ここでEは単位行列である。両辺の行列式をとると

　　$(\det A)^2＝1$

　　となるので，$\det A＝±1$であり，前者が回転，後者が折り返しを表している。

2. $GL(n,\ R)$

　　Aがn次正方行列であるとき，$\det A≠0$ならばAは正則であるという。n次正則行列の全体を一般線形群$GL(n,\ R)$と表す。これは行列の乗法に関して群を作る。

3. 逆行列

　　Aが正則ならば，Aの行列式をD，Aの余因子行列をA_{ij}とすると逆行列は

　　$A^{-1}＝\dfrac{1}{D}{}^t(A_{ij})$

　　特に2次の正方行列については

　　$\begin{pmatrix} a & b \\ c & d \end{pmatrix}^{-1}＝\dfrac{1}{ad-bc}\begin{pmatrix} d & -b \\ -c & a \end{pmatrix}$

　　また

　　$A^2-(a+d)A+(ad-bc)E＝0$

　　をCayley-Hamiltonの定理と呼び，A^nの計算にしばしば利用される。

実践演習問題

【1】三角形ABCの辺ABを3：2に内分する点をE，辺ACを3：1の比に内分す

る点をFとし，辺BCの中点をMとする。3点A，B，Cの位置ベクトルを順に $\vec{a}$，$\vec{b}$，$\vec{c}$ とし，EFとAMの交点をXとするとき，点Xの位置ベクトルを $\vec{a}$，$\vec{b}$，$\vec{c}$ を用いて表せ。

【2】 三角形ABCにおいて辺AC，辺AB上にそれぞれ点Q，Rをとり，
$$\vec{AQ}=\frac{1}{2}\vec{AC}, \quad \vec{AR}=\frac{1}{3}\vec{AB}$$
とする。次の問いに答えよ。

(a) 直線BQ，CRの交点をIとする。また，直線AIと辺BCとの交点をP とする。内分比BP：PCを求めよ。

(b) ベクトル $\vec{AI}$ をベクトル $\vec{AB}=\vec{a}$，$\vec{AC}=\vec{b}$ の式で表せ。

(c) 三角形の面積比△PQR：△ABCを求めよ。

【3】 面積が15の正六角形ABCDEFがある。次の問いに答えよ。

(a) $x<5$ という実数 x にたいして，
$$x\vec{PA}=\vec{PB}+\vec{PC}+\vec{PD}+\vec{PE}+\vec{PF}$$
を満たす点Pの軌跡を求めよ。

(b) 上記の点Pについて $\vec{AP}\cdot\vec{AB}=2$ であるとき，x の値を求めよ。

【4】 平面上の3つのベクトル $\vec{OP}$，$\vec{OA}$，$\vec{OB}$ に対して，
$$\vec{OP}=x\vec{OA}+y\vec{OB}$$
であるとする。点Pが∠AOBの2等分線上にあるとき，x と y の関係を求めよ。

ただし，3点O，A，Bは同一直線上にはなく，$|\vec{OA}|=a$，$|\vec{OB}|=b$ であるとする。

【5】 四角形ABCD内に一点OをとりOを原点とする頂点A，B，C，Dの位置ベクトルを順に $\vec{a}$，$\vec{b}$，$\vec{c}$，$\vec{d}$ とする。

いま $|\vec{b}|=2|\vec{a}|$，$|\vec{c}|=3|\vec{d}|$，$\vec{b}\perp\vec{a}$，$\vec{c}\perp\vec{d}$ であるとする。次の問いに答えよ。ただし，Eは辺BCを2：3の比に内分する点であるとする。

(a) $\overrightarrow{\mathrm{DA}}$ を $\vec{d}$ と $\vec{a}$ の式で表せ。

(b) $\overrightarrow{\mathrm{OE}}$ を $\vec{b}$ と $\vec{c}$ の式で表せ。

(c) 直線OEが辺DAに垂直であることを証明せよ。

【6】 平面上に3つのベクトル $\vec{a}$, $\vec{b}$, $\vec{p}$ があり，
$$|\vec{a}|=\sqrt{2}, \ |\vec{b}|=\sqrt{3}, \ |\vec{p}|=\sqrt{5}$$
$$\vec{a}\cdot\vec{p}=2, \ \vec{b}\cdot\vec{p}=3$$
であるとする。$\vec{a}\cdot\vec{p}$ などはベクトルの内積を表すとする。このとき $|\vec{a}-\vec{b}|$ を求めよ。

【7】 3×3行列 $\begin{pmatrix} 2-t & 2 & 2 \\ 2 & 2-t & -2 \\ 2 & -2 & 2-t \end{pmatrix}$ が逆行列をもたないためのtの値を求めよ。

━━━━━━ 解答・解説 ━━━━━━

【1】 点Xの位置ベクトルを $\vec{x}$, $\mathrm{AX}:\mathrm{XM}=t:(1-t)$, $\mathrm{EX}:\mathrm{XF}=s:(1-s)$ とおくと

$$\vec{x}=(1-s)\cdot\frac{2\vec{a}+3\vec{b}}{5}+s\cdot\frac{\vec{a}+3\vec{c}}{4}$$

$$=\frac{8-3s}{20}\vec{a}+\frac{3(1-s)}{5}\vec{b}+\frac{3s}{4}\vec{c} \quad\cdots\cdots①$$

また，$\vec{x}=(1-t)\vec{a}+t\cdot\dfrac{\vec{b}+\vec{c}}{2}$

$$=(1-t)\vec{a}+\frac{t}{2}\vec{b}+\frac{t}{2}\vec{c} \quad\cdots\cdots②$$

①，②より，$\vec{a}$, $\vec{b}$, $\vec{c}$ は1次独立であるから

$$\frac{8-3s}{20}=1-t, \quad \frac{3(1-s)}{5}=\frac{t}{2}, \quad \frac{3s}{4}=\frac{t}{2}$$

これより，$s=\dfrac{4}{9}$, $t=\dfrac{2}{3}$

ゆえに，

$$\vec{x} = \frac{1}{3}\left(\vec{a} + \vec{b} + \vec{c}\right)$$

【2】(a) BP：PC＝m：nとおく。QはACの中点。RはABの3等分点となっているから，チェバの定理によって，

$$\frac{m}{n} \cdot \frac{1}{1} \cdot \frac{1}{2} = 1 \quad \text{ゆえに，} \ m：n = 2：1$$

(b) △ABPにメネラウスの定理を用いて

$$\frac{1}{2} \cdot \frac{3}{1} \cdot \frac{PI}{IA} = 1 \quad \text{よって，} \ PI：IA = 2：3$$

したがって，

$$\vec{AI} = \frac{3}{5}\vec{AP} = \frac{3}{5} \times \frac{\vec{AB} + 2\vec{AC}}{3} = \frac{\vec{a} + 2\vec{b}}{5}$$

(c) △ABCの面積をSとおくと

$$\triangle PQR：\triangle ABC = (\triangle ABC - \triangle AQR - \triangle BPR - \triangle CPQ)：\triangle ABC$$

$$= \left(S - \frac{1}{3} \cdot \frac{1}{2} \cdot S - \frac{2}{3} \cdot \frac{2}{3} \cdot S - \frac{1}{3} \cdot \frac{1}{2} \cdot S\right)：S$$

$$= \frac{2}{9}S：S$$

$$= 2：9$$

(注意)
$$\triangle AQR = \frac{1}{2}AQ \cdot AR\sin\theta = \frac{1}{2} \cdot \frac{1}{2}AC \cdot \frac{1}{3}AB \cdot \sin\theta$$

$$= \frac{1}{3} \cdot \frac{1}{2}\left(\frac{1}{2}AB \cdot AC \cdot \sin\theta\right)$$

$$= \frac{1}{6}S \ (\theta = \angle A)$$

【3】(a) 正六角形の1辺をlとすると面積は，

$$\frac{3\sqrt{3}}{2}l^2 = 15$$

$$l^2 = \frac{10\sqrt{3}}{3}$$

つぎに，正六角形の中心をOとして，点P，A，B，…，Fの位置ベクトルを順に$\vec{p}$，$\vec{a}$，$\vec{b}$，…，$\vec{f}$と表すと条件式

$x\overrightarrow{PA}=\overrightarrow{PB}+\cdots+\overrightarrow{PF}$ は，

$x(\vec{a}-\vec{p})=(\vec{b}-\vec{p})+(\vec{c}-\vec{p})+(\vec{d}-\vec{p})+(\vec{e}-\vec{p})+(\vec{f}-\vec{p})$

$\vec{a}+\vec{b}+\cdots+\vec{f}=\vec{0}$ より

$x(\vec{a}-\vec{p})=-\vec{a}-5\vec{p}$

$$\vec{p}=\frac{x+1}{x-5}\vec{a}$$

$x<5$ のとき

$$\frac{x+1}{x-5}=1+\frac{6}{x-5}<1$$

ゆえに，p の軌跡はAを端点とする $\overrightarrow{AD}$ 方向の半直線である。ただし点Aは含まない。

(b)　$\overrightarrow{AP}\cdot\overrightarrow{AB}=2$ より　$(\vec{p}-\vec{a})\cdot(\vec{b}-\vec{a})=2$

よって，$\left(\dfrac{x+1}{x-5}\vec{a}-\vec{a}\right)\cdot(\vec{b}-\vec{a})=2$

$$\frac{6}{x-5}(\vec{a}\cdot\vec{b}-\vec{a}\cdot\vec{a})=2$$

ここで，$\vec{a}\cdot\vec{b}=l^2\cos 60°=\dfrac{5\sqrt{3}}{3}$

$\vec{a}\cdot\vec{a}=|\vec{a}|^2=l^2=\dfrac{10\sqrt{3}}{3}$　より

$$\frac{6}{x-5}\left(\frac{5\sqrt{3}}{3}-\frac{10\sqrt{3}}{3}\right)=2$$

これより，$x=5(1-\sqrt{3})$

【4】 Pが∠AOBの二等分線上にあるとき，

$$\overrightarrow{OP}=t\left(\frac{1}{a}\overrightarrow{OA}+\frac{1}{b}\overrightarrow{OB}\right)$$

と表される。$\overrightarrow{OP}=x\overrightarrow{OA}+y\overrightarrow{OB}$ より

$$x=\frac{t}{a},\ y=\frac{t}{b}$$

ゆえに，$ax-by=0$

【5】 (a)　$\overrightarrow{DA}=\vec{a}-\vec{d}$

(b) $\quad \overrightarrow{OE}=\dfrac{1}{5}(3\vec{b}+2\vec{c})$

(c) $\quad \overrightarrow{OE}\cdot\overrightarrow{DA}=0$ を証明すればよい。

$\quad\quad \overrightarrow{OE}\cdot\overrightarrow{DA}=\dfrac{1}{5}(\vec{a}-\vec{d})\cdot(3\vec{b}+2\vec{c})$

$\quad \vec{b}\perp\vec{a}$, $\vec{c}\perp\vec{d}$ であるから, $\vec{a}\cdot\vec{b}=0$, $\vec{c}\cdot\vec{d}=0$

したがって, $\overrightarrow{OE}\cdot\overrightarrow{DA}=\dfrac{1}{5}(2\vec{c}\cdot\vec{a}-3\vec{b}\cdot\vec{d})$

$\quad\angle AOD=\alpha$ とおく。 $\alpha<\pi$ のとき,

$\quad\quad \vec{c}\cdot\vec{a}=|\vec{c}||\vec{a}|\cos\left(\alpha+\dfrac{\pi}{2}\right)$

$\quad\quad\quad\quad =-|\vec{c}||\vec{a}|\sin\alpha$

$\quad\quad\quad\quad =-3|\vec{a}||\vec{d}|\sin\alpha$

$\quad\quad \vec{b}\cdot\vec{d}=|\vec{b}||\vec{d}|\cos\left(\dfrac{3}{2}\pi-\alpha\right)$

$\quad\quad\quad\quad =-2|\vec{a}||\vec{d}|\sin\alpha$

以上により

$\overrightarrow{OE}\cdot\overrightarrow{DA}=\dfrac{1}{5}(-6|\vec{a}||\vec{d}|\sin\alpha+6|\vec{a}||\vec{d}|\sin\alpha)=0$

【6】 一般に2つのベクトル $\vec{a}$, $\vec{b}$ の交角を $\angle\vec{a}$, $\vec{b}$ と表すことにする。

(i) $\vec{a}$, $\vec{b}$, $\vec{p}$ の始点を一致させ,

$\quad \angle\vec{a}$, $\vec{p}=\alpha$, $\angle\vec{p}$, $\vec{b}=\beta$, $\angle\vec{a}$, $\vec{b}=\alpha+\beta$

とする。

$\quad |\vec{a}-\vec{b}|^2=|a|^2-2a\cdot b+|b|^2$

$\quad\quad\quad\quad =|a|^2+|b|^2-2|a||b|\cos(\alpha+\beta)$

ここで $\vec{a}\cdot\vec{p}=2$ であるから

$\quad |\vec{a}||\vec{p}|\cos\alpha=2$, $\sqrt{2}\sqrt{5}\cos\alpha=2$

ゆえに, $\cos\alpha=\sqrt{\dfrac{2}{5}}$

同様に $\vec{b}\cdot\vec{p}=3$ より $\cos\beta=\sqrt{\dfrac{3}{5}}$

よって

$\quad\quad\quad \sin\alpha=\sqrt{\dfrac{3}{5}}$, $\sin\beta=\sqrt{\dfrac{2}{5}}$

これより $\cos(\alpha+\beta)=0$ ゆえに

$$|\overrightarrow{a}-\overrightarrow{b}|^2=|\overrightarrow{a}|^2+|\overrightarrow{b}|^2$$
$$=5$$

ゆえに，$|\overrightarrow{a}-\overrightarrow{b}|=\sqrt{5}$

(ii) $\overrightarrow{a}$, $\overrightarrow{b}$, $\overrightarrow{p}$ の始点を一致させ，

$\angle\overrightarrow{a}$, $\overrightarrow{p}=\alpha$, $\angle\overrightarrow{p}$, $\overrightarrow{b}=\beta$, $\angle\overrightarrow{a}$, $\overrightarrow{b}=\alpha-\beta$

である場合，$\cos(\alpha-\beta)=2\cdot\dfrac{\sqrt{6}}{5}$ より

$$|\overrightarrow{a}-\overrightarrow{b}|^2=|a|^2+|b|^2-2|a||b|\cos(\alpha-\beta)$$
$$=5-2\sqrt{6}\cdot\dfrac{2\sqrt{6}}{5}=\dfrac{1}{5}$$

以上(i), (ii)により

$$|\overrightarrow{a}-\overrightarrow{b}|=\sqrt{5}, \ \dfrac{1}{\sqrt{5}}$$

【7】 この行列をAとおくとき，Aの行列式$\det A=0$となるようにtを求めればよい。

$$\det A=\begin{vmatrix} 2-t & 2 & 2 \\ 2 & 2-t & -2 \\ 2 & -2 & 2-t \end{vmatrix}$$

第3行より第2行をひいて，

$$=\begin{vmatrix} 2-t & 2 & 2 \\ 2 & 2-t & -2 \\ 0 & -4+t & 4-t \end{vmatrix}$$

第2列に第3列を加えて，

$$=\begin{vmatrix} 2-t & 4 & 2 \\ 2 & -t & -2 \\ 0 & 0 & 4-t \end{vmatrix}$$

第3行について展開して，

$$=(4-t)\begin{vmatrix} 2-t & 4 \\ 2 & -t \end{vmatrix}$$
$$=(4-t)(t-4)(t+2)$$

ゆえに，$t=4$, -2

数列

数列の学習においては自分で規則性を見抜き，さらに推測することが大切である。与えられた結果の証明だけでなく，証明すべき事項を積極的に探してほしい。

①基本の数列

1. 等差数列

一般項は初項a，公差dとすれば$a_n = a + (n-1)d$である。漸化式による表現では$a_{n+1} = a_n + d$となる。またそのn個の和については初項をa，末項をlとすれば$S = \dfrac{n(a+l)}{2}$である。

2. 等比数列

一般項は初項a，公比rとすれば，$a_n = ar^{n-1}$である。漸化式による表現では$a_{n+1} = ra_n$となる。またそのn個の和については

(a) $r \neq 1$のとき$S = \dfrac{a(1-r^n)}{1-r}$

(b) $r = 1$のとき$S = na$

3. べき数列

$\{a_n\}$を等差数列，$\{b_n\}$を等比数列として$c_n = a_n \cdot b_n$とかける。和については$c_n - rc_n$を作ることにより，等比数列の和に帰着できる。

②その他の数列

1. 分数式の和

部分分数分解を用いる。

$$\frac{1}{k(k+l)} = \frac{1}{l}\left(\frac{1}{k} - \frac{1}{k+l} \right)$$

2. よく使う公式

(a) $\displaystyle\sum_{k=1}^{n} k = \dfrac{n(n+1)}{2}$

(b) $\displaystyle\sum_{k=1}^{n} k^2 = \frac{1}{6}n(n+1)(2n+1)$

(c) $\displaystyle\sum_{k=1}^{n} k^3 = \frac{1}{4}n^2(n+1)^2$

したがって k, k^2, k^3 の線形結合である数列 ak^3+bk^2+ck+d については，必ずその和を求めることができる。

3. 漸化式

ほとんどが隣接二項間についての表現である。p, q を定数とするとき，$a_{n+1}=pa_n+q$ で定まる数列の一般項は $\alpha=p\alpha+q$ を満たす α を用いて $a_n=(a_1-\alpha)p^{n-1}+\alpha$，また若干の変形でこの形になるものも多い。たとえば $a_{n+1}=\dfrac{a_n}{a_n+1}$ は両辺の逆数をとることにより前述の漸化式に帰着される。また $a_{n+1}=2a_n+2^n$ については両辺を 2^n で割ることにより，同様の結果が得られる。p, q が定数のとき，隣接三項間 $a_{n+2}+pa_{n+1}+qa_n=0$ については $x^2+px+q=0$ の解を α，β とするならば，$\alpha \neq \beta$ であれば

$$a_n=\frac{(a_2-\alpha a_1)\beta^{n-1}-(a_2-\beta a_1)\alpha^{n-1}}{\beta-\alpha}$$

$\alpha=\beta$ であれば二項間の漸化式に帰着される。

③二項定理

$(a+b)^n = \displaystyle\sum_{r=0}^{n} {}_nC_r a^r b^{n-r} = {}_nC_0 a^n + {}_nC_1 a^{n-1}b + {}_nC_2 a^{n-2}b^2 + \cdots + {}_nC_n b^n$

特に

$(x+1)^n = {}_nC_0 x^n + {}_nC_1 x^{n-1} + {}_nC_2 x^{n-2} + \cdots + {}_nC_n$

$x=1$ を代入して

$2^n = {}_nC_0 + {}_nC_1 + {}_nC_2 + \cdots + {}_nC_n$

実践演習問題

【1】 この数列の第n項までの和を求めよ。
$$\frac{1}{1 \cdot 2 \cdot 3} + \frac{1}{2 \cdot 3 \cdot 4} + \frac{1}{3 \cdot 4 \cdot 5} + \cdots$$

【2】 $a_1 = 1$, $\dfrac{1}{a_{n+1}} = \dfrac{2}{a_n} + 1$で定義される数列がある。このとき，$\displaystyle\lim_{n \to \infty} 2^{n-1} a_n$の値を求めよ。

【3】 $\displaystyle\sum_{k=1}^{n} k \left(\frac{1}{2}\right)^{k-1}$の値を求めよ。

【4】 nが3以上の自然数であるとき，$2^n > 2n + 1$を次の2つの方法で証明せよ。
 (a) 数学的帰納法
 (b) 二項定理を用いて

【5】 次の図のように，直角三角形ABC(BC$=a$, AC$=b$, $\angle$ACB$=90°$)内に，正方形S_1, S_2, S_3, $\cdots$, S_nが並んでいる。

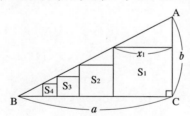

 (a) S_1の1辺の長さx_1をa, bで表せ。
 (b) S_1, S_2, S_3, $\cdots$, S_nの面積の和を求めよ。

【6】 図のように複素数平面上において，原点を中心とする半径1の円周上に正十二角形(A_0, A_1, $\cdots$, A_{11})がある。A_0をA_1を中心として$\dfrac{\pi}{6}$回転させた点をP_1，P_1をA_2を中心として$\dfrac{\pi}{6}$回転させた点をP_2というように

点$P_n(1\leqq n\leqq 11)$を決めていく。

(a) P_3を表す複素数を求めよ。

(b) $P_n(1\leqq n\leqq 11)$を表す複素数をすべてnで表せ。

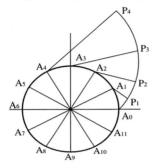

━━━━━ 解答・解説 ━━━━━

【1】 $$S=\frac{1}{2}\left(\frac{1}{1\cdot 2}-\frac{1}{2\cdot 3}\right)+\frac{1}{2}\left(\frac{1}{2\cdot 3}-\frac{1}{3\cdot 4}\right)+\cdots$$
$$+\frac{1}{2}\left(\frac{1}{n(n+1)}-\frac{1}{(n+1)(n+2)}\right)$$
$$=\frac{1}{2}\left\{\frac{1}{1\cdot 2}-\frac{1}{(n+1)(n+2)}\right\}$$
$$=\frac{n(n+3)}{4(n+1)(n+2)}$$

【2】 $\dfrac{1}{a_{n+1}}=\dfrac{2}{a_n}+1$ より $\dfrac{1}{a_{n+1}}+1=2\left(\dfrac{1}{a_n}+1\right)$

数列$\left\{\dfrac{1}{a_n}+1\right\}$は初項$\dfrac{1}{a_1}+1=2$で，公比2の等比数列である。

$$\frac{1}{a_n}+1=2\cdot 2^{n-1}$$

$$\therefore\quad a_n=\frac{1}{2^n-1}$$

したがって，

$$\lim_{n\to\infty}2^{n-1}a_n=\lim_{n\to\infty}\frac{2^{n-1}}{2^n-1}$$

$$=\lim_{n\to\infty}\frac{1}{2-\dfrac{1}{2^{n-1}}}=\frac{1}{2}$$

【3】 $S_n = \sum_{k=1}^{n} k \left(\frac{1}{2} \right)^{k-1}$ とおくと

$$S_n = 1 + 2\left(\frac{1}{2}\right) + 3\left(\frac{1}{2}\right)^2 + \cdots + n\left(\frac{1}{2}\right)^{n-1}$$

$$\left(\frac{1}{2}\right)S_n = \quad \frac{1}{2} + 2\left(\frac{1}{2}\right)^2 + 3\left(\frac{1}{2}\right)^3 + \cdots + n\left(\frac{1}{2}\right)^n$$

差をとることにより,

$$\frac{1}{2}S_n = 1 + \frac{1}{2} + \left(\frac{1}{2}\right)^2 + \cdots + \left(\frac{1}{2}\right)^{n-1} - n\left(\frac{1}{2}\right)^n$$

$$= \frac{1 - \left(\frac{1}{2}\right)^n}{1 - \frac{1}{2}} - n\left(\frac{1}{2}\right)^n$$

$$= 2\left(1 - \left(\frac{1}{2}\right)^n\right) - n\left(\frac{1}{2}\right)^n$$

$$= \frac{2^{n+1} - 2 - n}{2^n}$$

ゆえに, $S_n = \dfrac{2^{n+1} - 2 - n}{2^{n-1}}$

【4】 (a) $n=3$ のとき左辺8, 右辺7で成立。

n＝k(k≧3)のとき成立すると仮定する。

$2^k > 2k + 1$

この両辺を2倍すれば$2^{k+1} = 2 \cdot 2^k > 2(2k+1)$

ここで$2(2k+1) > 2(k+1) + 1$

よって, $2^{k+1} > 2(k+1) + 1$

よって, $n = k+1$ でも成立。したがってnが3以上のすべての自然数で与式は成り立つ。

(b) 二項定理により

$$2^n = {}_n C_0 + {}_n C_1 + {}_n C_2 + \cdots + {}_n C_n$$

$${}_n C_0 = {}_n C_n$$

$${}_n C_1 = {}_n C_{n-1}$$

が成り立つから

$$2^n = {}_n C_0 + {}_n C_1 + {}_n C_2 + \cdots + {}_n C_{n-1} + {}_n C_n$$

$$=(2{}_nC_0+2{}_nC_1)+{}_nC_2+\cdots+{}_nC_{n-2}$$
$$=2+2n+{}_nC_2+\cdots+{}_nC_{n-2}$$
$$>2n+1$$

ゆえに，$2^n>2n+1$

【5】(a) 図のようにS_1の頂点のうち辺AB上にあるものをDとすると，

$$\triangle ABC=\triangle BCD+\triangle ACD$$

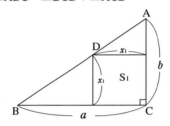

ゆえに，$ab=ax_1+bx_1$

ゆえに，$x_1=\dfrac{ab}{a+b}$

(b) 図から(1)と同様に

$$x_2=\frac{(a-x_1)x_1}{a-x_1+x_1}=\frac{a}{a+b}x_1$$

$$x_n=\frac{a}{a+b}x_{n-1}$$

S_1, S_2, S_3,…は初項$\left(\dfrac{ab}{a+b}\right)^2$　公比$\left(\dfrac{a}{a+b}\right)^2$の等比数列で，$n$項の和は

$$\left(\frac{ab}{a+b}\right)^2\frac{1-\left(\frac{a}{a+b}\right)^{2n}}{1-\left(\frac{a}{a+b}\right)^2}=\frac{a^2b}{2a+b}\left\{1-\left(\frac{a}{a+b}\right)^{2n}\right\}$$

【6】(a) 原点をOとすると

$$\angle OA_1A_0=\frac{1}{2}\left(\pi-\frac{\pi}{6}\right)=\frac{5}{12}\pi$$

よって，$\angle OA_1P_1=\dfrac{5}{12}\pi+\dfrac{\pi}{6}=\angle OA_2A_1+\angle A_1OA_2$

ゆえに，3点A_2, A_1, P_1は一直線上にあって，$A_2P_2=2A_1P_1=2A_1A_0$

同様にして

$$\left| \overrightarrow{A_3P_3} \right| = 3\left| \overrightarrow{A_1A_0} \right| = 3\left| \overrightarrow{A_4A_3} \right|, \quad \overrightarrow{OP_3} = \overrightarrow{OA_3} + 3\overrightarrow{A_4A_3}$$

よって，点$A_k(k=0, 1, 2, \cdots\cdots, 11)$，$P_k(k=0, 1, 2, \cdots\cdots, 11)$の表す複素数を$a_k$，$p_k$とすると

$$p_3 = a_3 + 3(a_3 - a_4)$$

$$= i + 3\left\{ i - \left(\cos\frac{4}{6}\pi + i\sin\frac{4}{6}\pi \right) \right\}$$

$$= \frac{3}{2} + \left(4 - \frac{3\sqrt{3}}{2} \right)i$$

(b) $\left| \overrightarrow{A_nP_n} \right| = n\left| \overrightarrow{A_{n+1}A_n} \right|, \quad \overrightarrow{OP_n} = \overrightarrow{OA_n} + n\overrightarrow{A_{n+1}A_n}$

よって，

$$P_n = a_n + n(a_n - a_{n+1})$$

$$= \cos\frac{n}{6}\pi + i\sin\frac{n}{6}\pi$$

$$\quad + n\left(\cos\frac{n}{6}\pi + i\sin\frac{n}{6}\pi - \cos\frac{n+1}{6}\pi - i\sin\frac{n+1}{6}\pi \right)$$

$$= \cos\frac{n}{6}\pi + n\left(\cos\frac{n}{6}\pi - \cos\frac{n+1}{6}\pi \right)$$

$$\quad + i\left\{ \sin\frac{n}{6}\pi + n\left(\sin\frac{n}{6}\pi - \sin\frac{n+1}{6}\pi \right) \right\}$$

$$= \cos\frac{n}{6}\pi + n\left(\cos\frac{n}{6}\pi - \cos\frac{n}{6}\pi\cos\frac{\pi}{6} + \sin\frac{n}{6}\pi\sin\frac{\pi}{6} \right)$$

$$\quad + i\left\{ \sin\frac{n}{6}\pi + n\left(\sin\frac{n}{6}\pi - \sin\frac{n}{6}\pi\cos\frac{\pi}{6} - \cos\frac{n}{6}\pi\sin\frac{\pi}{6} \right) \right\}$$

$$= \left(n + 1 - \frac{\sqrt{3}}{2}n \right)\cos\frac{n}{6}\pi + \frac{n}{2}\sin\frac{n}{6}\pi$$

$$\quad + i\left\{ \left(n + 1 - \frac{\sqrt{3}}{2}n \right)\sin\frac{n}{6}\pi - \frac{n}{2}\cos\frac{n}{6}\pi \right\}$$

数学科マスター　微分・積分

微分と積分はまったく別の概念であるが，互いに逆演算という深い関係がある。このことを示すのが，微積分の基本定理である。

①極限

1. 基本公式

   (a) $\displaystyle\lim_{n\to\infty}\frac{1}{n}=0$

   (b) $\displaystyle\lim_{n\to\infty}a^n=\begin{cases}\infty & a>1\\ 1 & a=1\\ 0 & -1<a<1\\ \text{振動する} & a\leq-1\end{cases}$

   (c) $\displaystyle\lim_{n\to\infty}\left(1+\frac{1}{n}\right)^n=e$

   (d) $\displaystyle\lim_{\theta\to0}\frac{\sin\theta}{\theta}=1$

2. はさみうちの定理

   $a_n\leq c_n\leq b_n$ かつ $\displaystyle\lim_{n\to\infty}a_n=\lim_{n\to\infty}b_n=\alpha$
   ならば，$\displaystyle\lim_{n\to\infty}c_n=\alpha$ である。

3. L'hospital の定理

   $x=a$ の近傍で微分可能な関数 $f(x)$, $g(x)$ について，$f(a)=g(a)=0$ のとき，

   $\displaystyle\lim_{x\to a}\frac{f(x)}{g(x)}=\lim_{x\to a}\frac{f'(x)}{g'(x)}$

4. 無限級数

   $\displaystyle S_n=\sum_{k=1}^{n}a_k$ に対し，$\displaystyle\lim_{n\to\infty}S_n$ により定義する。とくに無限等比級数 $a+ar+ar^2+\cdots$ については $-1<r<1$ において収束し，その和は $\dfrac{a}{1-r}$

② 微分

関数の増減に関する基本的な知識はもちろん，さらに平均値の定理，Leibniz の定理，Taylor 定理などは整理しておくべきである。

1. 平均値の定理

$[a, b]$ で定義された微分可能な関数 $f(x)$ について，

$$f(b)-f(a)=f'(c)(b-a)$$

となる $a<c<b$ が存在する。

2. Leibniz の定理

$f(x)$, $g(x)$ が n 回連続微分可能な関数であるとき，

$$\frac{d^n}{dx^n}f(x)\,g(x)=\sum_{k=0}^{n}\binom{n}{k}f^{(n-k)}(x)g^{(k)}(x)$$

3. Taylor の定理

$x=a$ において n 回連続微分可能な関数 $f(x)$ において，ある $a<c<b$（または $b<c<a$）を用いて

$$f(b)=f(a)+f'(a)(b-a)+\frac{1}{2!}f''(a)(b-a)^2$$

$$+\cdots+\frac{1}{(n-1)!}f^{(n-1)}(a)(b-a)^n+\frac{1}{n!}f^{(n)}(c)(b-a)^n$$

と表される。$f(x)$ が何回でも微分可能で，最後の項（剰余項）が0に収束する場合は解析的であるという。

$$e^x=1+\frac{x}{1!}+\frac{x^2}{2!}+\frac{x^3}{3!}+\cdots+\frac{x^n}{n!}+\cdots$$

$$\sin x=x-\frac{x^3}{3!}+\frac{x^5}{5!}-\cdots+\frac{(-1)^n x^{2n+1}}{(2n+1)!}+\cdots$$

$$\cos x=1-\frac{x^2}{2!}+\frac{x^4}{4!}-\cdots+\frac{(-1)^n x^{2n}}{(2n)!}+\cdots$$

$|x|<1$ において

$$\log(1+x)=x-\frac{1}{2}x^2+\frac{1}{3}x^3+\cdots+\frac{(-1)^{n-1}}{n}x^n+\cdots$$

③ 積分

1. Riemann 積分

$[a, b]$ で定義された有界な関数 $f(x)$ が有限個の部分区間 $a=x_0<$

$x_1 < \cdots < x_n = b$ に分けられているとする。各 $[x_{i-1}, x_i]$ 内に任意に点 ε_i をとり,

$$\sum_{i=1}^{n} f(\varepsilon_i)(x_i - x_{i-1})$$

を考える。$h = \max(x_i - x_{i-1})$ として $h \to 0$ とするとき,この和が ε_i の とり方によらず一定の和に収束するならば,これを $[a, b]$ におけ る $f(x)$ の積分といい,$\int_a^b f(x)dx$ と表す。Riemann 積分の考え方は, 区分求積法という特別な形でよく出題される。

$$\sum_{k=1}^{n} f\left(\frac{k}{n}\right)\frac{1}{n} \to \int_0^1 f(x)dx$$

2. 弧長計算

曲線 $y = f(x)$ の $a \leq x \leq b$ における長さ s は,三平方の定理を利用し て

$$ds = \sqrt{dx^2 + dy^2} = \sqrt{1 + f'(x)^2}\,|dx|$$

よって,$s = \int_a^b \sqrt{1 + f'(x)^2}\,dx$

3. Pappus-Guldin の公式

ある図形 G が直線の周りを回転してできる立体の体積は,G の面 積に G の重心が描く円周の長さをかけて得られる。

実践演習問題

【1】 次の無限級数は収束するか。収束するならば和を求めよ。ただし $0 \leq \theta \leq 2\pi$ とする。

$\sin\theta + \sin\theta\cos^2\theta + \sin\theta\cos^4\theta + \cdots$

【2】 楕円 $x^2 + 4y^2 = 1$ 上の3点 (x, y), $(-x, y)$, $\left(0, \dfrac{1}{2}\right)$ を通る円の半径を r とする。$y > 0$ において,$x \to 0$ としたときの r の極限値を求めよ。

【3】 次のように定義された関数 $f(x)$ について，$x=0$ における微分可能性を調べよ。

$$f(x)= \begin{cases} \sin\dfrac{1}{x} & (x\neq 0) \\ 0 & (x=0) \end{cases}$$

【4】 関数 $f(x)$ が $x=a$ で微分可能であるとき，

$$\lim_{x\to a}\frac{xf(a)-af(x)}{x-a}\ \text{を}\ a,\ f(a),\ f'(a)\ \text{を用いて表せ。}$$

【5】 $\displaystyle\lim_{x\to\infty}\{\sin\sqrt{x+a}-\sin\sqrt{x}\,\}$を求めよ。

【6】 $a>0$ とする。x についての方程式 $x^a=a^x$ の正の解の個数を調べよ。

【7】 座標平面上で点 $(1,\ 1)$ より，曲線 $y=x\log\left(1+\dfrac{1}{x}\right)$ $(x>0)$ へ接線は何本引けるか。

【8】 以下の問いに答えよ。

(a) $\displaystyle\int\log x\,dx$を求めよ。

(b) 曲線 $y=e^{ax}$ $(x\geqq 0)$ について，原点からこの曲線に引いた接線の接点の x 座標が1である。a の値を求めよ。

(c) 上の曲線と接線，および y 軸に囲まれた図形を y 軸を軸として一回転したときにできる立体の体積を求めよ。

■■■■■■■■ **解答・解説** ■■■■■■■■

【1】 (a) $\sin\theta=0$ すなわち $\theta=0,\ \pi,\ 2\pi$ のとき，和は0

(b) $\sin\theta\neq 0$ のとき，すなわち $0<\theta<\pi$，$\pi<\theta<2\pi$ のときは収束し，

$$S=\frac{\sin\theta}{1-\cos^2\theta}=\frac{1}{\sin\theta}$$

【2】 3点をP(x, y), Q$(-x, y)$, C$\left(0, \dfrac{1}{2}\right)$とし,

$$\begin{cases} x = \cos\theta \\ y = \dfrac{1}{2}\sin\theta \left(0 < \theta < \dfrac{\pi}{2}\right) \end{cases}$$

と表す。円 PCQ の中心を M$(0, t)$ とおくと

$$\left(\frac{1}{2} - t\right)^2 = \cos^2\theta + \left(\frac{1}{2}\sin\theta - t\right)^2$$

であるから, $\dfrac{1}{2} - t = r$とおくことにより

$$r^2 = \cos^2\theta + \left(\frac{1}{2}\sin\theta - \frac{1}{2} + r\right)^2$$

$$r = \frac{\left\{\cos^2\theta + \dfrac{1}{4}(\sin\theta - 1)^2\right\}}{1 - \sin\theta}$$

$\theta \to \dfrac{\pi}{2}$のときの r の極限値は L'hospital の定理を用いて, 2

【3】 微分可能ではない。

$$\lim_{h \to 0} \frac{f(0 + h) - f(0)}{h} = \lim_{h \to 0} \frac{f(h)}{h} = \lim_{h \to 0} \frac{\sin\dfrac{1}{h}}{h}$$

これは確定値に収束しない。

【4】

$$\lim_{x \to a} \frac{xf(a) - af(x)}{x - a}$$

$$= \lim_{x \to a} \frac{f(a)(x - a) + a\{f(a) - f(x)\}}{x - a}$$

$$= f(a) - af'(a)$$

【5】 平均値の定理より

$$\sin\sqrt{x + a} - \sin\sqrt{x} = (\cos c)(\sqrt{x + a} - \sqrt{x})$$

$$=(\cos c)\left(\frac{a}{\sqrt{x+a}+\sqrt{x}}\right)$$

となる c が x と $x+a$ との間に存在する，$-1\leqq\cos c\leqq 1$ で，

$$\frac{a}{\sqrt{x+a}+\sqrt{x}}\to 0 \text{であるから}$$

$$\lim_{x\to\infty}\left\{\sin\sqrt{x+a}-\sin\sqrt{x}\right\}=0$$

【6】 $x^a=a^x$ の両辺の自然対数をとって

$$a\log x=x\log a$$

ゆえに，$\dfrac{\log x}{x}=\dfrac{\log a}{a}=b$

とおく。

$y=f(x)=\dfrac{\log x}{x}$ とおくと

$$f'(x)=\frac{1-\log x}{x^2}$$

$f'(x)=0$ のとき，$x=e$

また，$\displaystyle\lim_{x\to +0}\frac{\log x}{x}=-\infty$，$\displaystyle\lim_{x\to\infty}\frac{\log x}{x}=0$

より $y=f(x)$ のグラフは下図のようになる。

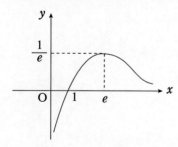

よって，$y=f(x)$ のグラフと $y=b\left(b\leqq\dfrac{1}{e}\right)$ のグラフの交点の個数より，

与えられた方程式の正の解の個数がわかる。

すなわち, $0<a\leqq1$, $a=e$ のとき　1個

$1<a<e$, $e<a$ のとき　2個

【7】 $y=x\{\log(x+1)-\log x\}$ より

$$y'=\log\left(\frac{x+1}{x}\right)-\frac{1}{x+1}$$

よって, $x=x_1$ における接線の方程式は

$$y-x_1\log\left(1+\frac{1}{x_1}\right)=\left\{\log\left(\frac{x_1+1}{x_1}\right)-\frac{1}{x_1+1}\right\}(x-x_1)$$

$(x,\ y)=(1,\ 1)$ とおいて整理すると

$$\log(x_1+1)-\log x_1=\frac{2}{x_1+1}$$

よって,

$$z=\log(x+1)-\log x-\frac{2}{x+1}$$

とおくと $x\to+0$ のとき $z\to\infty$, $x\to\infty$ のとき $z\to-0$。そして $z'=\dfrac{x-1}{x(x+1)^2}$ より $x=1$ で z は最小値 $\log2-1<0$ をとる。よって $z=0$ はただ一つの解をもつ。したがって, 接線は1本しかひけない。

【8】 (a)　$x\log x-x+C$

(b)　接点は $(1,\ e^a)$ だから接線の方程式は

$$y-e^a=ae^a(x-1)$$

これが原点を通るので $0-e^a=ae^a(0-1)$

よって, $a=1$

(c)　$a=1$ より接線は　$y=ex$

ゆえに,

$$V=\frac{1}{3}\pi e-\pi\int_1^e x^2dy$$

$$=\frac{1}{3}\pi e-\pi\int_1^e(\log y)^2dy$$

$$= \frac{1}{3}\pi e - \pi\left\{\left[y(\log y)^2\right]_1^e - \int_1^e 2\log y\, dy\right\}$$

$$= \frac{2\pi}{3}(3-e)$$

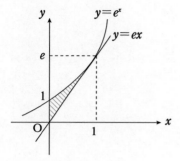

数学科マスター　確率・その他

①確率

1. 場合の数

事象Aに属する根元事象の数を$n(A)$で表すとき，事象Aが起こる確率 $P(A)$は，根元事象それぞれの起こる確からしさについては，すべて等しいという前提があるとき，

$$P(A)=\frac{n(A)}{n(U)}$$

で定義される。ここでUは全事象である。

2. 乗法定理

事象Aが起こったときに事象Bが起こる確率を$P_A(B)$と定義すると，

$$P_A(B)=\frac{P(A\cap B)}{P(A)}$$

さらに$P(A\cap B)=P(A)\cdot P_A(B)$を乗法定理と呼ぶ。

3. 漸化式の利用

確率の列を，一つ前の状態からの移行を考えてたてて，解ける問題がある。よくある形は$a,\ b$を実数として

$$p_{n+1}=ap_n+b(1-p_n)$$

②確率分布

1. 確率分布表

全事象を構成する事象すべてにおけるそれぞれの確率を表にしたもの。

X	x_1	x_2	x_3	$\cdots$	x_n	計
P	p_1	p_2	p_3	$\cdots$	p_n	1

2. 期待値と分散

$E(X)=\displaystyle\sum_{i=1}^{n}x_ip_i$を期待値(平均値)と定義する。

また分散$V(X)=\sum\limits_{i=1}^{n}(x_i-E(X))^2 p_i$

標準偏差 $\sigma(X)=\sqrt{V(X)}$ である。

実践演習問題

【1】 1から25までの整数が1つずつ書いてあるカードが25枚ある。これをよくきって，1枚ずつ2回抜き取る。最初に抜き取ったカードをもとにもどしてよくきってから次のカードを抜き取る場合を「戻す場合」といい，最初のカードを戻さずに次のカードを抜き取る場合を「戻さない場合」ということにする。最初に抜いたカードに書いてある整数をaとし，次に抜いたカードに書いてある整数をbとする。

(a) 戻す場合，$a+b=9$となる確率を求めよ。

(b) 戻さない場合，$a+b=9$となる確率を求めよ。

(c) 戻す場合，$550<ab<600$となる確率を求めよ。

(d) 戻さない場合，$550<ab<600$となる確率を求めよ。

【2】 100人に1人は感染しているというウィルスを検出する試薬を開発した。感染している人がその試薬で陽性とでる確率は99％，感染していない人が陽性とでる確率は0.5％であるという。

(a) ある人に実施したところ，陽性とでた。この人が実際にそのウィルスに感染している確率を求めよ。

(b) さらに改良を加え，陽性とでた人が実際に感染している確率を80％以上にしたい。感染している人が陽性とでる確率はこれ以上上げられないとすれば，感染していない人が陽性とでる確率を何％以下にする必要があるか。

【3】 1の目がでているさいころがある。このさいころを等確率でいずれかの横の面の側に倒す。この操作を繰り返してn回目に1か6の目がでる確率を求めよ。

【4】 さいころを1回投げたときの目をXとするとき，変数$Y=3X-1$の期待値と分散を求めよ。

【5】 袋の中に赤玉3個と白玉2個があり，ここから同時に2個取り出したときの赤玉の個数をXとする。また一枚の10円硬貨を4回投げたときの表の出た回数をYとする。

    (a)　X，Yの確率分布表をつくれ。

    (b)　$E(X)$，$E(Y)$を求めよ。

    (c)　$E(X+Y)$，$E(XY)$，$V(X+Y)$，$V(XY)$を求めよ。

【6】 白玉6個，黒玉2個が入っている袋がある。ここから玉を2個ずつ，もとにもどさず2回とりだす。2個取り出した中の黒玉の個数が0，1，2のとき，それぞれ0点，1点，3点とする。このとき，2回の合計点の期待値を求めよ。

【7】 $\left(x+1+\dfrac{1}{x}\right)^{10}$の展開式で，$x$を含まない項を求めよ。

━━━━━━ **解答・解説** ━━━━━━

【1】 (a)　$\dfrac{8}{25\times25}=\dfrac{8}{625}$　　　(b)　$\dfrac{4}{_{25}C_2}=\dfrac{1}{75}$　　　(c)　$\dfrac{5}{25\times25}=\dfrac{1}{125}$

    (d)　$\dfrac{2}{_{25}C_2}=\dfrac{1}{150}$

(c)のとき

    $550<ab<600$

とすると

$(a,\ b)=(24,\ 23),\ (23,\ 24),\ (25,\ 23),\ (23,\ 25),\ (24,\ 24)$

の5通りである。

(d)のとき

$(a,\ b)=(24,\ 24)$

は起こらない。

【2】 条件つき確率の問題である。

(a) $\dfrac{0.01\times0.99}{0.99\times0.005+0.01\times0.99}=\dfrac{2}{3}=0.666\cdots=0.67$

よって，約67％である。

(b) $\dfrac{0.01\times0.99}{0.99\times x+0.01\times0.99}\geqq0.8$

$\dfrac{1}{100x+1}\geqq0.8$

$80x\leqq0.2$

$x\leqq0.0025$

よって，0.25％以下である。

【3】 n回目に1か6がでている確率をp_nとする。$(n+1)$回目に1か6の目のでるのは，n回目に1も6もでていない場合であり，次に確率$\dfrac{1}{2}$で1か6の目がでる。よって，

$$\begin{cases} p_{n+1}=\dfrac{1}{2}(1-p_n) \\ p_1=0 \end{cases}$$

ゆえに，$p_{n+1}-\dfrac{1}{3}=\dfrac{1}{2}(1-p_n)-\dfrac{1}{3}=-\dfrac{1}{2}\left(p_n-\dfrac{1}{3}\right)$

よって，数列$\left\{p_n-\dfrac{1}{3}\right\}$は，初項$p_1-\dfrac{1}{3}=-\dfrac{1}{3}$，公比$-\dfrac{1}{2}$の等比数列になる。

ゆえに，$p_n-\dfrac{1}{3}=\left(-\dfrac{1}{3}\right)\left(-\dfrac{1}{2}\right)^{n-1}$

よって，$p_n=\dfrac{1}{3}\left\{1-\left(-\dfrac{1}{2}\right)^{n-1}\right\}$

【4】 $E(X) = \dfrac{1+2+3+4+5+6}{6} = \dfrac{7}{2}$ であるから,

$\begin{aligned} E(Y) &= E(3X-1) \\ &= 3E(X)-1 \\ &= \dfrac{19}{2} \end{aligned}$

$\begin{aligned} V(X) &= \dfrac{1}{6}\left\{\left(\dfrac{5}{2}\right)^2+\left(\dfrac{3}{2}\right)^2+\left(\dfrac{1}{2}\right)^2+\left(\dfrac{1}{2}\right)^2+\left(\dfrac{3}{2}\right)^2+\left(\dfrac{5}{2}\right)^2\right\} \\ &= \dfrac{35}{12} \end{aligned}$

であるから,

$\begin{aligned} V(Y) &= V(3X-1) \\ &= 9V(X) \\ &= \dfrac{105}{4} \end{aligned}$

【5】 (a) X, Y の確率分布表はそれぞれ

X	0	1	2	計
P	$\dfrac{1}{10}$	$\dfrac{6}{10}$	$\dfrac{3}{10}$	1

Y	0	1	2	3	4	計
P	$\dfrac{1}{16}$	$\dfrac{4}{16}$	$\dfrac{6}{16}$	$\dfrac{4}{16}$	$\dfrac{1}{16}$	1

(b) $E(X) = 0 \times \dfrac{1}{10} + 1 \times \dfrac{6}{10} + 2 \times \dfrac{3}{10} = \dfrac{6}{5}$

$E(Y) = 0 \times \dfrac{1}{16} + 1 \times \dfrac{4}{16} + 2 \times \dfrac{6}{16} + 3 \times \dfrac{4}{16} + 4 \times \dfrac{1}{16} = 2$

(c) $\begin{aligned} E(X+Y) &= E(X)+E(Y) \\ &= \dfrac{6}{5}+2 = \dfrac{16}{5} \end{aligned}$

X, Y は独立だから

$E(XY) = E(X)E(Y) = \dfrac{12}{5}$

ここで $V(X)$, $V(Y)$ をもとめると

X^2	0^2	1^2	2^2	計
X	0	1	2	
P	$\frac{1}{10}$	$\frac{6}{10}$	$\frac{3}{10}$	1

Y^2	0^2	1^2	2^2	3^2	4^2	計
Y	0	1	2	3	4	
P	$\frac{1}{16}$	$\frac{4}{16}$	$\frac{6}{16}$	$\frac{4}{16}$	$\frac{1}{16}$	1

$$V(X)=E(X^2)-\{E(X)\}^2$$
$$=0^2\times\frac{1}{10}+1^2\times\frac{6}{10}+2^2\times\frac{3}{10}-\left(\frac{6}{5}\right)^2=\frac{9}{25}$$
$$V(Y)=E(Y^2)-\{E(Y)\}^2$$
$$=0^2\times\frac{1}{16}+1^2\times\frac{4}{16}+2^2\times\frac{6}{16}+3^2\times\frac{4}{16}+4^2\times\frac{1}{16}-2^2=1$$

X, Y が独立であるから，

$$V(X+Y)=V(X)+V(Y)=\frac{9}{25}+1=\frac{34}{25}$$

$$V(XY)=E(X^2Y^2)-\{E(XY)\}^2=E(X^2)E(Y^2)-\{E(X)\}^2\{E(Y)\}^2$$
$$=\frac{9}{5}\cdot5-\left(\frac{6}{5}\cdot2\right)^2=\frac{81}{25}$$

【6】 2回の合計点をXとおくと，得点1となるのは(1回目，2回目)$=(0,\ 1)$，
$(1,\ 0)$，得点2となるのは(1回目，2回目)$=(1,\ 1)$，得点3となるのは
(1回目，2回目)$=(0,\ 2)$，$(2,\ 0)$であるから

$$P(X=0)=\frac{{}_6C_2}{{}_8C_2}\times\frac{{}_4C_2}{{}_6C_2}=\frac{3}{14}$$

$$P(X=1)=\frac{{}_6C_1\times{}_2C_1}{{}_8C_2}\times\frac{{}_5C_2}{{}_6C_2}+\frac{{}_6C_2}{{}_8C_2}\times\frac{{}_4C_1\times{}_2C_1}{{}_6C_2}=\frac{8}{14}$$

$$P(X=2)=\frac{{}_2C_1\times{}_6C_1}{{}_8C_2}\times\frac{{}_5C_1\times{}_1C_1}{{}_6C_2}=\frac{2}{14}$$

$$P(X=3)=\frac{{}_6C_2}{{}_8C_2}\times\frac{{}_2C_2}{{}_6C_2}+\frac{{}_2C_2}{{}_8C_2}\times\frac{{}_6C_2}{{}_6C_2}=\frac{1}{14}$$

X	0	1	2	3	計
P	$\frac{3}{14}$	$\frac{8}{14}$	$\frac{2}{14}$	$\frac{1}{14}$	1

$$E(X)=0 \cdot \frac{3}{14}+1 \cdot \frac{8}{14}+2 \cdot \frac{2}{14}+3 \cdot \frac{1}{14}=\frac{15}{14}$$

【7】 多項定理より

$$\left(x+1+\frac{1}{x}\right)^{10}=\sum_{p+q+r=10} \frac{10!}{p!q!r!}x^{p-r}$$

であるから，定数項は，$p-r=0$ についてのみ足せばよい。

$$\begin{cases} p-r=0 \\ p+q+r=10 \end{cases}$$

このような (p, q, r) の組と $\frac{10!}{p!q!r!}$ の関係は，表のようになる

(p, q, r)	$\dfrac{10!}{p!q!r!}$
$(0, 10, 0)$	1
$(1, 8, 1)$	90
$(2, 6, 2)$	1260
$(3, 4, 3)$	4200
$(4, 2, 4)$	3150
$(5, 0, 5)$	252

合計して定数項は8953

第 5 部

頻出問題演習

 **数学科** **頻出問題演習** # Part1

【1】 $x^3 + xy^2 - 2x^2y - 4x$ を因数分解せよ。

【2】 次の連立方程式を解け。

$$\begin{cases} x^2 + 4xy + y^2 = 13 \\ x + y + 2xy = 1 \end{cases}$$

【3】 3より大きい2つの素数を a, b とする。このとき $a^2 - b^2$ は24の倍数であることを証明せよ。

【4】 次の(1)，(2)の値をそれぞれ求めよ。

(1) $\cos 120°$ (2) $\sin 45° \times \cos 135° + \tan 135°$

【5】 A，B，C，Dの4人がじゃんけんを1回する。Aが勝ったときに，Bが負けている確率を求めよ。

【6】 長さ2mの針金を折り曲げて，おうぎ形にする。次の(1)，(2)の問いに答えよ。

(1) 面積が最大となるときの，おうぎ形の面積を求めよ。

(2) 面積が最大となるときの，おうぎ形の中心角を求めよ。

【7】 頂点の個数が奇数個である凸多角形の頂点を1つ置きに結んでできる星形多角形について，あとの(1)，(2)に答えよ。

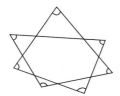

(1)　前の図のように，星形七角形の先端部分にできる7つの角の和を求めよ。

(2)　nを3以上の整数とするとき，星形$(2n-1)$角形の先端部分にできる$(2n-1)$個の角の和を求めよ。

【8】1からnまでの自然数が書き並べられている。次の(1)，(2)に答えよ。

(1)　n個の自然数の和が120になるとき，nの値を求めよ。

(2)　1から$(m-1)$までの自然数を除いた残りのmからnまでの和が120になるとき，mとnの値の組として$m=39$，$n=41(39+40+41=120)$がある。この他のmとnの値の組を求めよ。ただし，$1<m<n$とする。

【9】行列$A=\begin{pmatrix} 3 & -1 \\ 1 & 1 \end{pmatrix}$について，次の(1)，(2)に答えよ。

(1)　行列Jが，$A=aI+J$，$J^2=O$を満たしている。このとき，定数aの値を求めよ。ただし，Iは単位行列，Oは零行列とする。

(2)　A^nを求めよ。ただし，nは自然数とする。

【10】定積分$\displaystyle\int_{-2}^{2}|x^2+2x|dx$を求めよ。

【11】$x=1$ で不連続である関数$f(x)$の例を一つ挙げ，その関数$f(x)$が $x=1$ で不連続であることを，$x\to1$のときの関数$f(x)$の極限を用いて説明せよ。ただし，$x=1$ は定義域に含まれるものとする。

解答・解説

【1】$x(x-y+2)(x-y-2)$

解説　$x^3+xy^2-2x^2y-4x=x\{(x^2+y^2-2xy)-4\}$
$$=x\{(x-y)^2-2^2\}$$
$$=x\{(x-y)+2\}\times\{(x-y)-2\}$$
$$=x(x-y+2)(x-y-2)$$

【2】 $(x, y)=(-1, -2), (-2, -1)$ または

$$\left(\frac{4\pm\sqrt{22}}{2}, \frac{4\mp\sqrt{22}}{2}\right)$$

▌解▌説▌ $x+y=m$, $xy=n$ とおくと，与式は，

$$\begin{cases} m^2+2n=13 & \cdots\cdots① \\ m+2n=1 & \cdots\cdots② \end{cases}$$

①－②より $m^2-m-12=0$ $(m-4)(m+3)=0$

したがって，$m=-3, 4$ ②よりそれぞれに対して，$n=2, -\dfrac{3}{2}$

$m=-3$, $n=2$ のとき，$x+y=-3$, $xy=2$ より，

$x(-x-3)=2$

$x^2+3x+2=0$

$(x+1)(x+2)=0$

したがって，$(x, y)=(-1, -2), (-2, -1)$

同様に $m=4$, $n=-\dfrac{3}{2}$ のとき，$x+y=4$, $xy=-\dfrac{3}{2}$ より

$x(-x+4)=-\dfrac{3}{2}$ $x^2-4x-\dfrac{3}{2}=0$

$(x, y)=\left(\dfrac{4\pm\sqrt{22}}{2}, \dfrac{4\mp\sqrt{22}}{2}\right)$ （複号同順）

【3】 2とも3とも素な整数は，24を法として，

1　5　7　11　13　17　19　23

のどれかと合同になる。

これらの2乗は，

1　25　49　121　169　289　361　529

であり，これらはすべて，24を法として1と合同である。

∴　$a^2-b^2\equiv 1-1\equiv 0 \pmod{24}$

したがって，a^2-b^2 は24の倍数である。

【4】 (1) $-\dfrac{1}{2}$ (2) $-\dfrac{3}{2}$

┃解┃説┃ (1) $\cos 120° = \cos(180° - 60°) = -\cos 60° = -\dfrac{1}{2}$

(2)   与式 $= \dfrac{1}{\sqrt{2}} \times \left(-\dfrac{1}{\sqrt{2}}\right) + (-1) = -\dfrac{3}{2}$

【5】 $\dfrac{4}{27}$

┃解┃説┃ 4人の手の出し方は $3^4 = 81$ [通り]

1回で勝負が決まるのは，4人が2種類の手の出し方をしたときである。

Aがグー，Bがチョキのとき，

C，Dは，グーかチョキが出ていればよいので，

$2 \times 2 = 4$ [通り]

Aがパー，Bがグーのとき，

C，Dは，パーかグーで

$2 \times 2 = 4$ [通り]

Aがチョキ，Bがパーのとき，

C，Dは，チョキかパーで

$2 \times 2 = 4$ [通り]

よって，Aが勝ったときBが負けている場合の数は12通りなので，

確率は $\dfrac{12}{81} = \dfrac{4}{27}$

【6】 (1) $\dfrac{1}{4}$ m²   (2) $\dfrac{360°}{\pi}$

┃解┃説┃ (1) [求め方]

おうぎ形の半径 x m，弧の長さ y m とする。$(0 < x < 1)$

おうぎ形の面積 S m² とおくと $S = \dfrac{1}{2}xy$ …①

一方 $y = 2 - 2x$ であるから，①に代入すると

$S = \dfrac{1}{2}x(2 - 2x)$

$ = -x^2 + x$

301

$$= -\left(x - \frac{1}{2}\right)^2 + \frac{1}{4}$$

よって，S は $x = \frac{1}{2}$ のとき最大値 $\frac{1}{4}$ をとる

(2)　[求め方]

(1)より　$x = \frac{1}{2}$ を $y = 2 - 2x$ に代入して　$y = 1$

おうぎ形の中心角を $\theta°$ とおくと

弧の長さ $1 = \frac{1}{2} \times 2\pi \times \frac{\theta}{360}$

よって $\theta = \frac{360°}{\pi}$

【7】(1)　$540°$　　(2)　$180(2n-5)°$

解説 (1)

星形七角形の外側の七角形において，
頂点Aにおける外角を $\angle A_0$ とすると，

$\angle A_0 = \angle ABG + \angle AGB$

同様に

$\angle B_0 = \angle BAC + \angle BCA$

$\angle C_0 = \angle CBD + \angle CDB$

　　　　　⋮

$\angle G_0 = \angle GFA + \angle GAF$

よって，星形七角形の先端部分にできる七つの角の和は，外側の七角形の内角の和から，外角の和を引いた大きさに等しい。

外側の七角形の内角の和は　$180° \times (7-2) = 900°$

外角の和は　$360°$

よって，その差＝星形七角形の先端部分にできる七つの角の和は

$900° - 360° = 540°$

(2)　星形 $(2n-1)$ 角形の先端部分にできる $(2n-1)$ 個の角の和は，外側にできる $(2n-1)$ 角形の内角の和から外角の和を引いた大きさに等しい。

外側の$(2n-1)$角形の内角の和は　$180°\times\{(2n-1)-2\}$

外角の和は　$360°$

よって，求める角の和は

$180°\times\{(2n-1)-2\}-360°=180°\times(2n-1-2-2)$
$$=180°\times(2n-5)$$

$\therefore$　$180\times(2n-5)$度

【8】(1)　$n=15$　　(2)　$m=22,\ n=26$

解説 (1)　$1+2+\cdots+n=\dfrac{n(n+1)}{2}=120$より，

$n(n+1)=240$

$n^2+n-240=0$

$(n-15)(n+16)=0$

$n=15,\ n=-16$

$n>0$より，

$n=15$

(2)　$n=m+l$とする。

$m+(m+1)+\cdots+(m+l)=m(l+1)+\dfrac{l(l+1)}{2}=\dfrac{(2m+l)(l+1)}{2}$
$$=120$$

$\therefore$　$(2m+l)(l+1)=240=2^4\times3\times5$

$(2m+l)+(l+1)=2m+2l+1=$奇数なので，

$(2m+l)$と$(l+1)$の一方は偶数で他方は奇数。

$2m+l>l+1>1$より，

$(2m+l,\ l+1)=(16,\ 15),\ (48,\ 5),\ (80,\ 3)$

$\therefore$　$l+1=15$のとき$l=14$，$2m+14=16$より　$m=1$

これは，$1<m$より不適

$l+1=5$のとき$l=4$，$2m+4=48$より　$m=22$

このとき，$n=22+4=26$

$l+1=3$のとき$l=2$，$2m+2=80$より　$m=39$

これは，例示のもの

以上より，求めるmとnの組は，$m=22,\ n=26$

Part1

【9】 (1) $a=2$ (2) $\begin{pmatrix} (n+2)\cdot 2^{n-1} & -n\cdot 2^{n-1} \\ n\cdot 2^{n-1} & (-n+2)\cdot 2^{n-1} \end{pmatrix}$

┃解┃説┃ (1) $A=aI+J$ より

$$J=A-aI=\begin{pmatrix} 3 & -1 \\ 1 & 1 \end{pmatrix}-a\begin{pmatrix} 1 & 0 \\ 0 & 1 \end{pmatrix}=\begin{pmatrix} 3-a & -1 \\ 1 & 1-a \end{pmatrix}$$

$$J^2=\begin{pmatrix} 3-a & -1 \\ 1 & 1-a \end{pmatrix}\begin{pmatrix} 3-a & -1 \\ 1 & 1-a \end{pmatrix}=\begin{pmatrix} (3-a)^2-1 & 2a-4 \\ 4-2a & -1+(1-a)^2 \end{pmatrix}$$

$$=\begin{pmatrix} a^2-6a+8 & 2a-4 \\ 4-2a & a^2-2a \end{pmatrix}=\begin{pmatrix} 0 & 0 \\ 0 & 0 \end{pmatrix}$$

要素を比較して

$a^2-6a+8=(a-2)(a-4)=0$ より $a=2,\ 4$

$2a-4=2(a-2)=0$ より $a=2$

$a^2-2a=a(a-2)=0$ より $a=0,\ 2$

求める定数aの値は $a=2$

(2) (1)から,

$$J=\begin{pmatrix} 3-2 & -1 \\ 1 & 1-2 \end{pmatrix}=\begin{pmatrix} 1 & -1 \\ 1 & -1 \end{pmatrix}$$

$A=2I+J,\ J^2=O$ であることを用いて,

$A^n=2^n I^n+{}_nC_1 2^{n-1}I^{n-1}J+{}_nC_2 2^{n-2}I^{n-2}J^2+\cdots+{}_nC_n J^n$

$\quad=2^n I+{}_nC_1 2^{n-1}IJ \quad (\because\ J^k=O\ (k=2,\ 3,\cdots))$

$\quad=2^n\begin{pmatrix} 1 & 0 \\ 0 & 1 \end{pmatrix}+n\cdot 2^{n-1}\begin{pmatrix} 1 & -1 \\ 1 & -1 \end{pmatrix}$

$\quad=\begin{pmatrix} 2^n & 0 \\ 0 & 2^n \end{pmatrix}+\begin{pmatrix} n\cdot 2^{n-1} & -n\cdot 2^{n-1} \\ n\cdot 2^{n-1} & -n\cdot 2^{n-1} \end{pmatrix}$

$\quad=\begin{pmatrix} (n+2)2^{n-1} & -n\cdot 2^{n-1} \\ n\cdot 2^{n-1} & (-n+2)\cdot 2^{n-1} \end{pmatrix}$

【10】 8

┃解┃説┃ $-2\leqq x<0$ で $x^2+2x\leqq 0$

$0\leqq x\leqq 2$ で $x^2+2x\geqq 0$ であるから,

$$\int_{-2}^{2}|x^2+2x|\,dx^2=-\int_{-2}^{0}(x^2+2x)dx+\int_{0}^{2}(x^2+2x)dx=8$$

304

【11】解説参照

┃解┃説┃(関数の例)

$$f(x) = \begin{cases} x & (x \neq 1 \text{のとき}) \\ 0 & (x = 1 \text{のとき}) \end{cases}$$

(説明)

関数$f(x)$について,

$x \to 1+0$のとき,$f(x) \to 1$

$x \to 1-0$のとき,$f(x) \to 1$

であるから,$x \to 1$のとき,$f(x) \to 1$

ここで,$f(1) = 0$であり,$f(1) \neq \lim_{x \to 1} f(x)$であるので,

関数$f(x)$は,$x = 1$で不連続である。

Part2

【1】 $3x^2+7xy+2y^2+x+7y-4$ を因数分解せよ。

【2】 2次方程式 $ax^2+bx+c=0$ を，等式の変形が分かるように，x について解け。

【3】 10から200までの自然数について，次の各問いに答えよ。
  (1)   13でわると余りが6となる数の個数を求めよ。
  (2)   7でわると5余る数の和を求めよ。

【4】 平面上に△ABCがある。実数 k に対して，点Pが，

  $\overrightarrow{PA}+2\overrightarrow{PB}+3\overrightarrow{PC}=k\overrightarrow{AB}$

を満たすとき，次の各問いに答えよ。
  (1) $k=0$ のとき，面積比△PAB：△PBC：△PCAを求めよ。
  (2)   点Pが△ABCの周及び内部にあるような k の値の範囲を求めよ。

【5】 さいころを3回投げるとき，3つの出る目の数のうち，最小のものをXとする。このとき，Xの期待値を求めよ。

【6】 △ABCにおいて，$a=13$, $b=14$, $c=15$ のときの面積を求めよ。

【7】 3つの辺の長さが，AB＝7，BC＝6，CA＝5である△ABCの面積を求めよ。また，△ABCに内接する内接円の半径を求めよ。

【8】 AとBがジャンケンをして，次のルールで1枚のコインをやりとりする。
    ①   最初，Aがコインを持っている。
    ②   コインを持っている方がジャンケンに負けたら，相手にコイン

を渡す。

③ コインを持っている方がジャンケンに勝つか，あいこなら，相手にコインを渡さない。

n回ジャンケンをした後，A，Bがコインを持っている確率をそれぞれa_n，b_nとする。このとき，次の各問いに答えよ。

(1) a_1，b_1，a_2，b_2をそれぞれ求めよ。(答えのみで可)

(2) a_{n+1}，b_{n+1}をそれぞれa_n，b_nで表せ。

(3) a_n，b_nをnの式で表せ。

【9】次の各問いに答えよ。

(1) 行列$A=\begin{pmatrix} 2 & 2 & 1 \\ -1 & 1 & 1 \\ 1 & 2 & 1 \end{pmatrix}$のとき，

① 行列Aの行列式$|A|$の値を求めよ。

② 行列Aの逆行列A^{-1}を求めよ。

(2) 行列式$\begin{vmatrix} x+y-3 & 3 & -y \\ 3 & x+y-3 & -x \\ -y & -x & x+y-3 \end{vmatrix}$を因数分解した形で表せ。

【10】$I_n=\displaystyle\int_0^{\frac{\pi}{2}}\cos^n 3x\,dx\,(n=0,\ 1,\ 2,\ 3,\ \cdots\cdots)$とおく。

次の問いに答えよ。

(1) I_0，I_1，I_2の値を求めよ。

(2) $n\geqq 2$のとき，I_nをI_{n-2}で表せ。

(3) I_9，I_{10}の値を求めよ。

【11】関数$y=9^x+4\cdot 9^{-x}-2a\cdot 3^x-4a\cdot 3^{-x}+7$($a$は定数)があり，$t=3^x+2\cdot 3^{-x}$とする。このとき，次の各問いに答えよ。

(1) yをtの式で表せ。

(2) tのとり得る値の範囲を求めよ。

(3) yの最小値をaを用いて表せ。

■□■□■ **解答・解説** ■□■□■

【1】 $(3x+y+4)(x+2y-1)$

|解|説| 与式 $=3x^2+(7y+1)x+2y^2+7y-4$

$=3x^2+(7y+1)x+(2y-1)(y+4)$

$=\{3x+(y+4)\}\{x+(2y-1)\}$

$=(3x+y+4)(x+2y-1)$

【2】 $x=\dfrac{-b\pm\sqrt{b^2-4ac}}{2a}$

|解|説| $x^2+\dfrac{b}{a}x=-\dfrac{c}{a}$

$\left(x+\dfrac{b}{2a}\right)^2=-\dfrac{c}{a}+\dfrac{b^2}{4a^2}$

$\left(x+\dfrac{b}{2a}\right)^2=\dfrac{b^2-4ac}{4a^2}$

$x+\dfrac{b}{2a}=\dfrac{\pm\sqrt{b^2-4ac}}{2a}$

【3】 (1) 14個　(2) 2781

|解|説| (1) 13でわると余りが6となる数を $13k+6$ (kは0以上の整数) とおくと, $10\leqq13k+6\leqq200$

よって, $\dfrac{4}{13}\leqq k\leqq\dfrac{194}{13}$　∴ $1\leqq k\leqq14$　したがって, 14個

(2) 7でわると5余る数は, $7\cdot1+5$, $7\cdot2+5$, …, $7\cdot27+5$ だから, その和は,

$7\cdot(1+2+\cdots+27)+5\cdot27=7\cdot\dfrac{27\cdot28}{2}+5\cdot27=(98+5)\cdot27=2781$

【4】 (1) $3:1:2$　(2) $-1\leqq k\leqq2$

|解|説| (1) $k=0$ のとき与式は

$\overrightarrow{PA}+2\overrightarrow{PB}+3\overrightarrow{PC}=\overrightarrow{0}$

$3\overrightarrow{PC}=-(\overrightarrow{PA}+2\overrightarrow{PB})$

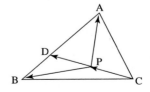

$$\therefore \quad \overrightarrow{CP} = \frac{\overrightarrow{PA}+2\overrightarrow{PB}}{2+1}$$

$\overrightarrow{CP} = \overrightarrow{PD}$　で$\overrightarrow{PD}$は

AD：DB＝2：1に内分する点であることより

△ADP＝△APC,　△BDP＝△BPC

かつ　　△ADP＝△BDP＝2：1

よって，△PAB：△PBC：△PCA＝3：1：2

(2)　与式より　　$\overrightarrow{PA} +2\overrightarrow{PB} +3\overrightarrow{PC} =k(\overrightarrow{PB} - \overrightarrow{PA})$

$(1+k)\overrightarrow{PA} +(2-k)\overrightarrow{PB} +3\overrightarrow{PC} = \overrightarrow{0}$

$(1+k)\overrightarrow{CA} +(2-k)\overrightarrow{CB} +(1+k+2-k+3)\overrightarrow{PC} = \overrightarrow{0}$

$$\overrightarrow{CP} = \frac{(1+k)\overrightarrow{CA} +(2-k)\overrightarrow{CB}}{6}$$

$1+k\geqq0$

$2-k\geqq0$

$1+k+2-k\leqq6$

を満たせばよく，

$-1\leqq k\leqq2$

【5】 $\dfrac{49}{24}$

解説 3つの出る目の数のうち，最小のものがXとなる確率を$P(X)$とすると，

$P(X)=(X以上の目のみが出る確率)-((X+1)以上の目のみが出る確率)$

$$=\left(\frac{7-X}{6}\right)^{3}-\left(\frac{6-X}{6}\right)^{3}$$

よって，期待値は

$$\sum_{x=1}^{6} \left\{\left[\left(\frac{7-X}{6}\right)^{3}-\left(\frac{6-X}{6}\right)^{3}\right]\cdot X\right\}$$

309

$$= \left(\left(\frac{6}{6} \right)^3 - \left(\frac{5}{6} \right)^3 \right) \cdot 1 + \left(\left(\frac{5}{6} \right)^3 - \left(\frac{4}{6} \right)^3 \right) \cdot 2 + \left(\left(\frac{4}{6} \right)^3 - \left(\frac{3}{6} \right)^3 \right) \cdot 3 + \cdot \cdot$$

$$+ \left(\left(\frac{1}{6} \right)^3 - \left(\frac{0}{6} \right)^3 \right) \cdot 6$$

$$= \left(\frac{6}{6} \right)^3 + \left(\frac{5}{6} \right)^3 + \left(\frac{4}{6} \right)^3 + \cdot \cdot \cdot + \left(\frac{1}{6} \right)^3$$

$$= \frac{1}{6^3} \cdot (1^3 + 2^3 + \cdot \cdot \cdot 6^3) = \frac{1}{6^3} \left(\frac{1}{2} \cdot 6 \cdot 7 \right)^2 = \frac{49}{24}$$

【6】 84

┃解┃説┃ $\cos C = \dfrac{a^2 + b^2 - c^2}{2ab} = \dfrac{13^2 + 14^2 - 15^2}{2 \cdot 13 \cdot 14} = \dfrac{5}{13}$

$\qquad \sin C = \dfrac{12}{13}$

よって面積は

$\dfrac{1}{2} ab \sin C = \dfrac{1}{2} 13 \cdot 14 \cdot \dfrac{12}{13} = 84$

【7】 面積：$6\sqrt{6}$ 　　　 半径：$\dfrac{2\sqrt{6}}{3}$

┃解┃説┃ ヘロンの公式を利用する。

$s = \dfrac{7 + 6 + 5}{2} = \dfrac{18}{2} = 9$

よって，面積 $= \sqrt{9(9-7)(9-6)(9-5)} = \sqrt{216} = 6\sqrt{6}$

内接円の中心から各辺への垂線の長さをrとすると，

$\dfrac{1}{2} r(7 + 6 + 5) = 9r = 6\sqrt{6}$

$\therefore \quad r = \dfrac{6}{9} \sqrt{6} = \dfrac{2\sqrt{6}}{3}$

【8】 (1) 　$a_1 = \dfrac{2}{3}$ 　　 $b_1 = \dfrac{1}{3}$ 　　 $a_2 = \dfrac{5}{9}$ 　　 $b_2 = \dfrac{4}{9}$

(2) 　$n+1$回目にAがコインを持つには，n回目にAが持っていてAが勝つかあいこになる場合と，n回目にBが持っていてAが勝つ場合があるから，

$a_{n+1} = \dfrac{2}{3} a_n + \dfrac{1}{3} b_n$

$n+1$回目にBがコインを持つには，n回目にAが持っていてBが勝つ

場合と，n回目にBが持っていてBが勝つかあいこになる場合があるから，

$$b_{n+1}=\frac{1}{3}a_n+\frac{2}{3}b_n$$

(3) (2)より $a_{n+1}-b_{n+1}=\frac{1}{3}(a_n-b_n)$ だから，

数列$\{a_n-b_n\}$は，初項$a_1-b_1=\frac{1}{3}$，公比$\frac{1}{3}$の等比数列。

よって，$a_n-b_n=\left(\frac{1}{3}\right)^n$ ……①

また，$a_n+b_n=1$ ……②

①，②より，$a_n=\frac{1}{2}\left\{1+\left(\frac{1}{3}\right)^n\right\}$，$b_n=\frac{1}{2}\left\{1-\left(\frac{1}{3}\right)^n\right\}$

【9】 (1) ① -1　② $\begin{pmatrix} 1 & 0 & -1 \\ -2 & -1 & 3 \\ 3 & 2 & -4 \end{pmatrix}$　(2) $2(x+y)(x-3)(y-3)$

解説 (1) ① $\begin{pmatrix} 2 & 2 & 1 \\ -1 & 1 & 1 \\ 1 & 2 & 1 \end{pmatrix}=2+2+(-2)-1-4-(-2)=-1$ …(答)

② A_{ij}を，行列Aの(i, j)余因子とすると

$$A^{-1}=\frac{1}{|A|}=\begin{pmatrix} A_{11} & A_{21} & A_{31} \\ A_{12} & A_{22} & A_{32} \\ A_{13} & A_{23} & A_{33} \end{pmatrix}$$

$A_{11}=(-1)^{1+1}\begin{vmatrix} 1 & 1 \\ 2 & 1 \end{vmatrix}=-1,$ ……，$A_{33}=(-1)^{3+3}\begin{vmatrix} 2 & 2 \\ -1 & 1 \end{vmatrix}=4$

$$A^{-1}=\frac{1}{-1}\begin{pmatrix} -1 & 0 & 1 \\ 2 & 1 & -3 \\ -3 & -2 & 4 \end{pmatrix}=\begin{pmatrix} 1 & 0 & -1 \\ -2 & -1 & 3 \\ 3 & 2 & -4 \end{pmatrix}$$

(2) $\begin{vmatrix} x+y-3 & 3 & -y \\ 3 & x+y-3 & -x \\ -y & -x & x+y-3 \end{vmatrix}$

$\qquad =\begin{vmatrix} x+y & x+y & -(x+y) \\ 3 & x+y-3 & -x \\ -(y-3) & y-3 & y-3 \end{vmatrix}$

$$= (x+y)(y-3) \begin{vmatrix} 1 & 1 & -1 \\ 3 & x+y-3 & -x \\ -1 & 1 & 1 \end{vmatrix}$$

$$= (x+y)(y-3)(2x-6)$$

$$= 2(x+y)(x-3)(y-3)$$

【10】 (1) $I_0 = \dfrac{\pi}{2}$, $I_1 = -\dfrac{1}{3}$, $I_2 = \dfrac{\pi}{4}$ (2) 解説参照   (3) 解説参照

解説 (1) $I_0 = \displaystyle\int_0^{\frac{\pi}{2}} 1 dx = [x]_0^{\frac{\pi}{2}} = \dfrac{\pi}{2}$

$$I_1 = \int_0^{\frac{\pi}{2}} \cos 3x \, dx = \frac{1}{3}[\sin 3x]_0^{\frac{\pi}{2}} = -\frac{1}{3}$$

$$I_2 = \int_0^{\frac{\pi}{2}} \cos^2 3x \, dx = \int_0^{\frac{\pi}{2}} \frac{\cos 6x + 1}{2} dx = \frac{1}{2}\left[\frac{1}{6}\sin 6x + x\right]_0^{\frac{\pi}{2}} = \frac{\pi}{4}$$

(2) $I_n = \displaystyle\int_0^{\frac{\pi}{2}} \cos^{n-1} 3x \cdot \cos 3x \, dx$

$$= \left[\cos^{n-1} 3x \cdot \frac{1}{3}\sin 3x\right]_0^{\frac{\pi}{2}} - \int_0^{\frac{\pi}{2}} (n-1)\cos^{n-2} 3x \cdot (-3\sin 3x) \cdot \frac{1}{3}\sin 3x \, dx$$

$$= (n-1)\int_0^{\frac{\pi}{2}} \cos^{n-2} 3x \cdot \sin^2 3x \, dx$$

$$= (n-1)\int_0^{\frac{\pi}{2}} \cos^{n-2} 3x (1-\cos^2 3x) dx$$

$$= (n-1)\left\{ \int_0^{\frac{\pi}{2}} \cos^{n-2} 3x \, dx - \int_0^{\frac{\pi}{2}} \cos^n 3x \, dx \right\}$$

$$= (n-1)(I_{n-2} - I_n)$$

$$nI_n = (n-1)I_{n-2}$$

よって，$I_n = \dfrac{n-1}{n} I_{n-2}$

(3) $I_9 = \dfrac{8}{9} I_7 = \dfrac{8}{9} \cdot \dfrac{6}{7} I_5 = \dfrac{8}{9} \cdot \dfrac{6}{7} \cdot \dfrac{4}{5} I_3 = \dfrac{8}{9} \cdot \dfrac{6}{7} \cdot \dfrac{4}{5} \cdot \dfrac{2}{3} I_1$

$$= -\frac{128}{945}$$

$I_{10} = \dfrac{9}{10} I_8 = \dfrac{9}{10} \cdot \dfrac{7}{8} I_6 = \dfrac{9}{10} \cdot \dfrac{7}{8} \cdot \dfrac{5}{6} I_4 = \dfrac{9}{10} \cdot \dfrac{7}{8} \cdot \dfrac{5}{6} \cdot \dfrac{3}{4} I_2$

$$= \frac{9}{10} \cdot \frac{7}{8} \cdot \frac{5}{6} \cdot \frac{3}{4} \cdot \frac{1}{2} I_0$$

$$= \frac{63}{512} \pi$$

【11】 (1) $t^2-2at+3$　　(2) $2\sqrt{2} \leqq t$

　　(3) $11-4\sqrt{2}\,a(a<2\sqrt{2}\,)$, $-5(a=2\sqrt{2}\,)$, $3-a^2(2\sqrt{2}<a)$

解説 (1) $3^x=X$, $3^{-x}=Y$ とおくと, $XY=3^0=1$, $t=X+2Y$

　　　　与式は, $y=3^{2x}+4\cdot3^{-2x}-2a\cdot3^x-4a\cdot3^{-x}+7$

　　　　　　　　　　$=X^2+4Y^2-2aX-4aY+7$

　　　　　　　　　　$=(X+2Y)^2-4XY-2a(X+2Y)+7$

　　　　　　　　　　$=t^2-4\cdot1-2ta+7$

　　　　　　　　　　$=t^2-2at+3$

　　(2) $t=X+\dfrac{2}{X}$　$(X>0)$

　　　　相加相乗平均の関係から,

　　　　$t\geqq2\sqrt{X\cdot\dfrac{2}{X}}=2\sqrt{2}$

　　　　tのとり得る値の範囲は$2\sqrt{2} \leqq t$

　　(3) $y=t^2-2at+3$　$(2\sqrt{2} \leqq t)\cdots$①

　　　　　　$=(t-a)^2+3-a^2$　頂点$P(a,\ 3-a^2)$

　　　i) $a<2\sqrt{2}$ のとき, yの最小値は,

　　　　$t=2\sqrt{2}$ を①に代入して(グラフ参照)

　　　　$y=8-4\sqrt{2}\,a+3=11-4\sqrt{2}\,a$

　　　ii) $a=2\sqrt{2}$ のとき, yの最小値は

　　　　$y=3-a^2=3-8=-5$

　　　iii) $2\sqrt{2}<a$のとき, yの最小値は,

　　　　$y=3-a^2$

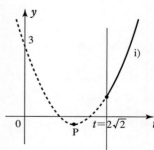

【1】 $x^2-y^2+z^2-2xz-2y-1$ を因数分解せよ。

【2】 a, bは実数とする。2つの2次方程式$ax^2+bx+1=0$, $x^2+ax+b=0$が共通解をもつとき，その共通解を求めよ。

【3】 $\sqrt{2}$ が無理数であることを証明せよ。

【4】 空間に3点A(-1, 3, -2), B(-2, 3, -1), C(-2, 5, 0)
がある。このとき，次の問いに答えよ。
(1) △ABCの面積を求めよ。
(2) 原点Oから平面ABCに垂線OHを下ろすとき，点Hの座標を求めよ。
(3) 四面体OABCの体積を求めよ。

【5】 xy平面上に動点Pがある。動点Pは次の規則で動くものとする。
(イ) 硬貨を投げて表が出たらx軸方向に1だけ動く
(ロ) 硬貨を投げて裏が出たらy軸方向に1だけ動く
(ハ) 点Pが直線$x=t$上 (tは2以上の整数)に移動したら終了する
　　点Pは，はじめ原点Oにあり，硬貨をちょうどn回 ($n=t$, $t+1$, $\cdots$)
投げて終了する確率をP_n($n=t$, $t+1$, $\cdots$)とするとき，次の各問いに答えよ。
(1) $t=5$のとき，P_6を求めよ。
(2) $\dfrac{P_{n+1}}{P_n}$を求めよ。
(3) P_nを最大にするnを求めよ。

【6】 △ABCにおいて，次の等式が成り立つとき，この三角形の最も大きい角の大きさを求めよ。

$$\frac{\sin A}{8} = \frac{\sin B}{13} = \frac{\sin C}{7}$$

【7】 次の図の△ABCにおいてAB＝4，BC＝3，CA＝2とする。点Iを△ABCの内心とし，直線AIと辺BCの交点をDとするとき，下の各問いに答えよ。

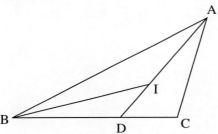

(1) cos∠ABCを求めよ。

(2) BD：DCを求めよ。

(3) ADの長さを求めよ。

(4) △ABIの面積を求めよ。

【8】 A，Bの2つの容器があり，Aには濃度10％の食塩水が1kg，Bには水が1kg入っている。Bから200gをAに移し，よくかき混ぜた後，200gをBに戻し，よくかき混ぜる。これを1回として，この操作を繰り返す。次の問いに答えよ。

(1) n回目の操作終了時におけるA，B中の食塩の量をそれぞれx_ng，y_ngとするとき，x_{n+1}をx_n，y_nを用いて表せ。

(2) $x_n - y_n$をnを用いて表せ。

(3) A，Bの食塩水の濃度の差が，初めて0.001％以下になるのは何回目の操作を終えたときか，求めよ。ただし，$\log_{10} 2 = 0.3010$，$\log_{10} 3 = 0.4771$とする。

【9】 行列 $A=\begin{pmatrix} a & b \\ c & d \end{pmatrix}$ とする。等式 $A\begin{pmatrix} x \\ y \end{pmatrix}=k\begin{pmatrix} x \\ y \end{pmatrix}\cdots$① について，次の各問いに答えよ。ただし，$a$，$b$，$c$，$d$，$k$はすべて実数である。

(1) $d=3a$，$b=2$，$c=-2$とする。零ベクトルでない，ある$\begin{pmatrix} x \\ y \end{pmatrix}$に対して，等式①が成り立つ実数$k$を考える。そのような実数$k$がただ一つ存在するときの実数$a$の値を求めよ。

(2) 零ベクトルでない，ある$\begin{pmatrix} x \\ y \end{pmatrix}$に対して，等式①が成り立つ実数$k$を考える。そのような実数$k$がただ一つ存在し，そのときの$k$の値を$\alpha$とする。$A^n$を$A$，$E$，$\alpha$，$n$を用いて表せ。ただし，$E$は2次の単位行列とする。

【10】 nが自然数のとき，関数$f(x)=x^n$について，次の問いに答えよ。

(1) $n=1$のとき，導関数の定義に従って，$f(x)$を微分せよ。

(2) $f'(x)=nx^{n-1}$であることを，$\{f(x)g(x)\}'=f'(x)g(x)+f(x)g'(x)$が成り立つことを用いて，数学的帰納法により証明せよ。

【11】 曲線$y=x^3-3x^2+2x+a\cdots$①の接線について，次の問いに答えよ。

(1) 曲線上のx座標がtである点における接線の方程式を求めよ。

(2) (1)で求めた接線が点$(1，2)$を通るとき，aをtで表せ。

(3) 曲線①に点$(1，2)$から引いた接線は，1本だけであることを示せ。

解答・解説

【1】 $(x+y-z+1)(x-y-z-1)$

解説 (与式)$=(x-z)^2-(y+1)^2$

$\qquad\qquad\quad=\{(x-z)+(y+1)\}\{(x-z)-(y+1)\}$

$\qquad\qquad\quad=(x+y-z+1)(x-y-z-1)$

【2】 共通解をαとする。2つの方程式に代入すると，

$a\alpha^2+b\alpha+1=0\cdots\cdots$①，

$\alpha^2 + a\alpha + b = 0 \cdots$②が成り立つ。

②より $b = -\alpha^2 - a\alpha$ であるから，

①に代入して整理すると，$\alpha^3 = 1$ を得る。

これを解くと，$\alpha = 1$, $\dfrac{-1 \pm \sqrt{3}\,i}{2}$ となる。

(i)　$\alpha = 1$ のとき，①，②とも $a + b + 1 = 0$ となり，2つの方程式は，共通解 $\alpha = 1$ をもつ。

(ii)　$\alpha = \dfrac{-1 \pm \sqrt{3}\,i}{2}$ のとき，$\alpha^2 + \alpha + 1 = 0$ を満たす。

$\alpha^2 = -\alpha - 1$ を②に代入して整理すると，$(a-1)\alpha + (b-1) = 0$

α は虚数，a, b は実数であるから，$a = 1$, $b = 1$ となる。

このとき，2つの方程式は $\alpha = \dfrac{-1 \pm \sqrt{3}\,i}{2}$ を解にもつ。

(i), (ii)より，

2つの方程式は，$x = 1$, または，$\dfrac{-1 \pm \sqrt{3}\,i}{2}$　の双方を共通解にもつ。

【3】　$\sqrt{2}$ が有理数であると仮定すると，

$\sqrt{2} = \dfrac{b}{a}$ と表すことができる。ただし，a, b は，1以外の公約数をもたない正の整数とする。

$\sqrt{2} = \dfrac{b}{a}$ の両辺を2乗すると，$2 = \dfrac{b^2}{a^2}$ となる。

ゆえに，$2a^2 = b^2$　…①

この左辺は2で割り切れるので，b^2 は偶数であり，また b も偶数となる。このことから，b は，ある整数 k によって

$b = 2k$　…②

と表される。

②を①の右辺に代入して，両辺を2で割れば，

$a^2 = 2k^2$　…③

③により a^2 は偶数であるから，a も偶数である。

よって，a, b はともに偶数となり，a, b が1以外の公約数をもたない

ということに矛盾する。

したがって，$\sqrt{2}$ は有理数ではない。

すなわち $\sqrt{2}$ は無理数である。

【4】 解説参照

┃解┃説┃

(1)　$\overrightarrow{AB} = (-1,\ 0,\ 1)$　$\overrightarrow{AC} = (-1,\ 2,\ 2)$

$\overrightarrow{AB} \cdot \overrightarrow{AC} = 1 + 2 = 3$

$|\ \overrightarrow{AB}\ | = \sqrt{2}$,　$|\ \overrightarrow{AC}\ | = 3$

$\triangle ABC = \dfrac{1}{2}\sqrt{2 \cdot 9 - 9} = \dfrac{3}{2}$

(2)　$\overrightarrow{AH} = s\overrightarrow{AB} + t\overrightarrow{AC}$ とおくと

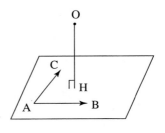

$\overrightarrow{OH} = \overrightarrow{OA} + \overrightarrow{AH}$

$= \begin{pmatrix} -1 \\ 3 \\ -2 \end{pmatrix} + s\begin{pmatrix} -1 \\ 0 \\ 1 \end{pmatrix} + t\begin{pmatrix} -1 \\ 2 \\ 2 \end{pmatrix}$

$= \begin{pmatrix} -s-t-1 \\ 2t+3 \\ s+2t-2 \end{pmatrix}$

$OH \perp AB$ より

$s + t + 1 + s + 2t - 2 = 0$

$\therefore\ 2s + 3t - 1 = 0$ ———①

$OH \perp AC$ より

$s + t + 1 + 4t + 6 + 2s + 4t - 4 = 0$

$\therefore\ s + 3t + 1 = 0$ ———②

①，②より　$s = 2,\ t = -1$

このとき　$\overrightarrow{OH} = (-2,\ 1,\ -2)$

よって　H$(-2,\ 1,\ -2)$

(3)　$|\ \overrightarrow{OH}\ | = \sqrt{(-2)^2 + 1^2 + (-2)^2} = \sqrt{4 + 1 + 4} = 3$

また，$\triangle ABC = \dfrac{3}{2}$ であるから，体積をVとおくと

$$V=\frac{1}{3}\cdot\frac{3}{2}\cdot 3=\frac{3}{2}$$

【5】 (1) $\dfrac{5}{64}$　　(2) $\dfrac{n}{2(n-t+1)}$　　(3) $n=2t-2,\ 2t-1$

解説 (1) 硬貨をちょうど6回目を投げたとき，点Pが直線$x=5$上にあることを考える。従って，5回目までに表が4回，裏が1回出て，6回目に表が出る確率を求める。

よって，$P_6={}_5C_4\left(\dfrac{1}{2}\right)^4\left(\dfrac{1}{2}\right)^1\times\dfrac{1}{2}=\dfrac{5}{64}$

(2) まず，P_nを考える。硬貨をちょうどn回目を投げたとき，点Pが直線$x=t$上にあるのだから，$n-1$回目までに表が$t-1$回，裏が$n-t$回出て，n回目に表が出る確率を求める。

よって，$P_n={}_{n-1}C_{t-1}\left(\dfrac{1}{2}\right)^{t-1}\left(\dfrac{1}{2}\right)^{n-t}\times\dfrac{1}{2}=\dfrac{{}_{n-1}C_{t-1}}{2^n}$

P_{n+1}も同様に，$P_{n+1}=\dfrac{{}_nC_{t-1}}{2^{n+1}}$なので，

$$\dfrac{P_{n+1}}{P_n}=\dfrac{{}_nC_{t-1}}{2^{n+1}}\times\dfrac{2^n}{{}_{n-1}C_{t-1}}=\dfrac{1}{2}\times\dfrac{n!}{(t-1)!(n-t+1)!}\times\dfrac{(t-1)!(n-t)!}{(n-1)!}$$
$$=\dfrac{n}{2(n-t+1)}$$

(3) $P_{n+1}\geqq P_n$と$\dfrac{P_{n+1}}{P_n}\geqq 1$は同値である。このとき，

(2)より$\dfrac{n}{2(n-t+1)}\geqq 1$となり，これより，$n\leqq 2t-2$である。問題の条件と合わせて，$t\leqq n\leqq 2t-2$のとき，$P_{n+1}\geqq P_n$となる。

等号成立は，$n=2t-2$のときであり，$P_{2t-1}=P_{2t-2}$となる。

同様に，$P_{n+1}\leqq P_n$と$\dfrac{P_{n+1}}{P_n}\leqq 1$は同値であり，

これを解くと，$n\geqq 2t-2$である。

従って，$P_t<P_{t+1}<\cdots<P_{2t-2}=P_{2t-1}>P_{2t}>\cdots$

よって，求めるnの値は，

$n=2t-2,\ 2t-1$

【6】 $120°$

┃解┃説┃ 正弦定理より

AB：BC：CA＝7：8：13

実数をkとすると，AB＝$7k$，BC＝$8k$，CA＝$13k$となる。これより

$$\cos B = \frac{BC^2 + AB^2 - AC^2}{2BC \cdot AB} = \frac{7^2 + 8^2 - 13^2}{2 \cdot 7 \cdot 8} = -\frac{1}{2}$$

よって，B＝$120°$であり，これが最も大きい角である。

【7】 (1) $\dfrac{7}{8}$ (2) 2：1 (3) $\sqrt{6}$ (4) $\dfrac{\sqrt{15}}{3}$

┃解┃説┃ (1) 余弦定理より，$\cos\angle ABC = \dfrac{4^2 + 3^2 - 2^2}{2 \cdot 4 \cdot 3} = \dfrac{7}{8}$

(2) ADは$\angle BAC$の二等分線より，

BD：DC＝AB：AC＝4：2＝2：1

(3) BD＝$\dfrac{2}{3}$BC＝2より，

$$AD^2 = 4^2 + 2^2 - 2 \cdot 4 \cdot 2 \cdot \cos\angle ABC = 16 + 4 - 16 \cdot \frac{7}{8} = 6$$

$$\therefore \quad AD = \sqrt{6}$$

(4) $\sin\angle ABC = \sqrt{1 - \left(\dfrac{7}{8}\right)^2} = \dfrac{\sqrt{15}}{8}$より，

$$\triangle ABC = \frac{1}{2} \cdot 4 \cdot 3 \cdot \frac{\sqrt{15}}{8} = \frac{3\sqrt{15}}{4}$$

AI：ID＝AB：BD＝2：1より，$\triangle ABI = \dfrac{4}{9}\triangle ABC$だから，

$$\triangle ABI = \frac{4}{9} \cdot \frac{3\sqrt{15}}{4} = \frac{\sqrt{15}}{3}$$

【8】 (1) $x_{n+1} = \dfrac{1}{6}\left(5x_n + y_n\right)$ (2) $x_n - y_n = 100\left(\dfrac{2}{3}\right)^n$ (3) 23回目

┃解┃説┃ (1) まず，Bから200g Aに移す際に入っている食塩の量は

$$\frac{y_n}{1000} \times 200 = \frac{1}{5}y_n$$

と表される。よって移した後のAに入っている食塩の量は，食塩水

1200gに対して

$$x_n + \frac{1}{5}y_n$$

と表されて，Bに200g移すと

$$x_{n+1} = \frac{x_n + \dfrac{1}{5}y_n}{1200} \times 1000$$

$$= \frac{1}{6}\left(5x_n + y_n\right)$$

と表される。

(2) まず，y_{n+1}をx_nとy_nを用いて表す。

Bから200g Aに移した後のBに残っている食塩の量は，

$$\frac{y_n}{1000} \times 800 = \frac{4}{5}y_n$$

と表される。また，よくかき混ぜた後 Aから200g Bに移す際に
入っている食塩の量は

$$\frac{x_n + \dfrac{1}{5}y_n}{1200} \times 200 = \frac{1}{6}\left(x_n + \frac{1}{5}y_n\right)$$

であるから，

$$y_{n+1} = \frac{4}{5}y_n + \frac{1}{6}\left(x_n + \frac{1}{5}y_n\right)$$

$$= \frac{1}{6}\left(x_n + 5y_n\right)$$

と表される。ここで(1)から，

$$x_{n+1} = \frac{5}{6}\left(x_n + \frac{1}{5}y_n\right)$$

であり，

$$x_{n+1} - y_{n+1} = \frac{5}{6}\left(x_n + \frac{1}{5}y_n\right) - \frac{1}{6}(x_n + 5y_n)$$

$$= \frac{2}{3}(x_n - y_n)$$

となり，$n=0$のとき，

$$x_1 - y_1 = \frac{2}{3}(x_0 - y_0)$$

$$= \frac{2}{3} \times 100$$

から，$\{x_n - y_n\}$は初項$\frac{2}{3} \times 100$　公比$\frac{2}{3}$の等比数列となる。

よって，$x_n - y_n = 100\left(\frac{2}{3}\right)^n$

(3)　n回目の操作終了時におけるＡ，Ｂの食塩水の濃度の差は，x_n, y_n

を用いて，

$$\frac{x_n}{1000} \times 100 - \frac{y_n}{1000} \times 100 = \frac{x_n}{10} - \frac{y_n}{10}$$

と表される。0.001％以下より，

$$\frac{x_n}{10} - \frac{y_n}{10} \leq 0.001$$

$$x_n - y_n \leq 0.01$$

$$100\left(\frac{2}{3}\right)^n \leq 0.01$$

$$\left(\frac{2}{3}\right)^n \leq \frac{1}{10000}$$

両辺に底10の対数をとって，

$$n\log_{10}\left(\frac{2}{3}\right) \leq \log_{10}\frac{1}{10000}$$

$$n(\log_{10}2 - \log_{10}3) \leq -4$$

$$n(0.3010 - 0.4771) \leq -4$$

$$-0.1761n \leq -4$$

$$n \geq \frac{4}{0.1761}$$

$$n \geq 22.7\cdots$$

以上から，23回目で濃度の差が0.001％以下となる。

【9】 (1)　$a = \pm 2$　　(2)　$A^n = n\alpha^{n-1}A - (n-1)\alpha^n E$

‖解‖説‖

(1)　$\begin{pmatrix} a & 2 \\ -2 & 3a \end{pmatrix}\begin{pmatrix} x \\ y \end{pmatrix} = \begin{pmatrix} k & 0 \\ 0 & k \end{pmatrix}\begin{pmatrix} x \\ y \end{pmatrix}$ より, $\begin{pmatrix} a-k & 2 \\ -2 & 3a-k \end{pmatrix}\begin{pmatrix} x \\ y \end{pmatrix} = \begin{pmatrix} 0 \\ 0 \end{pmatrix}$

これを満たす $\begin{pmatrix} 0 \\ 0 \end{pmatrix}$ でない $\begin{pmatrix} x \\ y \end{pmatrix}$ が存在するためには,

行列 $\begin{pmatrix} a-k & 2 \\ -2 & 3a-k \end{pmatrix}$ において

$\Delta = (a-k)(3a-k) + 4 = 0$

$k^2 - 4ak + 3a^2 + 4 = 0$　…①

これを満たす k がただ一つ存在するには, ①の判別式を D とすると

$D = 0$ から

$\dfrac{D}{4} = 4a^2 - 3a^2 - 4 = 0$

$a^2 = 4$　∴　$a = \pm 2$

(2)　$\begin{pmatrix} a & b \\ c & d \end{pmatrix}\begin{pmatrix} x \\ y \end{pmatrix} = \begin{pmatrix} k & 0 \\ 0 & k \end{pmatrix}\begin{pmatrix} x \\ y \end{pmatrix}$ より, $\begin{pmatrix} a-k & b \\ c & d-k \end{pmatrix}\begin{pmatrix} x \\ y \end{pmatrix} = \begin{pmatrix} 0 \\ 0 \end{pmatrix}$

これを満たす $\begin{pmatrix} 0 \\ 0 \end{pmatrix}$ でない $\begin{pmatrix} x \\ y \end{pmatrix}$ が存在するためには,

行列 $\begin{pmatrix} a-k & b \\ c & d-k \end{pmatrix}$ において

$\Delta = (a-k)(d-k) - bc = 0$

$k^2 - (a+d)k + ad - bc = 0$　…①

①の解は α のみ, したがって, $(k-\alpha)^2 = 0$ すなわち, $k^2 - 2\alpha k + \alpha^2 = 0$

よって $\begin{cases} a+d = 2\alpha \\ ad - bc = \alpha^2 \end{cases}$ が成り立つ。

行列 A においてケーリー・ハミルトンの定理より

$A^2 - (a+d)A + (ad-bc)E = O$ が成り立つので

$\qquad A^2 - 2\alpha A + \alpha^2 E = O$

$\qquad\qquad \therefore\quad (A - \alpha E)^2 = O$

ここで　$A - \alpha E = B$ とおく。　$A = \alpha E + B$,　　$B^2 = O$

ゆえに　$n \geqq 2$ のとき $B^n = O$

$A^n = (\alpha E + B)^n$

$\quad = (\alpha E)^n + n(\alpha E)^{n-1}B$

$$= \alpha^n E + n\,\alpha^{n-1}(A - \alpha E)$$
$$= n\,\alpha^{n-1}A - (n-1)\,\alpha^n E$$

またn＝1のときも成り立つから　$A^n = n\,\alpha^{n-1}A - (n-1)\,\alpha^n E$

【10】 (1)　$f'(x)=1$　[途中式を記すこと]　　(2)　解説参照

┃解┃説┃ (1)　$f'(x) = \lim_{h \to 0} \dfrac{f(x+h)-f(x)}{h} = \lim_{h \to 0} \dfrac{(x+h)-x}{h}$

$$= \lim_{h \to 0} \frac{h}{h} = \lim_{h \to 0} 1 = 1$$

(2)　[証明]　(ア)　$n=1$のとき　(1)より$f'(x)=1$

また，$1 \cdot x^{1-1}=1$

よって$n=1$のとき　$f'(x)=nx^{n-1}$が成り立つ。

(イ)　$n=k$のとき　$f'(x)=nx^{n-1}$が成り立つと仮定すると

$n=k+1$のとき　$f(x)=x^{k+1}$より

$$f'(x)=(x^{k+1})'=(x^k \cdot x)'$$

$$=(x^k)' \cdot x + x^k \cdot (x)' = kx^{k-1} \cdot x + x^k \cdot 1$$

$$=kx^k + x^k = (k+1)x^k$$

よって$n=k+1$のとき$f'(x)=nx^{n-1}$が成り立つ。

以上(ア)，(イ)より　すべての自然数nについて　$f'(x)=nx^{n-1}$が成り立つ。[証明終]

【11】 (1)　$y=(3t^2-6t+2)x-2t^3+3t^2+a$　　(2)　$a=2t^3-6t^2+6t$

(3)　解説参照

┃解┃説┃ (1)　$x=t$のとき，$y=t^3-3t^2+2t+a$

また，$y'=3x^2-6x+2$より，

この点における接線の傾きは，$3t^2-6t+2$であるから，

求める接線の方程式は

$$y-(t^3-3t^2+2t+a)=(3t^2-6t+2)(x-t)$$

$y=(3t^2-6t+2)x-3t^3+6t^2-2t+(t^3-3t^2+2t+a)$

$y=(3t^2-6t+2)x-2t^3+3t^2+a$

(2)　条件より

$2=(3t^2-6t+2)\cdot 1-2t^3+3t^2+a$

　$=-2t^3+6t^2-6t+a+2$

ゆえに

$a=2t^3-6t^2+6t$

(3)　$f(t)=2t^3-6t^2+6t$とすると

$f'(t)=6t^2-12t+6$

　　$=6(t-1)^2\geqq 0$

ゆえに，$f(t)$は単調に増加する。

したがって，曲線$y=f(t)$と直線$y=a$の共有点は1個だけ存在する。

すなわち，tについての方程式$2t^3-6t^2+6t-a=0$の実数解は1個だけ存在する。

ゆえに，曲線①に点$(1, 2)$から引いた接線は，1本だけである。

【1】 次の各問いに答えよ。

(1) 次の式を計算せよ。

$$\frac{1}{x+2}+\frac{2}{x-3}-\frac{x+7}{x^2-x-6}$$

(2) 次の方程式を解け。ただし，$0<x<\pi$ とする。

$$2\cos^2x-7\sin x+2=0$$

【2】 分数の列 $\dfrac{1}{1}$，$\dfrac{1}{2}$，$\dfrac{2}{2}$，$\dfrac{1}{3}$，$\dfrac{2}{3}$，$\dfrac{3}{3}$，$\dfrac{1}{4}$，$\dfrac{2}{4}$，$\dfrac{3}{4}$，$\dfrac{4}{4}$，$\dfrac{1}{5}$，

……，$\dfrac{1}{n}$，$\dfrac{2}{n}$，……，$\dfrac{n}{n}$，$\dfrac{1}{n+1}$，…… について，次の(1)，(2)の各

問いに答えよ。

(1) 第100項を求めよ。

(2) 初項から第100項までの和を求めよ。

【3】 中学校の授業で，ある生徒が「大きな自然数でも，2の倍数である
ことはすぐわかるのに，3の倍数であることは，実際に割り算しない
とわからない。何かよい方法があるのですか。」と質問してきた。

この生徒に，3の倍数であることを判断する方法について，4桁の自
然数を例にして，わかりやすく説明せよ。

【4】 $\vec{a}=(1,\ -2)$，$\vec{b}=(2,\ -1)$，$\vec{c}=(1-t)\vec{a}+t\vec{b}$ とするとき，
$|\vec{c}|$ の最小値を求めよ。

【5】 n 人でじゃんけんをする。各人はそれぞれ，グー，チョキ，パーを
同じ確率で出すものとする。1回じゃんけんをしたとき，あいこにな
る確率を $P(n)$ とするとき，次の各問いに答えよ。ただし，1の問いにつ

いては答えのみを記せ。

(1) $P(2)$, $P(3)$の値を求めよ。

(2) $P(4)$の値を求めよ。

(3) $n \geqq 2$のとき，$P(n)$を求めよ。

【6】次の直線①〜③によって囲まれる三角形の2つの頂点の座標は，$(2, 0)$, $(0, 6)$である。

$ay = bx + 1$ ……① $2y = x - 2$ ……② $3y = -2x + c$ ……③

このとき，次の各問いに答えよ。

(1) 定数a, b, cの値を求めよ。

(2) 三角形の残りの頂点の座標を求めよ。

【7】長さ4の線分ABの中点をCとする。線分ACを直径とする円に，点Bから引いた2本の接線の一方の接点をPとする。∠ABPの二等分線と線分APとの交点をQとするとき，次の各問いに答えよ。

(1) 線分BPの長さを求めよ。

(2) $\cos\angle ABP$の値を求めよ。

(3) 線分APの長さを求めよ。

(4) 線分PQの長さを求めよ。

【8】数列$\{a_n\}$, $\{b_n\}$は，$\displaystyle\sum_{k=1}^{n} a_k = n^2$, $\displaystyle\sum_{k=1}^{n} b_k = 2^n$を満たすものとする。このとき，次の各問いに答えよ。

(1) a_n, b_nをnの式で表せ。

(2) $\displaystyle\sum_{k=1}^{n} a_k b_k$を$n$の式で表せ。

【9】$A = \begin{pmatrix} 3 & 1 \\ 1 & 3 \end{pmatrix}$のとき，$A^n$を求めよ。ただし，$n$は自然数とする。

【10】 微分可能な関数$f(x)$が，任意の実数x，hに対して

$f(x+h)=f(x)+f(h)+f(x)f(h)$，$f(0)\neq -1$

を満たすとき，次の(1)～(3)の問いに答えよ。

(1) $f(0)$を求めよ。

(2) $f(x)=-1$となる実数xは存在しないことを示せ。

(3) $f'(0)=2$のとき，関数$f(x)$を求めよ。

【11】 次の(1)～(3)の問いに答えよ。

(1) $\displaystyle\int_0^{\frac{\pi}{2}} \sin^2 x \cos x \, dx$の値を求めよ。

(2) $\displaystyle\int_0^{\frac{\pi}{2}} e^x \sin 2x \, dx$の値を求めよ。

(3) $\displaystyle\int_0^x f(t) \, dt = ae^x \int_0^{\frac{\pi}{2}} f(t)\sin 2t \, dt - \cos x$

をみたす，連続関数$f(x)$と定数aの値を求めよ。

━━━ 解答・解説 ━━━

【1】 (1) $\dfrac{2}{x+2}$ (2) $x=\dfrac{\pi}{6}$，$\dfrac{5\pi}{6}$

┃解┃説┃(1) 与式$=\dfrac{x-3+2x+4}{(x+2)(x-3)}-\dfrac{x+7}{(x+2)(x-3)}=\dfrac{2x-6}{(x+2)(x-3)}=\dfrac{2}{x+2}$

(2) $\cos^2 x = 1 - \sin^2 x$ より $2(1-\sin^2 x)-7\sin x+2=0$

$2-2\sin^2 x-7\sin x+2=0$

$2\sin^2 x+7\sin x-4=0$

$(2\sin x-1)(\sin x+4)=0$

$\sin x+4>0$ より $\sin x=\dfrac{1}{2}$ ∴ $x=\dfrac{\pi}{6}$，$\dfrac{5\pi}{6}$

【2】 (1) $\dfrac{9}{14}$ (2) $\dfrac{773}{14}$

┃解┃説┃ (1) 分母がnである分数の最初の項は，第$\{1+2+3+\cdots+(n-1)+1\}$項，すなわち，第$\left\{\dfrac{1}{2}n(n-1)+1\right\}$項であるので，第100項の分母が$k$であるとすると，次の不等式が成り立つ。

$$\frac{1}{2}k(k-1)+1\leqq 100<\frac{1}{2}\{(k+1)k\}+1$$

これを満たす正の整数kの値を求めると，$k=14$であり，分母が14である分数の最初の項は第92項であるから，求める第100項は，分母が14である分数の9番目である。

よって，求める第100項は，$\dfrac{9}{14}$

(2) 分母がnである分数の総和は，

$$\frac{1}{n}+\frac{2}{n}+\frac{3}{n}+\cdots+\frac{n}{n}=\frac{1}{n}(1+2+3+\cdots+n)$$
$$=\frac{1}{n}\times\frac{1}{2}n(n+1)=\frac{n+1}{2}$$

よって，初項から第100項までの和は，第100項が$\dfrac{9}{14}$であることから，

$$\sum_{k=1}^{13}\frac{k+1}{2}+\frac{1+2+3+\cdots+9}{14}$$
$$=\frac{1}{2}\times\left\{\frac{1}{2}\times 13\times(13+1)+13\right\}+\frac{1}{14}\times\frac{1}{2}\times 9\times(9+1)$$
$$=\frac{1}{2}\times(91+13)+\frac{45}{14}$$
$$=52+\frac{45}{14}$$
$$=\frac{773}{14}$$

【3】 解説参照

解説 (判断する方法) 与えられた自然数の各位の数の和が3の倍数ならば，その自然数は3の倍数である。

(説明) 例えば4桁の自然数Nの千の位の数をx，百の位の数をy，十の位の数をz，一の位の数をuとすると

$N=1000x+100y+10z+u=(999+1)x+(99+1)y+(9+1)z+u$
$=3(333x+33y+3z)+(x+y+z+u)$

この式より，$3(333x+33y+3z)$は3の倍数なので，各位の数の和$x+y+z+u$が3の倍数ならば，Nは3の倍数であることがわかる。

【4】 $\dfrac{3\sqrt{2}}{2}$

｜解｜説｜ $\vec{c} = (1-t)\vec{a} + t\vec{b} = (t+1,\ t-2)$

$\begin{aligned}
|\vec{c}|^2 &= (t+1)^2 + (t-2)^2 \\
&= 2t^2 - 2t + 5 \\
&= 2\left(t - \dfrac{1}{2}\right)^2 + \dfrac{9}{2}
\end{aligned}$

よって$|\vec{c}|^2$は$t = \dfrac{1}{2}$で最小値$\dfrac{9}{2}$となる。したがって$|\vec{c}|$の最小値は，

$\dfrac{3\sqrt{2}}{2}$である。

【5】 (1) $P(2) = \dfrac{1}{3}$ $\qquad P(3) = \dfrac{1}{3}$ $\qquad$ (2) $P(4) = \dfrac{13}{27}$

(3) $P(n) = 1 - \dfrac{2^n - 2}{3^{n-1}}$

｜解｜説｜ (1) 2人の手の出し方は$3 \times 3 = 9$[通り]

あいこになるのは，(グー，グー)，(チョキ，チョキ)，(パー，パー)
の3通りなので，$P(2) = \dfrac{3}{9} = \dfrac{1}{3}$

3人の手の出し方は$3 \times 3 \times 3 = 27$[通り]

あいこになるのは，3人とも同じ手を出す3通りと，3人とも別の手
を出す$3! = 6$[通り]の合わせて9通り。

よって，$P(3) = \dfrac{9}{27} = \dfrac{1}{3}$

(2) あいこにならない場合を考える。

4人が2種類の手を出すとき，あいこにならない。

4人がグーかチョキを出すのは，$2^4 = 16$通り

このうち4人共グー，チョキならばあいこなので，4人がグーかチョ
キを出してあいこにならないのは，$16 - 2 = 14$[通り]

2種類の手の出し方は，グーとチョキ，グーとパー，チョキとパー
の3通りあるので，あいこにならないのは，$14 \times 3 = 42$[通り]

4人の手の出し方は全部で$3^4 = 81$通りあるので，あいこになるのは，
$81 - 42 = 39$[通り]

よって，$P(4) = \dfrac{39}{81} = \dfrac{13}{27}$

(3) n人がグーかチョキを出すのは，2^n通り

n人が全員グーかチョキならばあいこなので，

4人がグーかチョキを出してあいこにならないのは$2^n - 2$[通り]

2種類の手の出し方は3通りあるので，

あいこにならないのは$3(2^n - 2)$通り。

n人の手の出し方は全部で3^n通りあるので，

あいこにならない確率は $\dfrac{3(2^n - 2)}{3^n}$

よって，$P(n) = 1 - \dfrac{2^n - 2}{3^{n-1}}$

【6】 (1) $a = \dfrac{1}{6}$　$b = -\dfrac{1}{2}$　$c = 18$　　(2)　$(6,\ 2)$

┃解┃説┃直線②上に$(2,\ 0)$はあるが$(0,\ 6)$はない。よって$(0,\ 6)$は残りの

直線①，直線③上にある。よって

$6a = 1$ かつ $18 = c$

$a = \dfrac{1}{6}$ かつ $c = 18$

である。これより直線③上に$(2,\ 0)$はないので，$(2,\ 0)$は直線①上にある。よって

$0 = 2b + 1$

$b = -\dfrac{1}{2}$

残りの頂点は直線②，直線③

$2y = x - 2,\ 3y = -2x + 18$

の交点である。よってこれを解くと$x = 6,\ y = 2$である。

したがって交点は$(6,\ 2)$である。

【7】 (1) $2\sqrt{2}$　　(2) $\dfrac{2\sqrt{2}}{3}$　　(3) $\dfrac{2\sqrt{6}}{3}$　　(4) $\dfrac{2}{3}(2\sqrt{3} - \sqrt{6})$

┃解┃説┃(1)　△OBPについて

$OP = 1,\ OB = 3,\ \angle OPB = 90°$より

$BP^2 = 3^2 - 1^2 = 8$

$\therefore\ \ \mathrm{BP}=2\sqrt{2}$

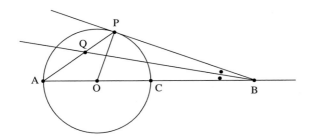

(2) $\ \cos\angle\mathrm{ABP}=\cos\angle\mathrm{OBP}=\dfrac{2\sqrt{2}}{3}$

(3) 余弦定理より

$\mathrm{AP^2}=4^2+(2\sqrt{2}\,)^2-2\times4\times2\sqrt{2}\times\dfrac{2\sqrt{2}}{3}$

$=16+8-\dfrac{64}{3}=\dfrac{8}{3}$

$\therefore\ \ \mathrm{AP}=\dfrac{2\sqrt{6}}{3}$

(4) $\mathrm{PQ}=x$とおくと $\mathrm{AQ}=\dfrac{2\sqrt{6}}{3}-x$

$\angle\mathrm{ABQ}=\angle\mathrm{QBP}$より $\ x:\left(\dfrac{2\sqrt{6}}{3}-x\right)=2\sqrt{2}\ :4$

$4x=\left(\dfrac{2\sqrt{6}}{3}-x\right)\times2\sqrt{2}=\dfrac{4\sqrt{12}}{3}-2\sqrt{2}\,x$

$(4+2\sqrt{2}\,)x=\dfrac{4\sqrt{12}}{3}=\dfrac{8\sqrt{3}}{3}$

$\therefore\ \ x=\dfrac{4}{(2+\sqrt{2}\,)\sqrt{3}}=\dfrac{2}{3}(2\sqrt{3}-\sqrt{6}\,)$

【8】 (1) $\ a_n=2n-1,\ b_n=\begin{cases}2 & (n=1)\\ 2^{n-1} & (n\geqq2)\end{cases}$

(2) $\ \displaystyle\sum_{k=1}^{n}a_kb_k=(2n-3)2^n+4$

解説 (1) $\displaystyle\sum_{k=1}^{n} a_k = n^2$ より $n \geqq 2$ のとき,

$a_n = \displaystyle\sum_{k=1}^{n} a_k - \sum_{k=1}^{n-1} a_k = n^2 - (n-1)^2 = n^2 - (n^2 - 2n + 1) = 2n - 1$

$n = 1$ のとき,

$a_n = 1^2 = 2n - 1$

$\displaystyle\sum_{k=1}^{n} b_k = 2^n$ より $n \geqq 2$ のとき,

$b_n = \displaystyle\sum_{k=1}^{n} b_k - \sum_{k=1}^{n-1} b_k = 2^n - 2^{n-1} = 2^{n-1}(2-1) = 2^{n-1}$

$n = 1$ のとき $b_n = 2$

(2) $S_n = \displaystyle\sum_{k=1}^{n} a_k b_k$ とおく。

$n \geqq 2$ のとき, $S_n = \displaystyle\sum_{k=1}^{n} a_k b_k = a_1 b_1 + \sum_{k=2}^{n} (2k-1)2^{k-1}$

$\qquad\qquad\qquad\qquad = 1 \cdot 2 + \displaystyle\sum_{k=2}^{n} (2k-1)2^{k-1}$

したがって,

$S_n = 2 + 3 \cdot 2 + 5 \cdot 2^2 + 7 \cdot 2^3 + \cdots\cdots + (2n-1)2^{n-1}$

$2S_n = \quad 2 \cdot 2 + 3 \cdot 2^2 + 5 \cdot 2^3 + \cdots\cdots + (2n-3)2^{n-1} + (2n-1)2^n$

辺々引いて

$-S_n = 2 + 1 \cdot 2 + 2 \cdot 2^2 + 2 \cdot 2^3 + \cdots\cdots + 2 \cdot 2^{n-1} - (2n-1)2^n$

$\qquad = 2(2 + 2^2 + 2^3 + \cdots\cdots + 2^{n-1}) - (2n-1)2^n$

$\qquad = 2\dfrac{2(2^{n-1}-1)}{2-1} - (2n-1)2^n$

$\qquad = 2^{n+1} - 4 - 2^{n+1}n + 2^n$

$\qquad = (3-2n)2^n - 4$

ゆえに, $S_n = (2n-3)2^n + 4$ ……①

一方, $S_1 = \displaystyle\sum_{k=1}^{1} a_k b_k = 1 \cdot 2 = 2$ これは,①を満たす。

ゆえに, $\displaystyle\sum_{k=1}^{n} a_k b_k = (2n-3)2^n + 4$

【9】 解説参照

解説 $\vec{p}=\begin{pmatrix}x\\y\end{pmatrix}(\vec{p}\neq\vec{0})$ とし，$A\vec{p}=k\vec{p}$ …① を満たす実数 k を求める。

① より，$\begin{pmatrix}3-k&1\\1&3-k\end{pmatrix}\begin{pmatrix}x\\y\end{pmatrix}=\vec{0}$ $\left(\begin{pmatrix}x\\y\end{pmatrix}\neq\vec{0}\right)$ だから，$\begin{pmatrix}3-k&1\\1&3-k\end{pmatrix}$ は逆行列を持たない。

したがって，$(3-k)^2-1\cdot1=0$ ∴ $k=2,\ 4$

$k=2$ のとき $x+y=0$，$k=4$ のとき $x-y=0$ だから，$P=\begin{pmatrix}1&1\\1&-1\end{pmatrix}$ とすると，

$P^{-1}AP=\begin{pmatrix}4&0\\0&2\end{pmatrix}$ ∴ $(P^{-1}AP)^n=\begin{pmatrix}4^n&0\\0&2^n\end{pmatrix}$

ここで，$(P^{-1}AP)^n=P^{-1}AP\cdot P^{-1}AP\cdots P^{-1}AP=P^{-1}A^nP$

∴ $\begin{pmatrix}4^n&0\\0&2^n\end{pmatrix}=P^{-1}A^nP$

したがって，$A^n=P\begin{pmatrix}4^n&0\\0&2^n\end{pmatrix}P^{-1}=\dfrac{1}{2}\begin{pmatrix}1&1\\1&-1\end{pmatrix}\begin{pmatrix}4^n&0\\0&2^n\end{pmatrix}\begin{pmatrix}1&1\\1&-1\end{pmatrix}$

$\qquad\qquad=\dfrac{1}{2}\begin{pmatrix}4^n+2^n&4^n-2^n\\4^n-2^n&4^n+2^n\end{pmatrix}$

【10】 (1) 0 (2) 解説参照 (3) $f(x)=e^{2x}-1$

解説 (1) $f(x+h)=f(x)+f(h)+f(x)f(h)$

に，$x=0$，$h=0$ を代入すると，

$f(0)=f(0)+f(0)+f(0)f(0)$

$0=f(0)(1+f(0))$

となる。$f(0)\neq-1$ より，$f(0)=0$ となる。

(2) $f(x)=-1$ となる実数 x が存在すると仮定する。

ここで，$h=-x$ として，

$f(x+h)=f(x)+f(h)+f(x)f(h)$

に代入すると，

$f(0)=f(x)+f(-x)+f(x)f(-x)$

となる。左辺と右辺をそれぞれ計算すると，

(左辺)$=f(0)$

$=0$

(右辺)$=f(x)+f(-x)+f(x)f(-x)$

$\quad\quad =-1+f(-x)-f(-x)$

$\quad\quad =-1$

となり，(左辺)$\neq$(右辺)で矛盾が生じる。

以上から，$f(x)=-1$となる実数xは存在しない。

(3)　$f(x+h)=f(x)+f(h)+f(x)f(h)$

を変形して，

$f(x+h)-f(x)=f(h)(1+f(x))$

を得る。両辺をhで割って，$h\to0$の極限をとると，

$$\lim_{h\to0}\frac{f(x+h)-f(x)}{h}=\lim_{h\to0}\frac{f(h)}{h}(1+f(x))$$

となる。ここで，

$$f'(x)=\lim_{h\to0}\frac{f(x+h)-f(x)}{h}$$

$$f'(0)=\lim_{h\to0}\frac{f(h)-f(0)}{h}=\lim_{h\to0}\frac{f(h)}{h}$$

より，

$f'(x)=f'(0)(1+f(x))$

$f'(x)=2(1+f(x))$

となる。

(2)より，$f(x)\neq-1$なので，両辺を$f(x)+1$で割って，

$$\frac{f'(x)}{f(x)+1}=2$$

となる。両辺をxで積分すると，

$$\int\frac{f'(x)}{f(x)+1}dx=2x+C'\quad (C'：積分定数)$$

となり，左辺を計算すると，

$$\int\frac{f'(x)}{f(x)+1}dx=\log|f(x)+1|+C''\quad (C''：積分定数)$$

であるから，

$\log|f(x)+1|=2x+C \quad (C=C'-C'')$

と表される。よって，

$|f(x)+1|=e^{2x+C}$

$f(x)+1=\pm e^{2x+C}$

$f(x)=-1\pm e^{2x+C}$

ここで，$x=0$とすると，

$f(0)=-1\pm e^C=0$

となり，$\pm e^C=1$を得る。よって，

$f(x)=-1\pm e^C \cdot e^{2x}$

$\qquad =-1+e^{2x}$

$\qquad =e^{2x}-1$

となる。

【11】 (1) $\dfrac{1}{3}$　　(2) $\dfrac{2}{5}(e^{\frac{\pi}{2}}+1)$　　(3) $f(x)=e^x+\sin x,\ a=\dfrac{15}{6e^{\frac{\pi}{2}}+16}$

‖解‖説‖ (1) $\displaystyle\int_0^{\frac{\pi}{2}} \sin^2 x\, \cos x\, dx=\Big[\dfrac{1}{3}\sin^3 x\Big]_0^{\frac{\pi}{2}}=\dfrac{1}{3}$

(2) $\displaystyle\int_0^{\frac{\pi}{2}} e^x\sin 2x\, dx=\Big[e^x\sin 2x\Big]_0^{\frac{\pi}{2}}-2\int_0^{\frac{\pi}{2}} e^x\cos 2x\, dx$

$\qquad =-2\displaystyle\int_0^{\frac{\pi}{2}} e^x\cos 2x\, dx=-2\Big[e^x\cos 2x\Big]_0^{\frac{\pi}{2}}-4\int_0^{\frac{\pi}{2}} e^x\sin 2x\, dx$

$\qquad =2e^{\frac{\pi}{2}}+2-4\displaystyle\int_0^{\frac{\pi}{2}} e^x\sin 2x\, dx$　$\therefore$　$5\displaystyle\int_0^{\frac{\pi}{2}} e^x\sin 2x\, dx=2e^{\frac{\pi}{2}}+2$

(3) $k=\displaystyle\int_0^{\frac{\pi}{2}} f(t)\sin 2t\, dt$とすると，$\displaystyle\int_0^x f(t)\, dt=ake^x-\cos x$ ……①

この式をxで微分すると，$f(x)=ake^x+\sin x$ ……②

①に代入して　$\displaystyle\int_0^x (ake^t+\sin t)\, dt=ake^x-\cos x$

$\therefore$　$ak\displaystyle\int_0^x e^t dt+\int_0^x \sin t\, dt=ake^x-\cos x$

$\therefore$　$ake^x-ak-(\cos x-1)=ake^x-\cos x$　$\therefore$　$ak=1$ ……③

②，③より　$f(x)=e^x+\sin x$ ……④　ここで，④，(1)，(2)より

$k=\displaystyle\int_0^{\frac{\pi}{2}} f(t)\sin 2t\, dt$

$$= \int_0^{\frac{\pi}{2}} e^t \sin 2t \, dt + 2 \int_0^{\frac{\pi}{2}} \sin^2 t \cos t \, dt$$

$$= \frac{2}{5}(e^{\frac{\pi}{2}} + 1) + 2 \times \frac{1}{3} = \frac{6e^{\frac{\pi}{2}} + 16}{15}$$

④, ③より $f(x) = e^x + \sin x, \quad a = \dfrac{15}{6e^{\frac{\pi}{2}} + 16}$

●書籍内容の訂正等について

　弊社では教員採用試験対策シリーズ（参考書，過去問，全国まるごと過去問題集），公務員試験対策シリーズ，公立幼稚園・保育士試験対策シリーズ，会社別就職試験対策シリーズについて，正誤表をホームページ（https://www.kyodo-s.jp）に掲載いたします。内容に訂正等，疑問点がございましたら，まずホームページをご確認ください。もし，正誤表に掲載されていない訂正等，疑問点がございましたら，下記項目をご記入の上，以下の送付先までお送りいただくようお願いいたします。

> ① **書籍名，都道府県（学校）名，年度**
> 　（例：教員採用試験過去問シリーズ　小学校教諭 過去問　2025年度版）
> ② **ページ数**（書籍に記載されているページ数をご記入ください。）
> ③ **訂正等，疑問点**（内容は具体的にご記入ください。）
> 　（例：問題文では"ア〜オの中から選べ"とあるが，選択肢はエまでしかない）

〔ご注意〕
○ 電話での質問や相談等につきましては，受付けておりません。ご注意ください。
○ 正誤表の更新は適宜行います。
○ いただいた疑問点につきましては，当社編集制作部で検討の上，正誤表への反映を決定させていただきます（個別回答は，原則行いませんのであしからずご了承ください）。

●情報提供のお願い

　協同教育研究会では，これから教員採用試験を受験される方々に，より正確な問題を，より多くご提供できるよう情報の収集を行っております。つきましては，教員採用試験に関する次の項目の情報を，以下の送付先までお送りいただけますと幸いでございます。お送りいただきました方には謝礼を差し上げます。
（情報量があまりに少ない場合は，謝礼をご用意できかねる場合があります）。
◆あなたの受験された面接試験，論作文試験の実施方法や質問内容
◆教員採用試験の受験体験記

- -

送付先	○電子メール：edit@kyodo-s.jp
	○FAX：03-3233-1233（協同出版株式会社　編集制作部 行）
	○郵送：〒101-0054　東京都千代田区神田錦町2-5
	協同出版株式会社　編集制作部 行
	○HP：https://kyodo-s.jp/provision（右記のQRコードからもアクセスできます）

※謝礼をお送りする関係から，いずれの方法でお送りいただく際にも，「お名前」「ご住所」は，必ず明記いただきますよう，よろしくお願い申し上げます。

教員採用試験「過去問」シリーズ

福井県の
数学科 過去問

編　集	ⓒ 協同教育研究会
発　行	令和6年3月25日
発行者	小貫　輝雄
発行所	協同出版株式会社
	〒101-0054　東京都千代田区神田錦町2‐5
	電話　03－3295－1341
	振替　東京00190－4－94061
印刷所	協同出版・POD工場

落丁・乱丁はお取り替えいたします。